新时代·新文科×新工科·数字经济高质量人才培养系列（产业数字化）

网络信息资源
检索与利用
（第2版）

◆ 刘 婧 主 编

◆ 韩钰铃 刘 虹 韩 普 朱京辉 副主编

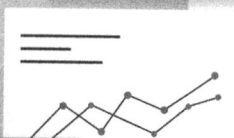

电子工业出版社

Publishing House of Electronics Industry

北京·BEIJING

内 容 简 介

本书是在长期教学与实践经验的基础上，参考借鉴了国内外的研究成果，而形成的网络视角下比较系统、完整的信息资源检索与利用知识体系。

"检索"与"利用"构成了本书的两大部分。结合网络信息搜集与分析内容与方法的发展，本书在原有版本的基础上进行了内容的增加与调整。"检索"部分，将"搜索引擎"单列为一章，将"特种文献与网络免费学术资源检索"章节分为两章，并更新补充了最新资源；"利用"部分，更新了科技文献标准著录格式的版本，"网络信息资源综合应用"章节增加了"利用 SciMat 软件的主题演进分析"一节，并更新了其他小节的应用案件。

为方便教学，本书提供电子课件，可登录华信教育资源网(www.hxedu.com.cn)免费下载。

本书可作为信息管理与信息系统专业及管理类相关专业本科生、研究生的教材和主要参考资料，也可作为各种信息化人才培训及从事信息分析人员的参考书。

图书在版编目（CIP）数据

网络信息资源检索与利用 / 刘婧主编. — 2 版. — 北京：电子工业出版社，2022.2
ISBN 978-7-121-42812-8

Ⅰ. ①网… Ⅱ. ①刘… Ⅲ. ①网络检索－高等学校－教材 Ⅳ. ①G254.9

中国版本图书馆 CIP 数据核字（2022）第 018358 号

责任编辑：杜　军
印　　刷：保定市中画美凯印刷有限公司
装　　订：保定市中画美凯印刷有限公司
出版发行：电子工业出版社
　　　　　北京市海淀区万寿路 173 信箱　邮编：100036
开　　本：787×1 092　1/16　印张：14　字数：358 千字
版　　次：2018 年 1 月第 1 版
　　　　　2022 年 2 月第 2 版
印　　次：2025 年 2 月第 6 次印刷
定　　价：42.00 元

凡所购买电子工业出版社图书有缺损问题，请向购买书店调换。若书店售缺，请与本社发行部联系，联系及邮购电话：(010)88254888，88258888。

质量投诉请发邮件至 zlts@phei.com.cn，盗版侵权举报请发邮件至 dbqq@phei.com.cn。

本书咨询联系方式：dujun@phei.com.cn。

前　言

本书自 2018 年第 1 版出版以来,陆续被国内一些高等院校作为网络信息检索课程的教材、教学参考书,得到了较好的反馈与评价。

然而网络信息资源瞬息万变,更新换代的速度加快,出现在教材里的信息资源有的已经消失或被替换;新的信息检索规则和方法及信息分析工具的不断涌现,让我们更加重视所获信息与最终分析结果的新颖性和及时性。因此,编者们对第 1 版进行了修订,将新的网络信息内容、信息检索技术、信息分析工具融入新版教材,使之趋于科学与完善。

经修订后,本书分为两部分,共 10 章。

第一部分是理论篇,包括第 1 章～第 6 章。第 1 章是网络信息概述,介绍了网络基础知识,信息资源和网络信息资源的概念、特点及分类,网络信息资源的获取与评价,信息素养的有关知识。第 2 章是网络信息资源检索工具,介绍了网络信息检索工具的概念及分类,馆藏信息检索工具及图书全文检索工具。第 3 章是搜索引擎,介绍了搜索引擎概念、工作原理、发展与分类,详细介绍了国内外主要搜索引擎及特色搜索引擎。第 4 章是学术资源数据库,介绍了科技信息源,常用的中外文综合性期刊数据库资源。第 5 章是特种文献信息资源与大型检索系统,介绍了国内外主要学位论文网络信息资源,主要会议文献、专利文献及标准文献网络信息资源,大型检索系统。第 6 章是网络免费学术资源检索,介绍了常用的网络学术资源导航、学术搜索引擎及开放存取资源。

第二部分是实践篇,包括第 7 章～第 10 章。第 7 章是网络信息资源检索基本知识,从信息检索原理入手,介绍检索语言的分类、主要检索方法与技术及检索过程。第 8 章是科技论文写作,介绍了科技文献的标准著录格式,学术论文分类及编排结构,综述分类及编写,学术论文发表及评审。第 9 章是网络信息资源综合应用,讲解了 CiteSpace、SciMat、SPSS 和 Ucinet 四个软件的使用,以及专利信息的收集与分析方法。第 10 章是课程实验,设计安排了四项实验内容。学生通过实验可以了解并掌握网络信息资源的基本知识,熟练应用搜索引擎、搜索技术进行检索,综合运用各种检索工具进行综合检索,撰写符合写作规范的研究综述。

刘婧任主编并对全书进行策划和统稿。参编修订的人员分工如下:

朱京辉,第 1 章;刘虹,第 2 章、第 4 章;韩钰铃,第 3 章、第 6 章;韩普,第 5 章;刘婧,第 7～10 章。

特别感谢黄卫东教授,他在百忙之中对本书的修订工作提出了大量宝贵的意见与建议;感谢华薇娜教授、常李艳老师,她们提供了许多指导与帮助;感谢朱卫未、李宏伟、翟丹妮、李东业、崔梅等老师的前期奉献;感谢研究生黄崇、罗岚,两位同学对部分章节进行了校订。

由于编者水平有限及信息资源的迅速发展,书中难免存在遗漏和不妥之处,敬请读者批评指正。

编　者

2021 年 7 月 31 日

目　　录

第1章　网络信息概述

学习目标

通过本章的学习可以掌握以下内容：

(1)了解网络基础知识；

(2)掌握网络信息资源的概念、特点和分类；

(3)了解信息素养的相关知识。

1.1　信　　息

1.1.1　信息的定义

信息论和控制论的创始人之一诺伯特·维纳(N.Wiener)对信息所下的定义是：信息是人们在适应外部世界并且使这种适应反作用于世界的过程中，同外部世界进行交换的内容的名称。至今，有关信息的定义不下上百种，许多研究者都试图从自己的角度给信息下定义，因此，信息的定义还在增加。

已有较具代表性的信息的定义如下：(1)信息是选择的自由度。(2)信息是集合的变异度。(3)信息是负熵。(4)信息是加工知识的原材料。(5)信息是与控制论系统相联系的一种功能现象。(6)信息是一种场。(7)信息是使概率分布发生变动的东西。(8)信息是事物之间的差异。

信息的其他定义还有许多，例如，信息是相互作用的表现形式；信息是事物联系的普通形式；信息是物质的普遍属性；信息是作用于人类感觉器官的东西；信息是消息；信息是数据；信息是知识；等等。

我国1979年出版的《辞海》未收入"信息"一词。1982年的增补本将该词条增补收入，其解释是音讯、消息。

本书将信息定义为：信息是客观世界中各种事物的变化和特征的最新反映及经过传递后的再现。信息通过一定的物质载体形式反映出来，是事物存在的状态、运动形式、运动规律及其相互联系、相互作用的表征。信息来源于世界上的一切事物，它是事物各种运动变化状态的客观显示。信息产生于事物在运动发展变化中的各种差异及规律。信息是客观事物相互作用、相互联系的反映。一般来说，信号、消息、知识、情报、数据、资料、程序、指令等，都可以统称为信息。

信息是人们认识世界、改造世界，取之不尽、用之不竭的宝贵资源。人类进入信息时代后，信息作为一种战略性资源，已成为信息社会的关键变量，成为发展科技、经济、文化、教育的重要支柱之一。

1.1.2　信息的特性

1)信息的客观性

信息是事物变化和状态的反映。由于事物及其状态、特征和变化不以人们意志为转移客观存在，所以反映这种客观存在的信息，同样带有客观性。信息，不仅其实质内容具有客观性，而且一旦形成，其本身也具有客观实在性。

2)信息与载体的不可分割性

在人类社会的信息活动中，各种信息必须借助文字、图像、胶片、磁带、声波、光波等物质形态载体，才能够表现，才能为人们所感知并加以识别和利用。信息与物质是不可分割的，从某种意义上说，没有信息载体，也就没有信息本身。

3)信息的价值性

信息本身不是物质生产领域的物化产品，但它一经生成并物化在载体上，就是一种资源，具有可用性。信息具有使用价值，能够满足人们某些方面的需求，为社会服务。在一定程度上，信息具有代替物质资源和劳动力的作用，最明显的事例是通信业的发展大大减少了人员的流动及实物的流通总量，缩短了运输距离。

4)信息的时效性

信息的时效性是指信息从发生、接收到利用的时间间隔及效率。信息是有寿命、有时效的。信息的使用价值与其获取时间成反比。时间的延误会使信息的使用价值衰竭，甚至完全消失。

5)信息的可分享性

信息的可分享性是指信息的共享性。信息的交流与实物的交流有着本质的区别。实物交流，一方得到的正是另一方所失去的；而信息的交流，一方得到新的信息，而另一方并无所失，双方或多方可共享信息。这说明信息的生产成本不取决于其被使用的范围。信息的共享性使信息资源易于扩散，使信息得到比物质资源更广泛地开发和利用。

6)信息的可传递性

可传递性是信息的一个重要特征。信息的传递是通过信道来进行的。信源发出信息后，经由信道传递至信宿，信息系统就是由信源、信道、信宿组成的有机整体。信息的传递手段和方式多种多样。信息传递的快慢，对于信息的效用和价值至关重要。

7)信息的可扩散性

信息具有可扩散性。它通过各种渠道和传输手段迅速散布。信息容易获得，但也容易被滥用，而且信息一旦扩散，就不可回收。

8)信息的可加工性

客观世界存在大量的、多种多样的信息。人们对信息的需求往往具有一定的选择性。为了更好地开发和利用信息，需要用科学的方法对大量的信息进行筛选、分类、整理、概括、归纳，使其精炼浓缩，排除无用信息，选取自己所需要的信息，也可以从大量零星、分散的信息中找出带有普遍性的规律性信息。信息还具有可变换性，它可以从一种形态转变为另一种形态，如物质信息可转换为语言、文字、数据、图像等形式，也可以转换为计算机语言、电信号等。同样一条信息可以用多种不同的载体来记录。

9)信息的可再现性

信息的可再现性包括两个方面的含义：一是信息作为客观事物的一种反映，它是人们所接收、认识的过程，也是客观事物再现的过程；二是信息的内容可以物化在不同的载体上，传递过程中经由载体的变化再现出相同的内容。

10）信息的可存储性

信息反映的内容是客观的。信息的客观性决定了信息具有可存储性。有时加工处理后的信息并非立即使用或有的当时用了，但以后还要参考，这样就需要把信息进行存储。信息的存储和积累使人们能够对信息进行系统的、全面的研究和分析，使得信息可以延续和继承。

11）信息的积累性

信息的积累性是由信息的可存储性所决定的。人类知识宝库不断丰富和扩充的过程，就是信息经过系统化、抽象化和规律化而形成知识的长期积累的过程。

12）信息的延续性和继承性

信息不同于物质产品的消耗，它具有延续性和继承性的特点。信息的作用是延绵千古、地久天长的，它可以年复一年地被记忆、保存。直接探索、认识和获取一个未知事物的信息是比较困难的，而接收、理解、继承一个信息则简单容易得多。

13）信息的可开发性

信息作为客观事物的一种反映，由于客观事物的复杂性和事物之间相互关联性的特点，反映事物本质的和非本质的信息往往交织在一起；又由于在一定的历史阶段，人们认识上存在一定局限性，因此获取的信息是需要开发的。

14）信息的可再生性和可增值性

信息具有确定性的价值，但在不同的时间、地点，对不同的人有不同的意义，并且这种意义还可以引申、推导、繁衍出更多的意义，从而使信息增值。信息的可再生性，使它成为人类社会取之不尽、用之不竭的资源。

1.2　网络基础知识

Internet 又称为"因特网""互联网"，在英语中"Inter"的含义是"交互的"，"net"是指"网络"。互联网是一个全球性的巨大的计算机网络体系，它把全球数万个计算机网络、数千万台主机连接起来，包含了难以计数的信息资源，向全世界提供信息服务。互联网是当今世界上最大的计算机网络通信系统。该系统拥有成千上万个数据库，提供的信息包括文字、数据、图像、声音等形式；信息载体有软件、图书、报纸、杂志和档案等；门类涉及政治、经济、科学、教育、法律、军事、物理、体育和医学等社会生活的各个领域。互联网是无数信息资源的集合，是一个无极网络，不为某个人或某个组织所控制，人人都可以通过互联网来交换信息和共享网上资源。

1.2.1　网络的起源与发展

20 世纪 50 年代末，正处于冷战时期。当时美国军方为了自己的计算机网络在受到袭击时，即使部分网络被摧毁，其余部分仍能保持通信联系，便由美国国防部高级研究计划局（Advance Research Projects Agency，ARPA）建设了一个军用网，称为"阿帕网"（ARPANET）。阿帕网建网的初衷旨在帮助那些为美国军方工作的研究人员通过计算机交换信息，它的设计与实现基于的主导思想是：网络能够经得住故障的考验而维持正常工作，当网络的一部分因受攻击而失去作用时，其他部分仍能维持正常通信。

到 20 世纪 70 年代，阿帕网已经有了好几十个计算机网络，但是每个网络只能在网络内部的计算机之间互联通信，不同计算机网络之间仍然不能互通。为此，ARPA 又设立了新的研究项目，支持学术界和工业界进行有关的研究，研究的主要内容就是用一种新的方法将不同的计算机局域网互联，形成"互联网"。研究人员称之为"internetwork"，简称"Internet"，这个名词就一直沿用到现在。互联网是在美国早期的军用计算机网阿帕网的基础上经过不断发展变化而形成的。互联网的起源主要可分为以下三个阶段。

1．互联网的雏形阶段

1969 年，ARPA 正式启用阿帕网，当时仅连接了 4 台计算机，供科学家们进行计算机联网实验。人们普遍认为，这就是互联网的雏形。

2．互联网的发展阶段

美国国家科学基金会(National Science Foundation，NSF)，在 1985 年开始建立计算机网络 NSFNET。NSF 规划建立了 15 个超级计算机中心及国家教育科研网，组建了用于支持科研和教育的全国性规模的 NSFNET，并以此作为基础，实现同其他网络的连接。NSFNET 成为互联网上主要用于科研和教育的主干部分，代替了 ARPANET 的骨干地位。1989 年，MILNET (由 ARPANET 分离出来)实现与 NSFNET 连接后，就开始采用互联网这个名称。自此以后，其他部门的计算机网络相继并入互联网，ARPANET 宣告解散。

3．互联网的商业化阶段

20 世纪 90 年代初，商业机构开始进入互联网，使互联网开始了商业化的新进程，这也是互联网发展的强大推动力。1995 年，NSFNET 停止运作，互联网已彻底商业化。

1.2.2　网络的功能与应用

互联网上有丰富的信息资源，我们可以通过互联网方便地寻求各种信息。当你进入互联网后就可以利用其中各个网络和允许访问的各种计算机上无穷无尽的资源，还可以同世界各地的人们自由通信和交换信息等，享受互联网为我们提供的服务。

1．网络功能

1)互联网上提供了高级浏览 WWW 服务

WWW(World Wide Web)，万维网也叫作 Web，是我们登录互联网后最常用到的互联网的功能。据调查，人们接入互联网后，有一半以上的时间都是在与各种各样的 Web 页面打交道。基于 Web 的方式下，我们可以浏览、搜索、查询各种信息，可以发布自己的信息，可以与他人进行实时或非实时的交流，可以游戏、娱乐、购物等。

2)互联网上提供了电子邮件 E-mail 服务

在互联网上，电子邮件或称为 E-mail 系统是使用最多的网络通信工具，E-mail 已成为备受欢迎的通信方式。你可以通过 E+-mail 系统同世界上任何地方的朋友交换电子邮件。不论对方在哪里，只要他也接入互联网，那么你发送的邮件，会非常快速地到达"目的地"。

3)互联网上提供了远程登录 Telnet 服务

远程登录就是通过互联网进入和使用远方的计算机系统，就像使用本地计算机一样。远端的计算机可以在同一间屋子里，也可以远在数千公里之外。远程登录使用的工具是 Telnet。在接到远程登录的请求后，就试图把你所在的计算机同远端计算机连接起来。一旦接通，你的计算机就成为远端计算机的终端。你可以正式注册(login)进入系统成为合法用户，执行操作命令，提交作业，使用系统资源。在完成操作任务后，通过注销(logout)退出远端计算机系统，同时也退出 Telnet。

　　4)互联网上提供了文件传输 FTP 服务

　　FTP(文件传输协议)是互联网上最早使用的文件传输程序。它同 Telnet 一样，使用户能登录到互联网的一台远端计算机，把其中的文件传送回自己的计算机系统，或者反过来，把本地计算机上的文件传送并装载到远方的计算机系统。利用这个协议，我们就可以下载免费软件，或者上传自己的主页。

2．网络应用

　　1)电子商务

　　电子商务是指利用网络进行的商务活动。它利用一种前所未有的网络方式将顾客、销售商、供货商和雇员联系在一起，包括虚拟银行、网络购物和网络广告等内容。电子商务将成为互联网最重要和最广泛的应用。

　　2)电子政务

　　电子政务是指国家机关在政务活动中，全面应用现代信息技术、网络技术及办公自动化技术等进行办公、管理和为社会提供服务的一种全新的管理模式。电子政务实现了政务公开，提高了政府办事效率。

　　3)网上教育

　　网上教育即互联网远程教育，是指跨越地理空间进行的教育活动。远程教育涉及各种教育活动，包括授课、讨论和实习。它克服了传统教育在空间、时间、受教育者年龄和教育环境等方面的限制，是一种崭新的学习模式。随着信息化、网络化水平的提高，它将使传统的教育发生巨大的变化。

　　4)网上娱乐

　　互联网可以说是世界上最大的游乐场，其中的娱乐项目包括网上电影、网上音乐、网络游戏、网上聊天等。

　　5)信息服务

　　在线信息服务使人们足不出户就可了解世界和解决生活中的各种问题。目前，主要的在线信息服务形式有：网上图书馆、电子报刊、网上求职、网上炒股等。

　　6)虚拟医院

　　虚拟医院是指通过计算机网络提供求医、挂号、预约门诊、预定病房、专家答疑、远程会诊、远程医务会议、新技术交流演示等服务。

　　高速的网络连接无处不在。互联网正影响着我们的工作、生活及娱乐。

1.2.3　网络技术基础

1．TCP/IP 协议

　　TCP/IP 是 Transmission Control Protocol/Internet Protocol 的简写，中译名为传输控制

协议/网际互联协议,又名网络通信协议,是互联网最基本的协议,是 Internet 国际互联网络的基础。TCP/IP 协议是一组协议的代名词,它还包括许多协议,组成了 TCP/IP 协议簇。TCP/IP 协议定义了电子设备如何连入互联网,以及数据在它们之间传输的标准。协议采用了四层的层级结构,每一层都呼叫它的下一层所提供的协议来完成自己的需求。这四层分别如下。

(1) 应用层:应用程序间沟通的层,如简单电子邮件传输协议(SMTP)、文件传输协议(FTP)、网络远程访问协议(Telnet)等。

(2) 传输层:在此层中提供了节点间的数据传送服务,如传输控制协议(TCP)、用户数据包协议(UDP)等。TCP 和 UDP 给数据包加入传输数据并把它传输到下一层中,这一层负责传送数据,并且确定数据已被送达并接收。

(3) 网络层:负责提供基本的数据封包传送功能,让每一块数据包都能够到达目的主机(但不检查是否被正确接收),如网际互联协议(IP)。

(4) 网络接口层:对实际的网络媒体进行管理,定义如何使用实际网络(如 Ethernet、Serial Line 等)来传送数据。

通俗而言,TCP 负责发现传输过程中的问题,一旦有问题就发出信号,要求重新传输,直到所有数据安全正确地传输到目的地;而 IP 是给互联网的每一台联网设备规定一个地址。

2. IP 地址

IP 地址是指互联网协议地址(Internet Protocol Address,又译为网际互联协议地址)。IP 地址是 IP 协议提供的一种统一的地址格式,它为互联网上的每一个网络和每一台主机分配一个逻辑地址,以此来屏蔽物理地址的差异。目前,还有些 IP 代理软件,但大部分都收费。

3. IP 地址分类

最初设计互联网络时,为了便于寻址,以及层次化构造网络,每个 IP 地址包括两个标识码(ID),即网络 ID 和主机 ID。同一个物理网络上的所有主机都使用同一个网络 ID,网络上的一台主机(包括网络上的工作站、服务器和路由器等)有一个主机 ID 与其对应。

为了适应不同容量的网络,互联网委员会定义了 5 种 IP 地址类型,即 A 类~E 类。其中,A、B、C 三类(见图 1-1)由国际互联网信息中心(InternetNIC)在全球范围内统一分配,D、E 类为特殊地址。

图 1-1　IPv4 地址分类

4. IPv4 和 IPv6

现有的互联网是在 IPv4 的基础上运行的。IPv6 是下一版本的互联网协议,也可以说是下一代互联网的协议，它的提出最初是因为随着互联网的迅速发展，IPv4 定义的有限地址空间将被耗尽，地址空间的不足必将妨碍互联网的进一步发展。为了扩大地址空间，拟通过 IPv6 来重新定义地址空间。IPv4 采用 32 位地址长度，只有大约 43 亿个地址，2011 年 2 月互联网地址分配机构(IANA)已将其 IPv4 地址空间段的最后地址组分配完毕，而 IPv6 采用 128 位地址长度，几乎可以不受限制地提供地址。按保守方法估算，IPv6 实际可分配的地址，整个地球的每平方米面积上仍可分配 1000 多个地址。在 IPv6 的设计过程中除解决了地址短缺问题外，还解决了在 IPv4 中存在的其他一些问题，主要有端到端 IP 连接、服务质量(QoS)、安全性、多播、移动性、即插即用等。

5．网络地址和域名

虽然可以通过 IP 地址来访问每一台主机，但是要记住众多枯燥的数字串显然是非常困难的，为此，互联网提供了域名(Domain Name)。域名由若干部分组成，各部分之间用小数点分开。例如，南京邮电大学主机的域名是"www.nj***.edu.cn"。域名前加上传输协议信息及主机类型信息就构成了网址(URL)。例如，南京邮电大学 www 主机的 URL 就是"http://www.nj***.edu.cn"。

通常，进行网络访问时，域名的 www 可以省略，如 http://www.nj***.edu.cn/，可以直接输入 http://nj***.edu.cn。不能省略的部分与域名服务器(DNS)的配置有关。域名一般不会变动。

6．网络地址—网址—URL

URL(Uniform Resource Locator)由三部分组成：协议类型、主机名和路径及文件名。

1)服务器标识符(协议类型)

选择服务器标识符能够确定将要访问的服务器的类型，URL 中的服务器标识符有 HTTP://、FTP://、GOPHER://、TELNET://、NEWS://等类型，分别指定为采用超文本传输协议连接、采用文件传输协议连接、与 GOPHER 服务器连接、与 TELNET 会话连接、与 USENET 新闻组相连接。

2)信息资源地址(主机名)

信息资源地址是由两部分构成的：一个是机器名称，如 www.nj***.edu.cn 用来指示资源所存在的机器；另一个是通信端口号，如 HTTP 的标准端口号为 80，TELNET 的标准端口号为 23，FTP 的标准端口号为 21，等等。

3)路径名

路径名是给出资源在所属机器上的完整文件名，如 http://jwc.nj***.edu.cn/index.jsp。

7．域名与网络信息资源的关系

由于互联网起源于美国，因此最早的域名并无国家标识，人们按用途把它分为几个大类，分别以不同的后缀结尾(见表 1-2)。

表 1-2　通用的顶级域名(组织模式)

顶级域名	表示的网络属性	顶级域名	表示的网络属性	顶级域名	表示的网络属性
.com	营利的商业实体	.mil	军事机构或组织	.store	商场
.edu	教育机构或设施	.net	网络资源或组织	.wb	和 WWW 有关的实体
.gov	非军事性政府或组织	.org	非营利性组织机构	.arts	文化娱乐
.int	国际性机构	.firm	商业或公司	.arc	消遣性娱乐

随着互联网向全世界的发展，除了.edu、.gov、.mil 一般只在美国专用，另外三个大类.com、.org、.net 则成为全世界通用，因此这三大类域名通常称为国际域名。.ac 代表科研机构。

由于国际域名资源有限，各个国家、地区在域名的最后加上了国家标识段，由此形成了各个国家自己的国内域名(见表 1-3)。例如，.com.cn 表示中国的营利商业实体，.org.hk 表示中国香港的非营利性组织，.net.jp 表示日本的网络。

表 1-3　国家级顶级域名(地理模式)

顶 级 域 名	所表示的国家或地区	顶 级 域 名	所表示的国家或地区	顶 级 域 名	所表示的国家或地区
.cn	中国	.ca	加拿大	.ch	瑞士
.au	澳大利亚	.cu	古巴	.de	德国
.dk	丹麦	.es	西班牙	.fr	法国
.hk	中国香港	.in	印度	.It	意大利
.jp	日本	.mo	澳门	.se	瑞典
.sg	新加坡	.tw	台湾	.us	美国

1.3　网络信息资源

1.3.1　信息资源的概念

信息资源(Information Resources)是指在人类社会信息活动中积累起来的以信息为核心的各类信息活动要素(信息技术、设备、设施、信息生产者等)的集合。

信息是普遍存在的，但并非所有的信息都是资源。只有满足一定条件的信息才能称为资源。信息资源，有广义和狭义之分。

广义的信息资源，是指信息活动中各种要素的总称。"要素"包括信息、信息技术及相应的设备、资金和人等。

狭义的信息资源，是指信息本身或信息内容，即经过加工处理、对决策有用的数据。开发利用信息资源的目的就是为了充分发挥信息的效用，实现信息的价值。

狭义的观点突出了信息是信息资源的核心要素，但忽略了"系统"。事实上，如果只有核心要素，而没有"支持"部分(技术、设备等)，就不能进行有效的配置，进而不能发挥信息作为资源的最大效用。

归纳起来，可以认为，信息资源由信息生产者、信息、信息技术三大要素组成。

(1)信息生产者是为了某种目的而生产信息的劳动者，包括原始信息生产者、信息加工者或信息再生产者。

(2)信息既是信息生产的原料，也是产品。它是信息生产者的劳动成果，对社会各种活动直接产生效用，是信息资源的目标要素。

(3)信息技术是能够提高人的信息能力的各种技术的总称，是对声音、图像、文字等数据和各种传感信号的信息进行收集、加工、存储、传递和利用的技术。信息技术作为生产工具，对信息收集、加工、存储和传递提供支持与保障。

1)信息资源的主要特点

信息资源与自然资源、物质资源相比，具有以下几个特点。

(1)能够重复使用，其价值在使用中得到体现。

(2)信息资源的利用具有很强的目标导向，不同的信息在不同的用户中体现不同的价值。

(3)具有整合性，人们对其检索和利用，不受时间、空间、语言、地域和行业的制约。

(4)信息资源是社会财富，任何人无权全部或永久买下信息的使用权。它是商品，可以被销售、贸易和交换。

(5)具有流动性。

2)信息资源作为经济资源的一般特征

(1)作为生产要素的人类需求性。

(2)稀缺性，是经济资源最基本的经济学特征。

(3)使用方向的可选择性是关于信息资源的有效配置问题，是由于信息资源具有很强的渗透性。

3)与物质资源、能源资源相比，信息资源的独有特征

(1)共享性。

(2)时效性，只有时机适宜，才能发挥效益。

(3)动态性，信息资源是一种动态资源，呈现不断丰富、不断增长的趋势。

(4)不可分性，信息的不可分性表现在它在生产过程中的不可分。

(5)不同一性，作为资源的信息必是完全不同一的。

(6)支配性(即驾驭性)，是指信息资源具有开发和支配其他资源的能力。

1.3.2　网络信息资源的概念与分类

1. 网络信息资源的概念

广义的网络信息资源，是指网络信息活动中所有要素的总和，包括与网络相关的信息内容、信息网络、信息人才、信息系统、信息技术等资源。

狭义的网络信息资源，是指以数字化形式记录的，以多媒体形式表达的，存储在网络计算机磁介质、光介质及各类通信介质上，并通过计算机网络通信方式进行传递的信息内容的集合。

2. 网络信息资源的分类

1)按信息内容的表现形式和内容划分

(1)全文型信息，是指直接在网上发行的电子期刊、网上报纸、印刷型期刊的电子版、网络学院的各类教材、政府出版物、标准全文等。

(2)事实型信息，如天气预报、节目预告、火车车次、飞机航班、城市或景点介绍、工程实况、IP 地址等。

(3)数值型信息，主要是指各种统计数据。

(4)数据库类信息，如 DIALOG 系统、万方数据知识服务平台等，是传统数据库的网络化。

(5)微信息(Web 2.0 特征)，如博客、播客、聊天、邮件讨论组、网络新闻组等。

(6)其他类型，如投资行情和分析、图形图像、影视广告等。

2)按信息加工层次分类

(1)网络零次信息，即在网上产生未经过信息组织者系统加工过的信息，如聊天记录、邮件等。

(2)网络一次信息,经初步加工整理并存放在网上的信息产品,如各种一次文献的电子版。

(3)网络二次信息,即关于网络一次信息的信息,如网络版目录、书目、指南、文摘、题录,网上信息资源指引库和搜索型工具,是依据一定的方法将分散、无序的网络零次信息和网络一次信息加以整理、归纳,揭示其特征,形成有组织、有系统的信息系统。

(4)网络三次信息,即在网络一、二次信息的基础上,通过评价、筛选和按不同功能组织加工所形成的信息产品,如作为工具类信息产品的网上百科全书、词典、机构名录、邮件列表、人物传记,以及收录图书、报刊、专利、学位论文的全文数据库等。

3)按照发布范围划分

(1)正式出版物信息又称为商用信息资源,是指由正式出版机构或出版商发行、受知识产权保护、信息质量可靠、多数必须购买才可使用的收费信息资源,包括各种网络数据库、大部分电子期刊、电子图书等,如我国用户使用较多的万方数据知识服务平台、重庆维普、中国期刊网等中文数据库,SDOS、EBSCOhost 等英文数据库,Apabi 电子图书、超星电子图书等都属于收费的正式出版物;也有部分正式出版物不用付费就可以自由使用,如大部分的图书馆目录、部分网上电子报刊等。

(2)半正式出版物信息又称为灰色信息,是指受一定知识产权保护但没有纳入正式出版物系统,完全面向用户开放且免费使用的信息资源,如各企业、政府机构和国际组织、学术团体、教育研究机构、行业协会等各种网站所提供的尚未正式出版的信息。还有一些信息资源,由图书馆、教育机构、政府机关制作,在一定的范围内分不同层次发行,不完全向用户开放,也属于半正式出版物,如特色数据库、教学课件等。

(3)非正式出版的信息,是指那些随意性强、流动性较大、不受任何知识产权保护、质量和可信度难以保证的动态信息资源,如BBS、新闻组、网络论坛、电子邮件等的信息。

4)按主题划分

网络资源按主题划分比较复杂,对具体信息的划分没有统一的标准,因而不同网站对信息主题的划分也各有自己的特点,但总体来讲大同小异,总结起来有以下几类信息。

(1)新闻。互联网改变了人们获取新闻信息的方式。互联网在同一时间内向全世界传播最新发生的新闻,人们可以不受限制地获取世界上任何地区的新闻,各类门户网站和新闻网站是人们获取新闻的主要途径,如我国的互联网四大门户网站(网易、腾讯、新浪与搜狐)、凤凰网、大洋网等新闻网站,可以浏览国内、国际、体育、娱乐、财经、教育、军事等各类新闻。

(2)政府信息,包括政府预算、政府资助项目、政府基金信息、各类政府公告、政府网站上有关标准、专利、统计资料、法律和知识产权等。

(3)商业贸易和金融。商业信息是互联网上非常重要、非常庞大的网络信息资源,包括金融、股票、证券市场、贸易、房地产、商品广告、公司名录等。

(4)科学技术与教育,包括科学技术信息、数学、物理、化学、天文学、航天与航空、农业、生物学、医疗卫生、环境保护、地质科学、计算机科学等,以及高校网站、教育机构、教育网站上的各类信息资源。

(5)参考工具书和书目期刊索引,主要包括各类字典、词典、百科全书、指南、索引等。

(6)娱乐,包括音乐、动漫、游戏、笑话、旅游等。

5)按所采用的网络传输协议分类。

(1)WWW 网络资源,是互联网信息资源的主流,它使用 HTTP 协议,简捷便利,功能强大，能方便迅速地浏览和传递分布于网络各处的文字、图像、声音和多媒体超文本信息。

（2）FTP 信息资源。该信息资源使用 FTP 协议，该协议主要用于互联网计算机之间的文件传输。FTP 相当于在网络上两个主机之间复制文件，目前仍是发布、传递软件和长文件的主要方法。

（3）Telnet 信息资源。Telnet 协议是远程登录协议。Telnet 信息资源包括硬件资源和软件资源。许多机构都提供远程登录的信息系统，如图书馆的公共目录系统、信息服务机构的综合信息系统等。

（4）用户服务组资源，包括新闻组、电子邮件组等。这些电子通信组形式所传递和交流的信息资源是网络上最自由、最具有开放性的资源。

（5）Gopher 是一种基于菜单的网络服务。它为用户提供了丰富的信息，并允许用户以一种简单的、一致的方法快速找到并访问所需的网络资源。其全部操作是在一级级菜单的指引下，用户只需在菜单中选择项目和浏览相关内容，就可完成对互联网上远程联机信息系统的访问，无须知道信息的存放位置和掌握有关的操作命令。

（6）RSS 信息资源，RSS 是一种起源于网景的技术，将用户订阅的内容传送给通信协同格式（Protocol）。RSS 可以是以下三个解释中的一个：真正简易聚合（Really Simple Syndication）；RDF（资源描述框架）站点摘要[RDF（Resource Description Framework）Site Summary]；丰富的站点摘要（Rich Site Summary）。

（7）P2P（peer to peer），是指数据的传输不再通过服务器，而是网络用户之间直接传递数据。众多 Peer 之间形成一个 P2P 覆盖网络（Overlay network），从而使各种数据（如文本文件、视频文件等）能方便地在普通主机之间共享。目前，人们认为其在全球的即时通信（如 Skype）、文件共享（如 BT）、分布计算（如 SETI@home）、协同工作（如 Groove）等方面大有前途。国内开发的 P2P 应用主要有 QQ、POCO、PPLive、VNN、PP 点点通、北大 Maze 等，国外开发的 P2P 应用主要有 Gnutella、BitTorrent、Kazaa、eDonkey、Morpheus 等。

1.3.3　网络信息资源的特点

1. 网络信息资源具有的特点

网络信息资源与传统的信息资源相比，具有一些新的特点：

（1）信息量大。由于互联网是一个开放的平台，人们可以自由地加入互联网，并在网上发布各种信息，因此网络信息资源的增长呈爆炸性趋势。

（2）信息的来源复杂。互联网具有开放性，缺乏统一的管理和质量控制。网络信息资源中既有高品质的信息，也有大量垃圾信息和不良信息，给用户造成了很大的困扰。

（3）信息的形式多样。计算机技术的发展，使得网络信息资源的呈现形式具有多样性，包括文本、图像、音频、视频等，为用户提供了更丰富的信息资源。

（4）信息获取更便捷。只要具备上网的条件，人们可以在任何时间、任何地点获取网络信息资源，节省了时间。

（5）信息动态更新快。网络环境下，信息的更新速度快、时效性强。每天都有新的信息资源产生，也有旧的信息资源失效。这会导致网络信息检索的难度加大，不确定性增加。

（6）信息的关联度高。网络信息资源分散在世界各地的计算机上，看似无关联，然而互联网具有超文本和超链接的功能，用户可以借助检索到的信息关联到其他的相关信息。

2. 网络信息资源的优点

(1)价廉。网络信息资源是一种比印刷品便宜的信息提供方式。不仅提供信息的索引和著录信息，还提供有关信息的全文和原稿。

(2)新颖、深入。网上有大量的灰色文献或边缘文献(grey of fringe literature)，即在主流出版物渠道之外的文献，包括研究报告、调查采访、研讨会发言、笔记、项目计划报告、政策方针等。它们反映了许多研究成果背后的原始数据或第一手资料，或因为其内容太新或太专而未被纳入正式文献交流渠道。

(3)广泛、直接交流。互联网扩大了人际交流的范围，提供了更多的直接交流机会，如参加Usenet的新闻组(news group)、讨论组(discussion group)、邮件列表(mailing list)的讨论。

(4)非正式和自由发表园地。

1.3.4　网络信息资源的获取

检索网络信息资源之前，需要考虑检索主题是什么，哪种信息资源与检索主题相关，如何找到需要的信息资源。下面用两个例子来说明网络信息资源的获取途径。

1. 求职应聘

大学生面临找实习单位或毕业找工作的问题，因此，懂得如何查找求职信息尤为重要，可以从以下几个方面来着手。

(1)综合性招聘网站，如智联招聘网、中华英才网、前程无忧网。

(2)大学生招聘网站，如应届生求职网、高校就业指导网站(如华南理工大学就业在线)、高校论坛(如华南理工大学木棉BBS)。

(3)政府机构招聘网站，如中华人民共和国人力资源和社会保障部网站、广东省人力资源和社会保障厅网站。

2. 旅游度假

旅游已成为人们崇尚的休闲方式，古人云"读万卷书，行万里路"。大学生可以利用节假日结伴出游，见识外部世界。那么，在出行前需要安排好衣食住行，方能放心旅游。可以通过查询以下网站帮助规划旅程。

(1)各级政府官方旅游网站，如中国国家旅游局网站、广东省旅游局咨询网、中国旅游诚信网。

(2)景区官方网站，如九寨沟景区网站、石林旅游网。

(3)旅游商业网站，如携程旅行网、阿里旅行网、去哪儿网。

1.3.5　网络信息资源的评价

人们在利用印刷型文献信息资源时，一般要对众多相关主题的信息资源进行评价和选择。在利用网上信息时同样也会面临这一问题。近年来，随着互联网的迅速发展，人们面对网上的海量信息时变得无所适从，在网上获取和选择信息愈发困难。主要原因有：

第一，网络上信息资源量的爆炸式增长，使得人们从中获取有用信息的难度越来越大。目前，全球上网主机有数千万台，网民数亿人，网上每天都有大量新的网站开通。网络用户不仅在利用网上信息，也在不断地向网上提供各种形态的新信息，网上信息量以"每年200%以上的速度增长"。现在，在互联网上利用搜索引擎查找资料，任意输入一个关键词，都可以获得几十、几百乃至成千上万条信息，从中找出真正有价值的信息，犹如大海捞针。

第二，互联网的松散、开放性等特点，导致了网络信息空间秩序混乱，网上信息真伪混杂、整体质量水平下降，人们选择信息更加困难。众所周知，任何人都可以在互联网上开设网站、发布信息，这使得互联网的信息资源具有数量庞大、增长迅速、内容丰富多彩、交叉重复、质量参差不齐等特征。

第三，在互联网上，信息不仅很容易被出版、传播，而且也极易被篡改。许多信息在网上出现不久，即会被别有用心的人篡改而脱离原意。因此，为了保障用户的信息安全，人们不得不对网络信息进行评价，以确定其质量。帮助用户评价和选择网络信息是信息服务部门（特别是公共及高校图书馆、科研院所的文献情报中心）义不容辞的时代责任，也是互联网及其相关技术的发展对信息与情报服务工作者提出的客观要求。

要从组织无序、质量参差不齐的海量信息中迅速、高效地筛选有价值的信息，除了要使用好检索工具，还应该了解网络信息的评价知识。

1. 网络信息资源的评价方法

1）定性评价方法

定性评价方法是指根据评价标准和指标体系对网络信息资源进行评价的方法。如国内的第三方评价法、用户评价法、层次分析法、网络影响力分析法；国外的评价指标体系（10C）原则，包括内容（Content）、置信度（Credibility）、批判性思考（Critical thinking）、版权（Copyright）、引文（Citation）、连贯性（Continuity）、审查制度（Censor shop）、可连接性（Connectivity）、可比性（Comparability）、范围（Context）。

2）定量评价方法

定量评价方法是指按照数量分析方法，利用网络自动搜集和整理网站信息的评估工具进行评价的方法。例如，"网络影响因子（Web Impact Factor，Web-IF）"成为网络信息资源评价的一个重要标准，"网络计量学（Webometrics）"将传统的情报计量方法链接分析法、概率统计法用于网络信息的研究。基于链接分析的评价指标也非常多，在链接数量上衡量的指标通常包括网站链接总数、指向内部的链接数、指向外部的链接数、网站被链接数。基于链接分布特征的衡量指标包括链接密度、页面平均链接数。总的来说，衡量网站影响力的指标包括网站被链接数、网络影响因子、扩散系数。

(1)链接分析法。通过分析站点被其他站点链接的情况来测定网络信息资源的重要性，可以帮助确定核心站点，为网络信息资源的评价提供依据。"网络影响因子"可以作为评价站点和域名的一种工具。

假设某一时刻链接到某一网站或区域的网页数为 a，而这一网站或区域本身所包含的网页数为 b，那么其网络影响因子的数值可以表示为 a/b。

(2)概率统计法。运用概率论和统计学方法对网络中的数据进行分析和研究，对网站和服务器的数量、网络用户特征及网络发展的增长率指标进行统计分析。

1.4　信 息 素 养

在信息社会，信息素养对个人的学习、生活、工作与研究具有重要作用。信息素养是可以培养的，最直接有效的途径是在理解信息素养概念、内涵的前提下，通过学习网络信息检索课程逐步培养个人的信息素养。信息素养的本质是全球信息化需要人们具备的一种基本能力。

1.4.1　信息素养的概念

信息素养更确切的名称应该是信息文化。它是一个内容丰富的概念，不仅包括人们利用信息工具和信息资源的能力，还包括选择、获取、识别信息和加工、处理、传递信息并创造信息的能力。信息素养构成人们终身学习的基础。

信息素养的概念是从图书检索技能演变发展而来的。计算机、网络技术的发展，使这种能力同当代信息技术结合，成为信息时代每个人必须具备的基本素养，并引起了世界各国教育界的高度重视。信息素养这个词最早是由国家信息产业协会主席保罗·泽考斯基于1974年提出的。他把信息素养定义为"利用大量信息工具及主要信息资源使问题得到解决的能力"。简单的定义来自1989年美国图书馆学会(American Library Association，ALA)，它包括文化素养、信息意识和信息技能三个层面。能够判断什么时候需要信息，并且懂得如何去获取信息，如何去评价和有效利用所需的信息。1992年，美国图书馆学会将信息素养定义为"人们能够判断确定何时需要信息，并且能够对信息进行检索、评价和有效利用的能力"。

信息素养是一种基本能力，是一种对信息社会的适应能力。美国教育技术CEO论坛2001年第4季度报告提出：21世纪的能力素质包括基本学习技能(指读、写、算)、信息素养、创新思维能力、人际交往与合作精神、实践能力。信息素养是其中一个方面，它涉及信息的意识、信息的能力和信息的应用。

信息素养是一种综合能力，它涉及各方面的知识，是一个特殊的、涵盖面很广的能力，包括人文的、技术的、经济的、法律的诸多因素，和许多学科有着紧密的联系。信息技术支持信息素养，通晓信息技术强调对技术的理解、认识和使用技能。而信息素养的重点是内容、传播、分析，包括信息检索及评价，并涉及更广的方面。它是一种了解、收集、评估和利用信息的知识结构，既需要通过熟练的信息技术，也需要通过完善的调查方法，通过鉴别和推理来完成。信息素养是一种信息能力，信息技术是它的一种工具。

1998年，ALA和美国教育传播与技术协会进一步制定了"学生学习的信息素养标准"，从信息素养、独立学习和社会责任三方面提出了九大信息素养标准：

(1)能够有效和快捷地存取信息。

(2)能够熟练和恰当地评价信息。

(3)能够准确和创造性地使用信息。

(4)能探求所需信息。

(5)能欣赏作品及对信息进行创造性的表达。

(6)能在信息查询与知识创建中做得更好。

(7)能认识信息对民主化社会的重要性。

(8)能在信息和信息技术中实施有道德的行为。

(9)能在团队中探求和创建信息。

上述标准更进一步扩展与丰富了信息素养的内涵与外延。信息素养不仅包括熟练运用当代信息技术获取识别信息、加工处理信息、传递创造信息的基本技能，更重要的是还包括在当代信息技术所创造的新环境中独立学习的态度和方法、批判精神，以及强烈的社会责任感和参与意识。

1.4.2 信息素养的培养

信息素养的培养，可以从以下四方面着手。

1) 信息意识与情感

信息意识是人们在信息活动中产生的认识、观念和需求的总和，主要包括对信息重要性的认识、对信息的内在需求，以及对信息所具有的特殊的、敏锐的感受力和持久的注意力。而信息情感则是指人们对使用信息技术的态度与兴趣，具体表现为：

(1) 能认识到信息在信息时代的重要作用和拥有大量信息的特殊意义，确立在信息时代尊重知识、终身学习、勇于创新的这些新观念。

(2) 对信息有积极的内在需求。每个人除了自身具有对信息的内在需求，还应善于将社会和他人对自己的需求自觉地转化为个人的内在的信息需求。

(3) 对信息的敏感性和洞察力。能迅速有效地发现并掌握有价值的信息，善于从他人看来微不足道、毫无价值的信息中发现信息的隐含意义和价值，善于识别信息的真伪，善于将信息与实际工作、生活和学习联系起来，善于从信息中找出解决问题的方法。

2) 信息知识

掌握信息科学、信息技术的基本知识，掌握信息设备与设施的操作，了解信息技术的发展与应用。信息知识是指一切与信息有关的理论、知识和方法，主要包括传统文化素养，信息常识和多媒体、网络等现代化信息技术知识。具体表现为：

(1) 传统文化素养。传统文化素养包括读、写、算的基本能力。尽管信息时代读、写、算的方式已经发生了很大改变，但是传统的读、写、算能力依然是人们文化素养的基础。信息素养是传统文化素养的延伸和扩展。在信息时代，必须具备快速阅读能力，才能够有效地从浩如烟海、丰富多彩的信息中获取自己所需的信息。

(2) 信息常识。信息常识包括信息的理论知识，对信息、信息化的性质和特征及其对人类各个领域影响的认识和理解等。

(3) 现代信息技术知识。现代信息技术知识包括信息技术的原理(如计算机原理、网络原理等)，信息技术的作用、特点、优势、发展趋势等。

3) 信息能力

信息能力是指人们有效利用信息设备和信息资源获取信息、加工处理信息及创造新信息的能力。信息能力也是终身学习的能力、信息时代重要的生存能力，主要包括：

(1) 信息工具使用能力。例如，会使用文字处理工具、浏览器和搜索引擎工具、网页制作工具等。

(2) 信息搜集获取能力，指人们根据自己的目的，运用科学方法，采用多种方式，从外界信息载体中提取有用信息的能力。

(3) 信息分析识别能力，指人们运用批判性思维，对众多的信息进行分析、鉴别，剔除无用、无关信息，寻找有用、相关信息的能力。

(4) 信息加工处理能力，指人们根据特定任务要求，对所获信息进行整理、归纳、筛选、重组，提高信息使用价值的能力。

(5) 信息再生创造能力，指人们对所掌握的信息，从更新的角度、更深的层次进行加工处理、再分析、再综合，抽象升华为自己的观点，从而产生新的信息的能力。

(6)信息相关能力，指与信息相关联的从事其他各项活动的一般能力，包括人们的语言能力、观察能力、判断能力、思维能力、公关能力等。

4)信息道德

信息道德是指涉及信息开发、传播、管理和利用等方面的道德要求、道德准则，以及在此基础上形成的新型道德关系。人们必须培养正确的信息伦理道德修养，遵循信息应用的伦理道德规范，不从事非法活动，同时也知道如何防止计算机病毒和其他计算机犯罪活动。

以上四方面相互联系、相互作用，共同构成一个不可分割的统一整体。信息意识是先导，信息知识是基础，信息能力是核心，信息道德是保证。信息素养的培养，四个方面都要重视，不可或缺。

思 考 题

1．网络起源主要可分为哪几个发展阶段？
2．网络信息资源的分类有哪几种形式？
3．网络信息资源评价的方法有哪几种？
4．什么是信息素养?怎样培养良好的信息素养?

参 考 文 献

[1] 骆懿玲，郭俐. Internet 及多媒体应用教程(第 2 版). 北京：电子工业出版社，2011.

[2] 肖珑. 数字信息资源的检索与利用(第二版)[M]. 北京：北京大学出版社，2013.

[3] 沈固朝，储荷婷，华薇娜. 信息检索(多媒体)教程(第二版)[M]. 北京：高等教育出版社，2009.

[4] 谢希仁. 计算机网络(第 7 版)[M]. 北京：电子工业出版社，2017.

[5] 隋莉薄. 网络信息资源检索与利用(第 2 版)[M]. 北京：清华大学出版社，2014.

[6] 朱庆华. 网络信息资源评价指标体系的建立和测定[M]. 北京：商务印书馆，2012.

[7] 陈泉，郭利伟，周妍，杨菲. 信息素养与信息检索[M]. 北京：清华大学出版社，2017.

[8] 胡永强，吴瑾. 高校信息素养教育及其资源共享平台构建——以辽宁省高校图书馆为例[J]. 图书情报工作，2015，08.

[9] 刘红泉. 网络信息资源分类体系的优化研究[J]. 现代情报，2006.

第2章 网络信息资源检索工具

学习目标

通过本章的学习可以掌握以下内容:

(1) 了解网络信息检索工具的基本概念;

(2) 了解图书馆馆藏目录信息的概念;

(3) 了解馆藏联合目录信息的概念;

(4) 了解图书全文检索工具的概念。

随着互联网信息资源的迅速增长,如何在浩瀚的信息海洋中准确、方便、快速地找到自己所需的信息,成了迫切需要解决的问题。当已经知道地址时,可以直接通过地址访问;在不知道地址的时候,就需要借助检索工具,如搜索引擎、网络资源指南(网络资源门户)和专门数据库等,进行关键词检索。

2.1 网络信息检索工具概述

2.1.1 网络信息检索工具概念

网络信息检索工具一般是由自动索引程序、数据库和检索代理软件组成的。有些检索工具还拥有自己的维护管理软件。不同的检索工具在具体的实现机理上又各有不同,从而决定了各自的特色。

现在大多数网络检索工具都采用一种称为 Robots(又称为 Spider,Crawler,Worms,Wanders 等)的网络自动跟踪索引程序。实际上,它是一个在网络上检索文件且自动跟踪该文件的超文本结构,并循环检索被参照的所有文件的软件。不同的自动索引软件所采用的标引、搜索策略不同,自动索引软件标引、搜索网页的方式对信息检索的质量有直接影响。它通过对文献的分析,选用确切的检索标识(类号、标题词、叙词、关键词、人名、地名等),用以反映该文献内容的过程,主要指选用检索语言词或自然语言词反映文献主题内容,并以之作为检索标识的过程(见图 2-1)。

自动索引程序将采集和标引的信息汇集成数据库,作为该网络检索工具提供检索服务的基础。不同网络检索工具的数据库收录范围不一样,有的收录 Web 及图像,有的收录 Web、FTP、Flash、新闻组等资源类型。不同网络检索工具的标引方式也不同,有的索引软件标引主页全文,有些则只标引主页的地址、标题、责任者、特定的段落和关键词。

数据库的内容一般包含网站的名称、标题、网址 URL、网页的长度、网页的时间、相关的超文本链接点、内容简介或摘要等。不同数据库的规模差异也很大,数据库规模的大小决定了查询到的信息是否全面。

检索软件可根据检索机制构造的检索提问式来进行分析、判断并形成检索策略进行检索。然后,再综合运用某些检索模型来对检索结果进行处理,按检索结果与检索要求的相关程度进行计算和评估比较，根据计算结果对文档排序，将最相关、最重要的信息排在较前面的位置。不同网络检索工具所采用的检索机制、算法有所不同，布尔逻辑检索是较普遍采用的一种机制，即按照检索项间的逻辑关系使用布尔逻辑符 AND、OR、NOT 等来组合检索项，形成检索式来提交查询。除了布尔逻辑检索，许多网络检索工具还提供了一些其他的检索机制，如截词检索、概念检索、模糊检索、词组检索、字段检索、位置检索等（这部分内容将在第 7 章重点介绍）。

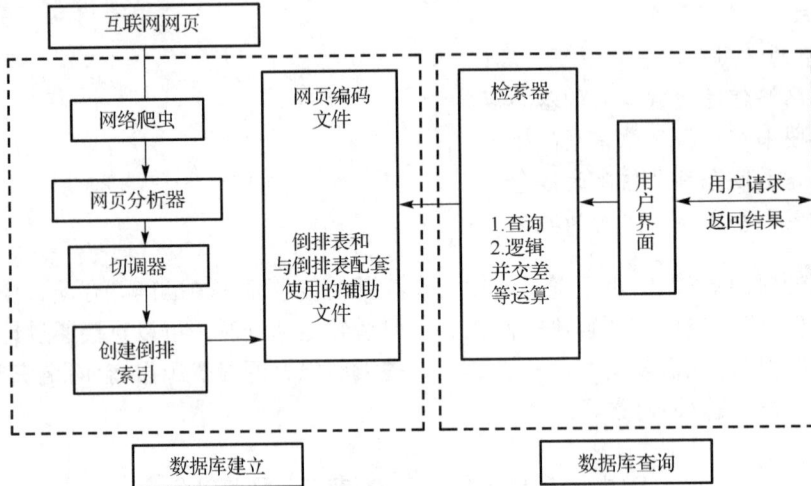

图 2-1　信息检索系统的结构

2.1.2　网络信息检索工具类型

网络信息检索工具的类型主要有目录型检索工具、网络资源指南、搜索引擎。

1. 目录型检索工具

目录型检索工具由人工编制和维护，因此在信息的收集、编排、HTML 编码及信息注解等方面要花费大量的人力和时间。它强调的是其浏览功能，优点是人工干预提高了主题指南返回结果的相关性。其局限性在于：有些跟不上网络信息的发展；数据库的规模相对较小；在某些主题下收录范围不够全面，使检索到的信息数量有限；更新、维护的速度或周期要受系统人员工作时间的制约，导致新颖性不够，可能会产生一些"死链接"；另外，若用户不熟悉其分类体系或对分类标准理解与系统人员不一致，也会影响检索结果。目录型检索工具主要适用于：

（1）用户进行笼统或较笼统的主题浏览和检索。它允许用户从等级类目中任意选择检索范围，以对这些不同深度的主题类目进行浏览或检索。

（2）当用户尚未形成很精确的检索概念时，采用主题指南作为检索起始点非常有效。

除了综合性目录型检索工具，为了顺应网上各种类型信息的发展变化，又出现了某些专业的目录型检索工具，它由某一领域的专家编制和维护，在信息准确性和易于理解方面比综合性目录型检索工具要强得多。

2. 网络资源指南

网络资源指南是由人工采集网上信息，然后按照一定分类标准，如学科类型、主题等，建立网站分类目录，并将筛选后的信息分门别类地放入各类目中供用户进行浏览。

其优点是信息组织的专题性较强，能满足族性检索要求；使用简单，只要选择相关类目，依照页面之间的超链接指引，很快就能找到目标信息，适于检索不熟悉的领域或建议不熟悉网络的用户使用。其缺点是人工采集信息的收录范围小，更新慢；受主观因素影响，类目设置不够科学，缺少规范。

网络资源指南目前主要有以下三种类型。

（1）学科信息门户（Subject based information gateways），是经过组织、有序化和人工处理、专家排选、定期检查处理的学科信息导航系统，其资源都是有效的。

GEM（Gateway to Educational Materials，教育资源门户）自身也恰巧是一个单词，意为"宝石"。GEM 最初由美国教育部和美国国家教育图书馆联合发起，于 1996 年正式建成，现为美国国家教育协会（NEA）资助下的非营利性组织，专门为中小学教育人员提供各种类型和格式的基于互联网的课程教案、授课讲义及其他教育资源。GEM 用户可以通过搜索和浏览两种途径查询自己需要的信息资料。从总体上看，GEM 只有基本的搜索功能，仅支持关键词搜索及将搜索限定在全文、标题等范围。相比之下，GEM 的浏览目录虽然只分一个层次，但用户可从七个不同的方面进行浏览（如主题、教学程度等）。最关键的是，GEM 收录的教学资源是经过人工标引整理的，能更好地保证质量。遗憾的是由于美国国家教育协会的资助不到位，GEM 已经停止为用户提供服务了。

（2）搜索引擎目录，即搜索引擎的人工分类目录。例如，新浪目录及新浪爱问搜索引擎（iask）、Phil Bradley's website（见图 2-2），是图书馆员的网站，帮助用户认识网络上的各种搜索资源，从专业角度记录及评价众人熟悉或不熟悉的搜索工具，并为用户推荐一些新的、有发展前景的搜索资源。

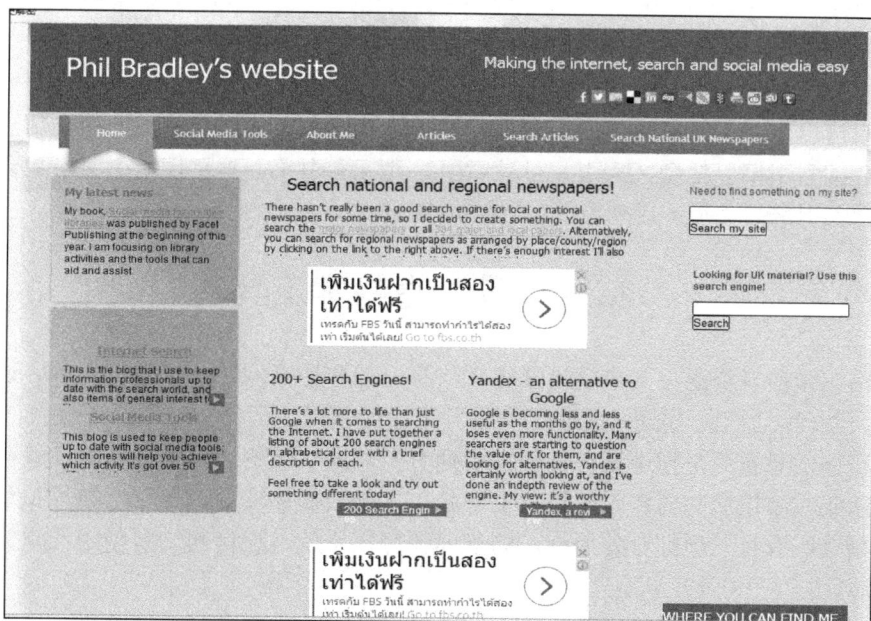

图 2-2　Phil Bradley's website 首页

（3）开放目录（DMOZ），又称为 ODP（Open Directory Project，开放目录工程）。该网站于 1998 年 6 月 5 日创立，是分类搜索引擎革命性变革的转折点，开启了一个新分类检索体系。Google 也曾用此分类架构来设置 Google 的网页目录，但 Google 于 2011 年关闭了 Google 目录服务。DMOZ

是互联网上最大的、最广泛的人工目录，是由来自世界各地的志愿者共同维护与建设的最大的全球目录社区。DMOZ 依照网页的性质及内容来分类，所有内容都是由编辑人员手工编辑的，而 DMOZ 的编辑人员并不是该网站的专职人员，而是分布于世界各地的志愿者。由于由全球成千上万的志愿者在维护和管理这个非营利性网站，DMOZ 被认为是互联网上最重要的网站目录导航。但是，DMOZ 于 2017 年 3 月 17 日关闭，不可再用。DMOZ 关闭的深层原因在于：无论对于用户还是搜索引擎，DMOZ 都越来越没有价值了。对于普通用户来说，DMOZ 分类的网站较少，并且网站浏览体验不佳，甚至不如网址导航站的浏览体验好，由于其网站的排名为人工控制，因此不能把内容最好、更新频率最快的网站推荐给目标用户。

目前，提供服务的开放目录有中国艺术开放目录(见图 2-3)、中国分类信息网等。

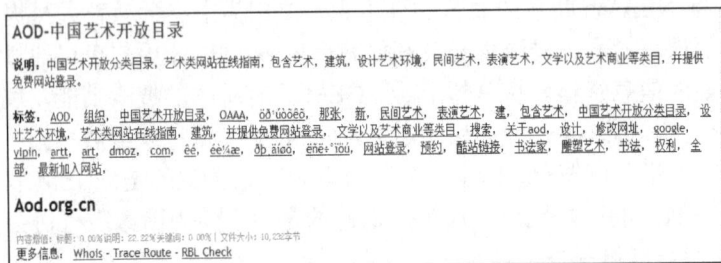

图 2-3　中国艺术开放目录界面

我们会在什么情况下使用网络资源指南呢？答案是：当检索一个范围较广的题目，并希望了解与该题目相关的信息时；没有明确的信息需求，只在网络上"溜达"时；仅想浏览某一方面的消息和动态信息，并不严格限于某几个检索词时；当信息需求更专一时。

3．搜索引擎

搜索引擎(Search Engine)是指根据一定的策略、运用特定的计算机程序，从互联网上搜集信息，再对信息进行组织和处理后，为用户提供检索服务，将用户检索的相关信息展示给用户的系统。搜索引擎包括全文索引、目录索引、元搜索引擎、垂直搜索引擎、集合式搜索引擎、门户搜索引擎与免费链接列表等(具体内容在第 3 章中介绍)。

2.2　馆藏信息检索工具

图书馆馆藏信息资源主要包括馆藏实体信息资源和馆藏网络虚拟信息资源，通常是由图书馆收集、整理、加工、组织、保管、开发并为读者利用的所有文献信息资源的总和。

馆藏实体信息资源是指本馆在物理上所拥有的印刷文献资源、声像资料、缩微资料、光盘文献和装载在本馆服务器和存储设备上的各类文献数据库资源。馆藏网络虚拟信息资源是指本馆不具有所有权，但拥有使用权，即借助计算机系统、通信网络所使用的本馆以外的电子信息资源。

2.2.1　图书馆馆藏目录信息

1．图书馆馆藏

图书馆馆藏是指图书馆收集的各种类型文献资料的总和，简称馆藏或藏书，是图书馆赖以存在的物质基础，是满足读者需求的根本保证。馆藏是与一定时期的文献生产和使用方式紧密联系的。现代图书馆收藏的文献资料包括图书、期刊、政府出版物、小册子、学位论文、报告、照片、电影片、幻灯片、唱片、录音磁带、美术作品、缩微文献、计算机可读资料等。

在这些资料中，虽然图书数量最多，但由于科学技术的发展，期刊及其他多种形式的资料的比重也日益增加。各类型文献资料以不同的方式和载体记录了人类所积累和创造的知识信息。每个图书馆都为满足其读者对特定知识的需求或为实现特定目标来选择、收集和积累文献资料，因此，一个图书馆的馆藏并不是各类型资料的随意堆积，而是经过精心选择和组织的具有特定功能的知识体系。

2. 馆藏目录

馆藏目录是指图书馆各种类型文献资料的一个总目，就是把这些文献资料的基本信息列出来制成一个可以用来检索文献信息的系统。为了方便文献共建共享，图书馆馆藏目录一般是联合编目，有一个全国的标准，从而规范全国图书馆的编目工作。

2.2.2　馆藏联合目录信息

1. 联合目录信息

1）联合目录的概念

联合目录是以综合性或专题性的形式，揭示若干文献收藏单位的全都或部分馆藏的一种大型检索工具。联合目录通常由若干文献收藏单位合作编制。1980 年 3 月，在北京召开了第一次全国联合目录工作会议。事先须制定统一的著录项目和标准，明确收录范围。一般以一个或若干收藏丰富的图书馆馆藏为基础，负责提供草目，其他有关图书馆对此进行核对补充，注明收藏单位，最后由编辑部汇总。采用计算机技术编制联合目录较为方便迅速，主要由若干图书馆共同建立联机联合目录数据库，除供联机检索外还可生产书本式和机读式的联合目录。

2）联合目录的编制

联合目录的编制是一项涉及面较广的工作，它是建立在多方协作的基础上的。因此，必须按照统一的条目格式和编制规则进行，以避免各行其是而造成浪费。联合目录的编制一般可采取三种形式。

（1）以一馆为基础，其他馆作为补充。此种方法适合于该联合目录的著录对象主要涉及某一文献收藏单位的馆藏。

（2）各馆、室根据规划分别编制条目，最后由牵头馆汇总整理。此种方法适合于该联合目录的著录对象相对集中于某一文献收藏单位的馆藏，其他馆也存在一定数量的有关文献。

（3）各馆根据规划分别编制条目，然后由专门成立的编委汇总整理。此种法适合于该联合目录的著录对象相对分散于有关的文献收藏单位，故由专门的编委会最后汇总。

联合目录的作用如下。

（1）从使用者的角度：联合目录可以引发人们阅读和使用书刊的欲望和兴趣；向使用者，包括读者、作者、出版者、发行者，提示可供选择的参考资料和检索线索；适于使用者征引选择书刊使用；方便使用者获得孤本和罕见出版物信息；可以给作者和出版社以指导，哪种书刊尚缺应著应印，哪种书刊已有应缓著缓印；可以密切使用者和图书馆工作者的关系。

（2）从馆员及其工作的角度：联合目录为馆际互借、交换和复制创造条件；使采购书刊者知道自己所选择的书刊，以便补充；可供图书馆工作者决定哪种书刊可以另行处理或作为销号时的参考；使编目者在工作中有所依据。

（3）从图书馆事业建设的角度：联合目录可以揭示系统、地区，甚至全国书刊种类的分布情况，概览全国书刊资源的全貌，为编制国家总书目提供条件；可作为书刊补充协调协作时的参考，避免重复和浪费；有利于馆藏特色的形成；便于馆际交流，增进合作精神；促成图书目录事业国家化。

2. 中国高等教育文献保障系统数据资源

中国高等教育文献保障系统（China Academic Library & Information System，CALIS），是经国务院批准的我国高等教育"211 工程""九五""十五"总体规划中三个公共服务体系之一。CALIS 的宗旨是：在教育部的领导下，把国家的投资、现代图书馆理念、先进的技术手段、高校丰富的文献资源和人力资源整合起来，建设以中国高等教育数字图书馆为核心的教育文献联合保障体系，实现信息资源共建、共知、共享，以发挥最大的社会效益和经济效益，为中国的高等教育服务。

CALIS 管理中心设在北京大学，下设了文理、工程、农学、医学四个全国文献信息服务中心，华东北、华东南、华中、华南、西北、西南、东北七个地区文献信息服务中心和一个东北地区国防文献信息服务中心。

从 1998 年开始建设以来，CALIS 管理中心引进和共建了一系列国内外文献数据库，包括大量的二次文献库和全文数据库，采用独立开发与引用消化相结合的道路，主持开发了联机合作编目系统、文献传递与馆际互借系统、统一检索平台、资源注册与调度系统，形成了较为完整的 CALIS 文献信息服务网络。迄今参加 CALIS 项目建设和获取 CALIS 服务的成员馆已超过 500 家。

CALIS 建设经历了四个阶段，从"九五"建设（1998—2001 年）到"十五"建设（2004—2006 年）再到三期建设（2010—2012 年），目前是运维与创新发展阶段（2013 年至今）。在"十五"期间，国家支持 CALIS 公共服务体系二期建设，并将"中英文图书数字化国际合作计划（简称 CADAL）（见图 2-4）"列入该公共服务体系建设的重要组成部分，项目名称定为"中国高等教育文献保障体系——中国高等教育数字化图书馆（China Academic Digital Library & Information System，CADLIS）"。项目和总体目标明确为：在完善"九五"期间 CALIS 建设的基础上，到 2005 年年底，初步建成具有国际先进水平的开放式中国高等教育数字图书馆。

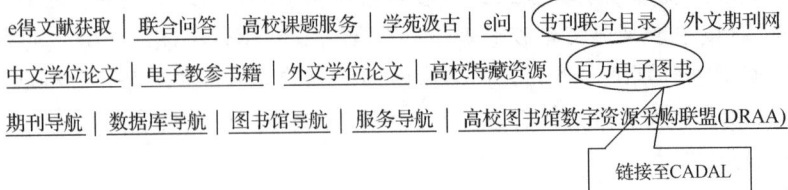

e得文献获取 ｜ 联合问答 ｜ 高校课题服务 ｜ 学苑汲古 ｜ e问 ｜ 书刊联合目录 ｜ 外文期刊网

中文学位论文 ｜ 电子教参书籍 ｜ 外文学位论文 ｜ 高校特藏资源 ｜ 百万电子图书

期刊导航 ｜ 数据库导航 ｜ 图书馆导航 ｜ 服务导航 ｜ 高校图书馆数字资源采购联盟（DRAA）

链接至CADAL

图 2-4　链接至 CADAL

CALIS 管理中心三期建设形成了"云上的"信息服务协作网络，实现了基于软件即服务（SaaS）的普遍服务。CALIS 以"普遍服务"为指导方针，以"云计算"为技术手段，以"多级保障体系"为服务骨干队伍，建成了覆盖全国各类高校的图书馆信息服务协作网络。项目成功将三期建设的各项成果部署到全国，并嵌入到众多高校图书馆本地服务的流程之中，大大提升了高校图书馆的整体服务能力，成为众多高校图书馆自身服务链中不可缺少的一环，成为真正意义上的"高等教育公共服务设施"之一。协同网络基础架构，全国高校三级统一认证体系，CALIS 以分布式统一认证系统(Unified Authentication System，UAS)为核心，采用基于云计算的两级分布式架构(统一认证中心系统、统一认证系统共享版)，通过与成员馆本地认证系统集成，构成全国高校三级读者统一身份认证体系，实现高校读者在 CALIS 两级云平台和成员馆本地系统之间的跨域单点登录及基于成员馆的统一用户管理和统一授权，从而实现"一个账号，全国漫游"。e 得云平台以资源调度和服务调度为核心，具有多馆协作和多资源商支持的完整的分布式原文获取系统，可以实现"一个帐号，全国获取"。高校联合资源订购体系，CALIS 三期以联合资源订购平台为依托，基于云计算模式，通过与图书进出口商(简称书商)和图书馆公共检索系统(OPAC)集成，实现各馆相关资源的互补和共享。跨界服务协作网及多元化共享域，继续拓展跨系统合作，先后与国家图书馆、香港 JULAC 等机构开通馆际互借与文献传递服务。在全部建成省级中心的基础上启动共享域建设，逐步完善了全国、省级/共享域、成员馆三级服务体系。图 2-5 是 CALIS 江苏省文献信息服务中心检索界面。目前，CALIS 的发展愿景是：引领新时代图书馆建设，推动高校图书馆整体发展，持续建设、完善支撑高校图书馆发展的公共服务体系，建设支撑新时代图书馆发展的新业态、新模态，帮助图书馆掌握未来发展的自主权、主动权、发言权。

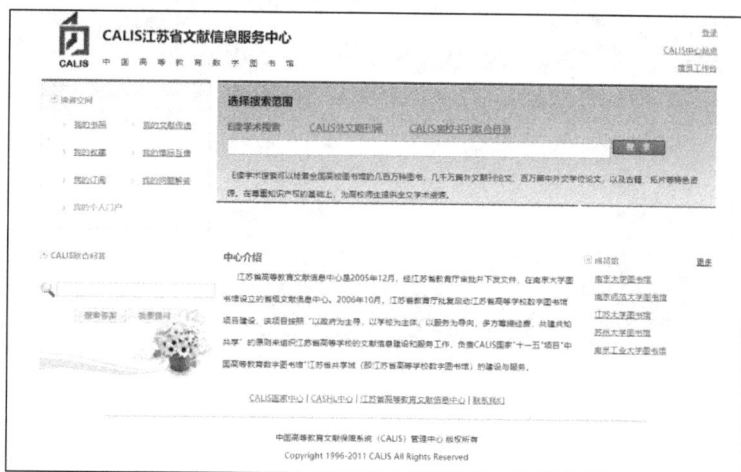

图 2-5　CALIS 江苏省文献信息服务中心检索界面

3．国家科技图书文献中心

国家科技图书文献中心(NSTL)是根据国务院批准于 2000 年 6 月 12 日组建的一个虚拟的科技文献信息服务机构，成员单位包括中国科学院文献情报中心、工程技术图书馆(中国科学技术信息研究所、机械工业信息研究院、冶金工业信息标准研究院、中国化工信息中心)、中国农业科学院图书馆、中国医学科学院图书馆；网上共建单位包括中国标准化研究院和中国计量科学研究院。中心设办公室，负责科技文献信息资源共建共享工作的组织、协调与管理。

根据国家科技发展需要，按照"统一采购、规范加工、联合上网、资源共享"的原则，采集、收藏和开发理、工、农、医各学科领域的科技文献资源，面向全国开展科技文献信息服务。其发展目标是建设成为国内权威的科技文献信息资源收藏和服务中心、现代信息技术应用的示范区和同世界各国著名科技图书馆交流的窗口。

NSTL 的作用是：统筹协调，较完整地收藏国内外科技文献信息资源，制订数据加工标准、规范，建立科技文献数据库；利用现代网络技术，提供多层次服务，推进科技文献信息资源的共建共享；组织科技文献信息资源的深度开发和数字化应用，开展国内外合作与交流。

2000 年 12 月 26 日开通的网络服务系统，是 NSTL 对外服务的一个重要窗口。系统通过丰富的资源和方便快捷的服务满足广大用户的科技文献信息需求。2002 年，NSTL 对系统进行了改造升级。目前，NSTL 的网管中心与各成员单位之间已建成 1000Mb/s 宽带光纤网，实现了与国家图书馆、中国教育网（CERNET）、中国科技网（CSTNET）、总装备部情报所的100Mb/s 光纤连接。系统功能在原有文献检索与原文提供的基础上，增加了联机公共目录查询、期刊目次浏览和专家咨询等新的服务。

NSTL 目前拥有各类外文文献 21 000 多种，其中外文科技期刊 15 000 多种，约占国内引进相应文献类型品种总数的 60%以上，其检索界面见图 2-6。NSTL 主要提供文献检索与原文传递服务，包括各类型科技文献题录和文摘等二次文献的免费查询，并根据用户网上提交的全文请求进行传递服务。

图 2-6　NSTL 检索界面

1）NSTL 文献检索服务

NSTL 文献检索提供两类检索服务：高级检索与专业检索（见图 2-7）。其中，高级检索需要将检索词进行组合添加到搜索框。

检索流程分为以下四步。

（1）普通（高级）检索。输入检索词，各检索词之间可进行 AND、OR、NOT 运算（把组合词间的关系添加到搜索框中，也可以直接在搜索框中输入检索表达式）。例如，（computer or PC）and design；：（（TITLE ＝ computer）and AUTHOR ＝ bill.gates）。

（2）选择文献数据库，即选择相应的数据库，也可以跨库选择。

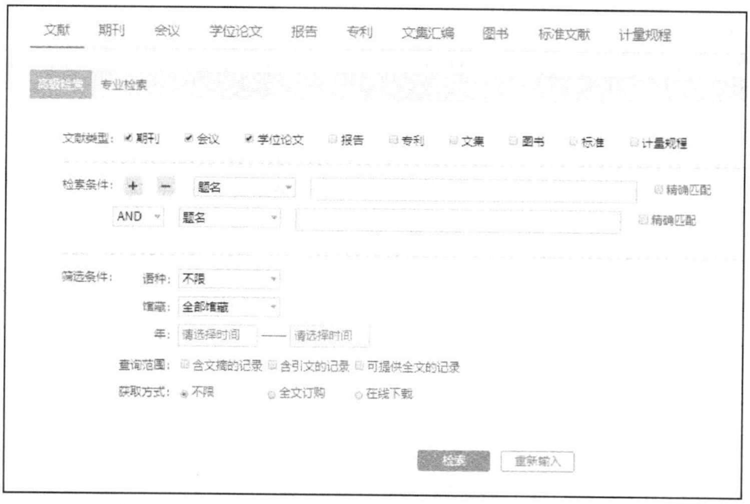

(a)

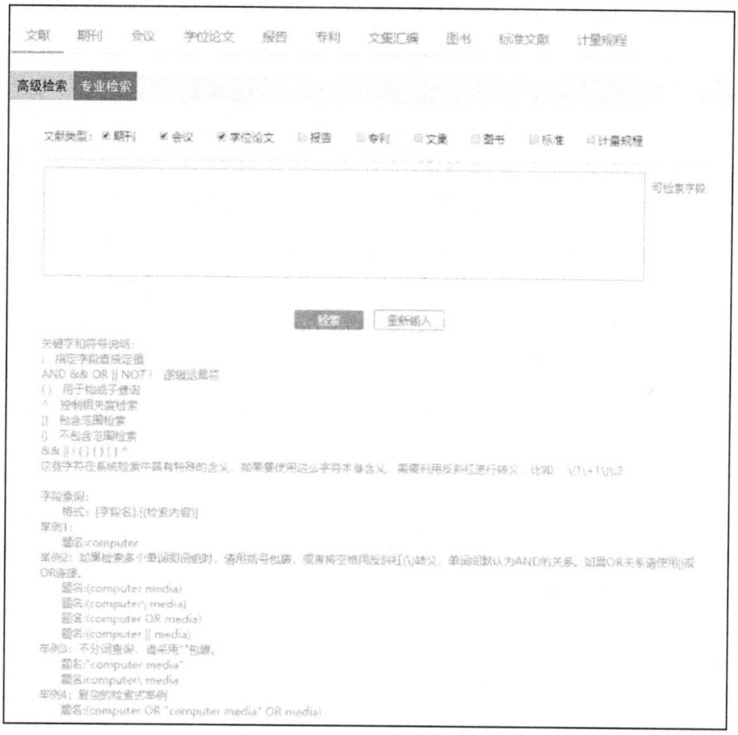

(b)

图 2-7　NSTL 文献检索的高级检索与专业检索界面

（3）设置查询的限制条件，如馆藏范围、时间范围等，推荐使用默认条件。

（4）检索。

2）NSTL 目录查询服务

NSTL 提供目录查询服务，是以国家科技图书馆文献中心、国家图书馆、上海图书馆联合建立的外文期刊联合目录及各家外文期刊数据为基础建立的，包括简单检索与高级检索两种检索方式。

3)NSTL 专题服务

NSTL 提供的专题服务主要包括：重点领域信息门户、国家重大战略信息服务平台、专题信息产品(见图 2-8)。

图 2-8　NSTL 专题服务界面

(1)重点领域信息门户是由 NSTL 组织建设的网络信息资源服务栏目之一。该门户面向科学研究团队、科研管理工作者、情报服务人员等不同人群，按领域专题定制的知识服务平台。

(2)国家重大战略信息服务平台围绕"一带一路""长江经济带"和"京津冀协同发展"国家三大战略的共性需求和个性需求，整合资源优势、人员优势和经验优势，打造三大战略建设与实施的一站式信息服务通道与信息情报保障解决方案。用户可通过本服务获取国家三大战略的动态信息、重大政策、情报资源、信息产品、研究成果等信息资源。

(3)专题信息产品旨在兼顾科技决策和管理者、科技战略专家和领域科学家的信息需求，聚焦国家重大战略、重要项目和重点领域，介绍特定研发领域的进展动态和发展态势。

4)NSTL 特色服务

NSTL 目前提供的特色服务主要包括：国际科技引文服务、元数据标准服务(元数据登记系统)、预印本、代查代借、SCOAP^3 高能物理，科技知识组织共享服务、科研实体名称规范服务系统两项特色服务正在建设中(见图 2-9)。

图 2-9　NSTL 特色服务界面

(1)国际科技引文数据库(Database of International Science Citation,DISC)是 NSTL 自建的以科学引证关系为基础的外文文献数据服务系统。系统集成了 NSTL 外文文献数据库(来自17 000 多种外文期刊)和优选的理、工、农、医各学科领域的部分优秀西文期刊(来自 3 000 多种西文期刊)的引文数据,揭示和计算了文献之间的相关关系和关系强度,为科研人员提供了发现世界上重要的科技文献,了解世界科学研究与发展脉络的强大工具。

(2)元数据标准服务对元数据规范、元素集、元素及属性进行发布、登记、管理和检索,支持开放环境中元数据规范的发现、识别、调用及在此基础上的元数据映射、挖掘和复用。

(3)预印本(Preprint)是指科研工作者的研究成果还未在正式刊物发表,而出于和同行交流的目的自愿通过邮寄或网络等方式传播的科研论文、科技报告等文献。与刊物发表的论文相比,预印本具有交流速度快、利于学术争鸣的特点。NSTL 建设的预印本中心面向国内广大科技工作者提供预印本文献全文的下载、修改、检索、浏览等服务。涉及的学科包括自然科学、农业科学、医药卫生、工程技术、图书情报等。

(4)代查代借面向注册用户提供各类型文献全文的委托复制服务,每篇文献按照 NSTL 收费标准、预扣复制费(无法计算页数的按 10 页计算)和 2 元服务费收取预扣费用,发送原文后按照实际页数和 NSTL 外实际发生费用收取复制费,如未找到所需文献,则退还预扣费用。

(5)SCOAP^3(Sponsoring Consortium for Open Access Publishing in Particle Physics)——高能物理开放出版资助联盟,是国际合作推进科技文献开放存取(Open Access,简称 OA)的一大创举和实践的成功典范。

4．中国高校人文社会科学文献中心

CASHL 是中国高校人文社会科学文献中心(China Academic Humanities and Social Sciences Library)的英文简称,该项目是教育部根据高校人文社会科学的发展和文献资源建设的需要引进专项经费建立的。其宗旨是组织若干所具有学科优势、文献资源优势和服务条件优势的高等学校图书馆,有计划、有系统地引进国外人文社会科学期刊,借助现代化的服务手段,为全国高校的人文社会科学教学和科研提供高水平的文献保障。它是全国性的唯一的人文社会科学外文期刊保障体系(见图 2-10)。

图 2-10　CASHL 网站首页

截至 2019 年，CASHL 人文社科类外文印本期刊近 2.6 万种，外文印本图书近 300 万种，大型特藏 236 种，涉及地理、法律、教育、经济/商业/管理、军事、历史、区域学、人物/传记、社会科学、社会学、体育、统计学、图书馆学/信息科学、文化、文学、心理学、艺术、语言/文字、哲学/宗教、政治等学科。

目前，CASHL 服务的对象为全国高等院校、科研机构的教师、学生、研究人员、工作人员及公共图书馆。CASHL 可为用户提供的服务内容包括文献服务和知识服务两大类。其中，文献服务包括文献传递、图书借阅、代查代检、上海图书馆图书借阅、上海图书馆代查代检；知识服务包括名师讲堂、大型特藏深度服务。

(1)文献传递：是一种非返还式的文献服务方式，为 CASHL 用户复印、传递 CASHL 收录的高校外文期刊论文、图书部分章节、缩微资料等文献。文献传递方式主要有 E-mail、网上文献传递系统(FTP)两种方式。

(2)图书借阅：面向 CASHL 馆际互借成员馆用户提供 CASHL 收录的高校馆藏外文图书、上海图书馆馆藏外文图书的馆际借阅服务，借阅方式有平信挂号邮寄和特快专递等。

(3)代查代检：为用户提供了一种资源间接获取的服务方式。如果用户在"CASHL 资源发现系统"平台上检索到一篇文献无收藏馆时，可以选择通过 CASHL17 家中心馆的任意一家图书馆在国内或国外代为查找；或者用户仅仅知道文献的信息，直接"提交申请"，手工填写文献申请信息，由 CASHL 全国中心北京大学图书馆代为查找所需文献。

(4)上海图书馆图书借阅：2012 年，CASHL 与上海图书馆达成合作意向，整合上海图书馆收藏的人文社科外文图书 10 余万种。高校读者可通过平台以优惠价格获得上海图书馆的馆藏资源。

(5)上海图书馆代查代检：上海图书馆面向 CASHL 用户提供国内外文献资源的代查代检服务，只要有具体的文献信息，可通过 CASHL 平台向上海图书馆直接发送代查代检申请。

(6)名师讲堂：以学科为导向，CASHL 大型特藏为基础，邀请海内外人文社会科学领域的学者面向全国公开开展讲座，让全国人文社会科学学者、学生通过这个平台，既可以随时随地听名家的专题讲座，又可以更全面地了解 CASHL 引进的相关资源。

(7)大型特藏深度服务：CASHL 从 2015 年起启动特藏深度服务，对这类文献进行深度揭示，不仅将文献揭示到章节层次，而且提供文献部分章节的内容。

2.3　图书全文检索工具

2.3.1　数字图书馆

数字图书馆(Digital Library)诞生于 20 世纪 90 年代，在美国国家科学基金会、美国国防部尖端研究项目机构、国家航空与太空总署联合发起的"数字图书馆创始工程"中首次被提及，经过几十年的发展，数字图书馆已逐步成了信息资源建设和组织的重要机制。

根据数字图书馆建设的体系、形式、关键任务等，可以将数字图书馆划分为基于数字化资源的数字图书馆、基于集成信息服务的数字图书馆、基于用户信息活动的数字图书馆三种形式。其中，基于数字化资源的数字图书馆的代表性产品包括：美国 LC 的 American Memory 系统、密西根大学的 JSTOR；基于集成信息服务的数字图书馆的代表性产品包括：我国的 CASHL、加州大学的 California Digital Library、英国的 National Electronic Sice License

Initiative；基于用户信息活动的数字图书馆的代表性产品包括：NCSU 图书馆的 MyLibrary 系统、Questia 数字图书馆。

2.3.2　超星数字图书馆

超星数字图书馆是目前国内最大的中文在线电子图书馆（见图 2-11），收录了自 1977 年至今的图书数字资源，涉及哲学、宗教、社科总论、经典理论、民族学、经济学、自然科学总论、计算机等多个学科。

图 2-11　超星数字图书馆网站首页

超星数字图书馆包含超过 125 万种电子图书，涵盖文学、艺术、历史、教育、农业、医学等中图分类法 22 大类，满足不同读者的多元化需求。超星数字图书馆提供图书全文，并提供分类导航、分类推荐、阅读排行和网页阅读、超星阅读器阅读等多种阅读模式。值得一提的是，超星数字图书馆目前已与近 35 万位图书作者直接签订授权协议，可以收藏这些作者的图书并通过数字化和网络的形式提供给用户。

2.3.3　方正数字图书馆

方正数字图书馆由北大方正电子有限公司开发，收录了国内 400 多家出版社出版的最新中文电子图书，可提供全文阅读。目前，方正数字图书馆有 220 余万册可供阅读，其中可全文下载的有 68.9 万册。另外，方正于 2003 年 5 月与 CALIS 管理中心合作，针对高校对数字内容的需求，开始收录高校经典教材资源，推出了教参全文数据库。电子图书资源库中的图书按照中图法和学科分类法进行书目的细分，进行全文检索，显示的界面清晰且占用存储量小，可融入视频、声音、动画等多媒体资源，可以原版原式阅读。

方正数字图书馆具有检索结果多维度展示，大幅优化资源分类的便捷性，加入排行榜、新书推荐、网络分享功能，更加准确便捷的搜索定位功能，支持各种媒介的移动阅读、收藏及推荐相关功能，还具有摘要及目录、书评和相关电子书等重点功能。方正数字图书馆真正实现了统一资源检索，并完善了检索结果筛选功能，能更快地找到资源，目前还加入了大幅优化后的 6 大类图书分类，使读者可在最短时间内锁定需要的书籍。

2.3.4　读秀学术搜索

读秀学术搜索是北京世纪超星信息技术发展有限责任公司开发的一个面向全球的互联网学术资源查询系统，是可以对文献资源及其全文内容进行深度检索并提供文献传递服务的平台（见图 2-12）。详细介绍见本书 6.2.1 节。

图 2-12　读秀学校搜索网站首页

2.3.5　中国国家图书馆

中国国家图书馆是亚洲规模最大的图书馆，居世界国家图书馆第三位。馆内数字图书馆移动阅读平台定位于移动阅读，整合超过 4 万册电子图书资源、上千种电子期刊及各地图书馆分站的优质特色数字资源。国家图书馆为注册读者提供了涵盖图书、期刊、报纸、论文、古籍、工具书、音/视频、数值/事实、征集资源等多种类型的数字资源在线服务（见图 2-13）。

图 2-13　中国国家图书馆检索界面

中国国家图书馆的资源有中文数字资源和外文数据资源两大类。

(1)中文数字资源数据库有：中国共产党思想理论资源数据库、中国社会科学文库、中华再造善本库、民国图书馆学文献数据库、畅想之星电子图书数据库、点点书库、四部丛刊等45 个电子图书数据库；中国学术期刊网络出版总库(中国知网)、维晋中文科技期刊服务平台、万方数据知识服务平台学术期刊数据库、人大复印资料全文库、民国中文期刊数字资源库等14 个全文期刊数据库；中国历史文献总库·近代报纸数据库、参考消息、经济日报、人民日报等 10 个电子报纸数据库；中国博硕士学位论文全文数据库(中国知网)、中国学位论文全文数据库(万方)、国内外重要会议论文全文数据库(中国知网)等 6 个学位/会议论文数据库；中外专利数据库(万方)、WEBPAT 专利整合平台等 7 个专利/标准数据库；中国科技专家库(万方)、中国历史人物传记资源数据库等 44 个数值/事实数据库；中国科学引文数据库(web of science 版)、中文社会科学引文索引、全国报刊索引数据库等 13 个索引/文摘数据库；商务印书馆精品工具书数据库、术语在线、工具书在线等 12 个工具类数据库；库客数字音乐图书馆、微学习空间、龙源期刊有声阅览室等 13 个音视频数据库；日本细菌战资源库、地方馆民国文献、地方馆非物质文化遗产资源等 34 个特色资源数据库。

　　(2)外文数字资源数据库有：南亚研究回溯数据库、十九世纪作品在线、阿拉伯语电子书等 14 个电子图书数据库；英国土木工程师协会虚拟图书馆、IGI Global 期刊数据库、加州大学出版社电子期刊、社会科学资源专辑高级版、SAGE Journals Online、Springer 电子期刊数据库、Taylor & Francis Online Journals 等 46 个全文期刊数据库；Japan Chronicle Weekly、Izvestiia、17th and 18th Century Burney Collection Newspapers、真理报等 6 个电子报纸数据库；ProQuest 博硕士论文全文数据库、IEEE/IET Electronic Library(IEL)数据库等 3 个学位/会议论文数据库；世界审判文库、海外收藏的中国近代史珍稀史料文献库、英国海外政策文件、解密后的数字化美国国家安全档案等 21 个数值/事实数据库；德温特世界专利创新索引、原剑桥科学文摘、期刊题录快讯数据库等 8 个索引/文摘数据库；Wiley 在线参考工具书、Blackwell文科经典馆藏在线参考书库、UDB STATISTICS 俄罗斯统计出版物、牛津在线参考书数据库等 8 个工具类数据库。

　　用户注册后，便可通过中国国家图书馆网站获得丰富的数字资源。网站的联机公共目录查询系统(OPAC)，提供本馆馆藏文献书目检索(见图 2-14)及续借、预约等服务。

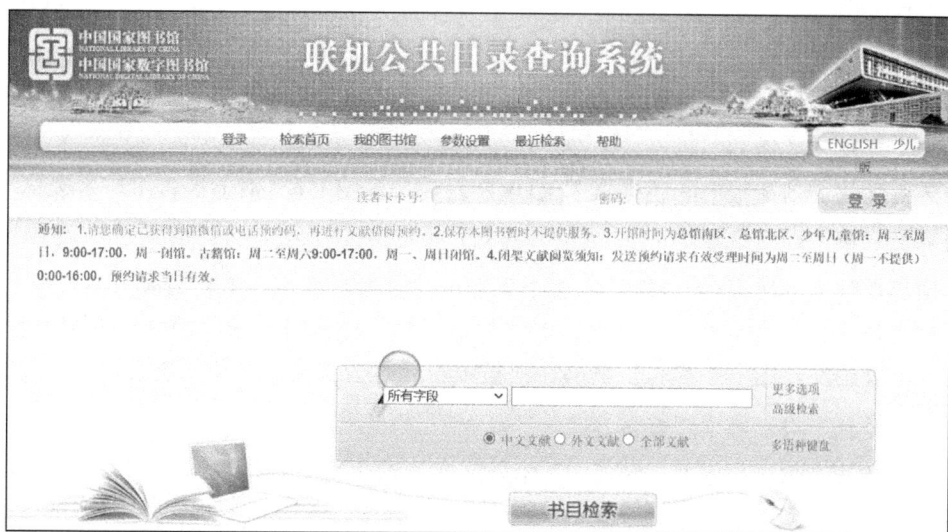

图 2-14　中国国家图书馆馆藏书目检索界面

2.3.6　中国科学院文献情报中心

中国科学院文献情报中心立足中国科学院,面向全国,主要为自然科学、边缘交叉科学和高技术领域的科技自主创新提供文献信息保障、战略情报研究服务、公共信息服务平台支撑和科学交流与传播服务,同时通过国家科技文献平台和开展共建共享为国家创新体系其他领域的科研机构提供信息服务。

中国科学院文献情报中心馆藏图书1145余万册(件)。近年来,围绕国家科技发展需求及中科院"率先行动"计划,中国科学院文献情报中心积极建设大数据科技知识资源体系,开展普惠的文献信息服务和覆盖研究所创新价值链的情报服务。在分布式大数据知识资源体系建设及覆盖创新价值链的科技情报研究与服务体系方面获得了重大突破,成为支持我国科技发展的权威的国家科技知识服务中心。

截至2020年8月,中国科学院文献情报中心在长期的科研活动、数据加工、情报服务及网络数据抓取中产生和积累了大量多科技服务领域、多层次的大数据信息,以及与科睿唯安、Springer、Elsevier、维普等数据库商在元数据层面进行合作,实现了对其中的科技创新要素进行采集汇聚、知识抽取与知识计算,从基础数据库、领域知识库与知识图谱三大层次创建了支撑科技创新的"科技大数据知识资源中心",为精准服务、知识图谱、智能计算、智能情报提供不同阶段及不同层次的数据支撑。截至2020年8月,建成了覆盖各类实体数据4亿+,建成领域专题数据200+,人才数据9000万+,机构数据1100万+,重要国家地区项目数据600万+,知识图谱关系数据60.5亿+。中国科学院文献情报中心(包括兰州、成都、武汉三个地区文献情报中心)通过集团引进开通网络数据库170多个,涵盖1.8万种中文电子期刊、1.9万种外文电子期刊、35万卷/册中文电子图书、18.4万卷/册外文电子图书。数据库包含全文数据库、文摘数据库、数值型数据库和工具型数据库等多种类型。

1) 中文全文文献数据库

中国科学院文献情报中心提供了6个中文全文文献数据库,包括中文期刊、电子图书和博硕士学位论文。

2) 中文事实型数据库

中国科学院文献情报中心提供了5个中文事实型数据库。

3) 中文多媒体数据库

中国科学院文献情报中心还提供了KUKE数字音乐图书馆、网上报告厅等多媒体数据库。

4) 外文全文文献数据库

中国科学院文献情报中心提供了63个外文全文文献数据库,学科内容涉及数学、物理、化学、生命科学、社会科学、天文学、电气与电子学、计算机科学等领域,资源内容涉及期刊论文、会议论文、图书、参考工具书、科技报告、行业报告、学位论文等。

5) 外文文摘索引和事实型数据库

中国科学院文献情报中心提供了32个外文文摘索引和事实型数据库(不包括CSA的56个子库)。

馆藏目录的检索过程见图2-15。

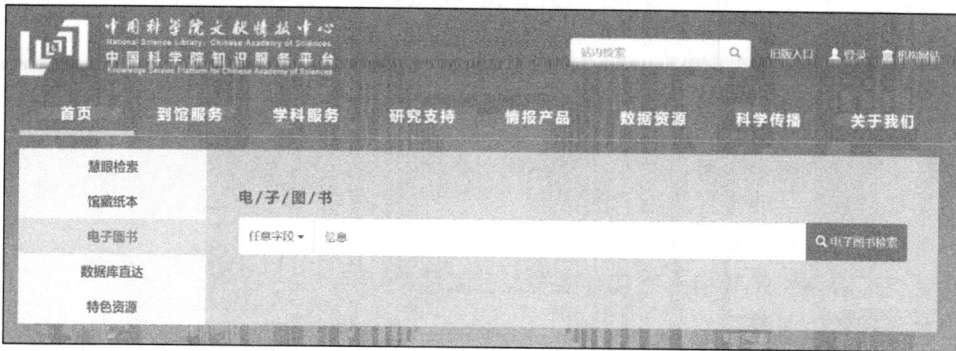

(a)

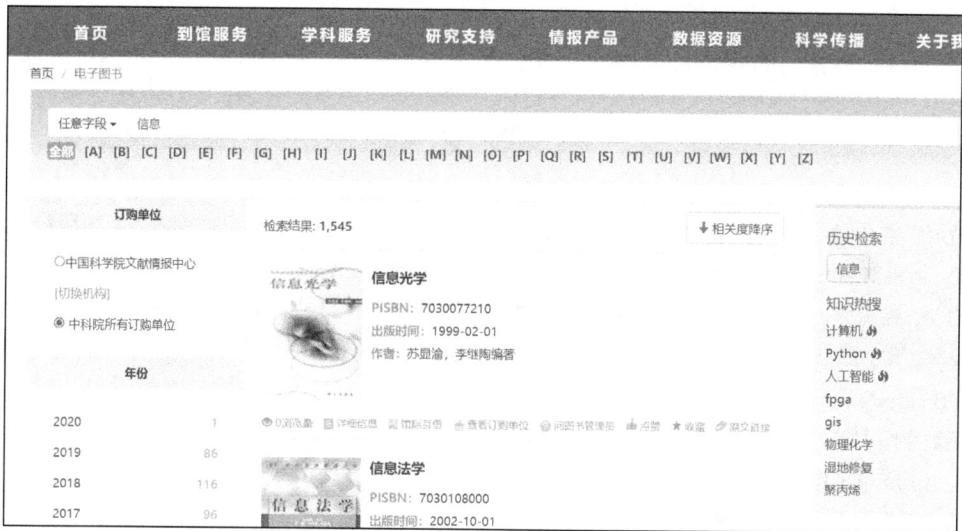

(b)

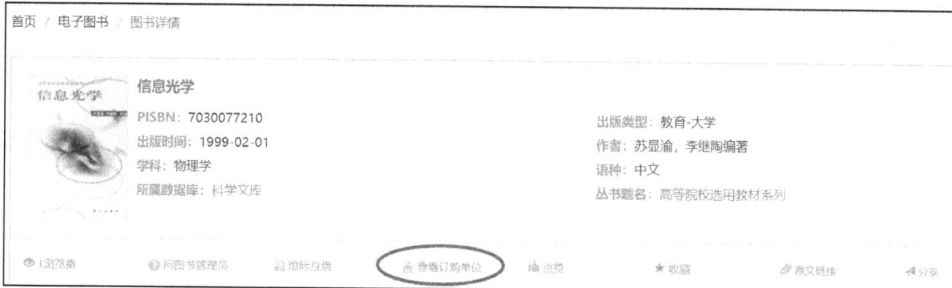

(c)

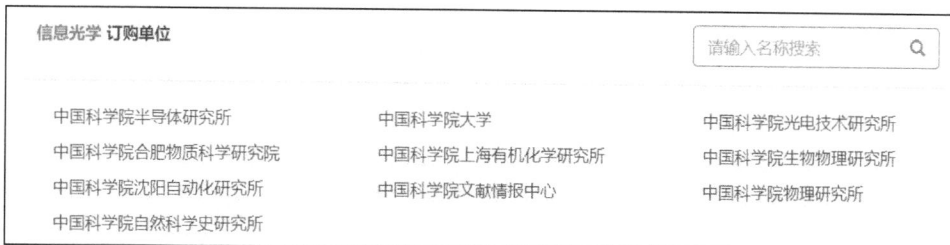

(d)

图 2-15　中国科学院文献情报中心馆藏目录的检索过程

思 考 题

1. 什么是网络信息检索工具？由哪几部分组成？
2. 网络检索工具的主要类型有哪些？
3. 什么是目录式检索工具？
4. 如何理解网络资源指南？其主要类型有哪些？
5. 如何理解馆藏目录？
6. 介绍一个常用的馆藏目录检索工具。
7. 如何理解联合目录？
8. 介绍一个常用的联合目录检索工具。

参 考 文 献

[1] 祝智庭，顾小清，闫寒冰. 教育技术——走进信息化教育(修订版)[M]. 北京：高等教育出版社，2005.

[2] 谷琦. 网络信息资源组织管理与利用[M]. 北京：科学出版社，2008.

[3] 沈固朝，储荷婷，华薇娜. 信息检索(多媒体)教程(第二版)[M]. 北京：高等教育出版社，2009.

[4] 张晓林. 数字图书馆机制的范式演变及其挑战[J]. 中国图书馆学报，2001，06.

[5] Phil Bradley's website.

[6] 超星数字图书馆网站.

[7] 方正 Apabi 电子图书网站.

[8] 中国高等教育文献保障系统.

[9] 国家科技图书文献中心.

[10] 中国高校人文社会科学文献中心.

[11] 中国国家图书馆网站.

[12] 中国科学院文献情报中心.

第3章 搜索引擎

学习目标

通过本章的学习可以掌握以下内容:

(1)掌握搜索引擎的基本概念、组成、工作原理;

(2)了解搜索引擎的发展及分类;

(3)掌握元搜索引擎、垂直搜索引擎和智能搜索引擎的特点;

(4)掌握常用搜索引擎的应用;

(5)了解特色搜索引擎的应用。

随着互联网信息资源的迅速增长,如何在浩瀚的信息海洋中准确、方便、快速地找到自己所需的信息,成了人们迫切需要解决的问题。当已经知道地址时可以直接通过地址访问;在不知道地址的时候,就需要借助检索工具,进行关键词检索。网络信息检索工具的类型主要有目录型检索工具、网络资源指南、搜索引擎。

3.1 搜索引擎概述

3.1.1 搜索引擎概念

搜索引擎(Search Engine)也叫关键词检索工具,其实就是定期搜索互联网并收集新网页信息的计算机程序。它是指根据一定的策略、运用特定的计算机程序从互联网上搜集信息,对信息进行组织和处理后,为用户提供检索服务,将用户检索的相关信息展示给用户的系统。每个搜索引擎都有自己独有的搜索系统和一个包容互联网资源站点的独有数据库。其数据库由自动索引程序建立,不需要人工干预,这是它与主题指南的最大区别。搜索引擎包括全文索引、目录索引、元搜索引擎、垂直搜索引擎、集合式搜索引擎、门户搜索引擎与免费链接列表等。

3.1.2 搜索引擎工作原理

随着信息技术的发展,现在的搜索引擎结构变得越来越复杂,为了提高检索质量,各大搜索引擎纷纷加入了人工智能等多种功能。但总体上,搜索引擎的基本原理并没有发生太大改变。一般来说,搜索引擎是采用一种称为 Robots(又称为 Spider,Crawler,Worms,Wanders等)的网络自动跟踪索引程序。它实际上是一个在网络上检索文件且自动跟踪该文件的超文本结构并循环检索被参照的所有文件的软件。不同的自动索引软件所采用的标引、搜索策略不同,自动索引软件标引、搜索网页的方式对信息检索的质量有直接影响。标引是通过对文献的分析,选用确切的检索标识(类号、标题词、叙词、关键词、人名、地名等),用以反映该文献内容的过程。标引也主要指选用检索语言词或自然语言词反映文献主题内容,并以之作为检索标识的过程。

自动索引程序将采集和标引的信息汇集成数据库,作为该网络检索工具提供检索服务的基础。不同网络检索工具的数据库收录范围不一样,有的收录 Web 及图像,有的收录 FTP、Flash、新闻组等资源类型。不同网络检索工具的标引方式也不同,有的索引软件标引主页全文,有些则只标引主页的地址、标题、责任者、特定的段落和关键词。

数据库的内容一般包括网站的名称、标题、网址 URL、网页的长度、网页的时间、相关的超文本链接点、内容简介或摘要等。数据库规模的大小决定了查询到的信息是否全面。

通常,可以将搜索引擎结构划分为爬虫程序、自动索引和检索程序三大组成部分。

1. 爬虫程序

搜索引擎用来爬行和访问页面的程序称为网络爬虫(Crawler)或蜘蛛(Spider),也称为机器人(Robot)。各主流搜索引擎都有自己的网络爬虫,它们对应的名称如下:

百度:Baiduspider	Google:Googlebot	雅虎:Yahoo!+Slurp
搜狗:Sogou+web+spider	网易有道:Youdaobot	腾讯搜搜:Sosospider

为了抓取网上尽量多的页面,搜索引擎爬虫会跟踪页面上的链接,从一个页面爬到下一个页面,类似爬虫爬行。当用网络爬虫搜索整个网络时,将 WWW 作为一个有向图处理,把每一个页面看作图的节点,把页面中的超链接看作图的有向边,因此可以从一个起始 URL 集合开始,使用有向图遍历法沿着 URL 中的超链接对其进行遍历。

搜索网页的遍历策略有以下几种。

(1)IP 地址搜索策略:先赋予网络爬虫一个起始的 IP 地址,然后根据 IP 地址递增的方式搜索本 IP 地址段后的每一个 WWW 地址中的网页,搜索时完全不考虑各网页中指向其他网站的超链接地址。其特点是搜索全面。

(2)深度优先搜索策略:早期使用得较多,执行深度优先搜索,在搜索其余的超链接结果之前必须先完整地搜索单独的一条链接,沿着 HTML 文件的超链接走到不能再深入为止,然后返回某一个 HTML 文件,再继续选择该 HTML 文件中的其他超链接。

(3)宽度优先搜索策略:先搜索完一个网页中所有的超链接,然后再继续搜索下一层,直到底层为止。

(4)深度-宽度结合搜索策略:也就是启发式搜索策略,是基于内容评价的遍历策略、基于 Web 链接结构的遍历策略。

深度优先和宽度优先搜索策略见图 3-1。

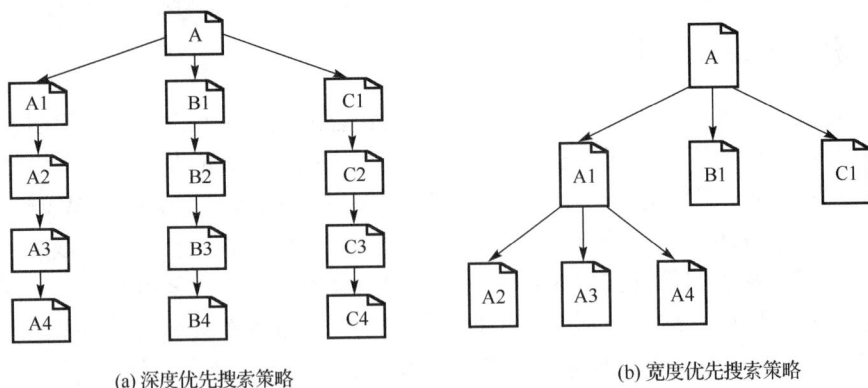

(a)深度优先搜索策略　　　　　　　　　　(b)宽度优先搜索策略

图 3-1　深度优先和宽度优先搜索策略

网络爬虫是搜索引擎抓取网页资源的重要组成部分。通过网络爬虫，可以将互联网上的网页下载到本地形成一个互联网内容的镜像备份。

小知识：Robots 协议

网络爬虫在 20 年前对网站带宽而言是不小的负载。荷兰工程师 Martijn Koster 深感互联网丛林之乱，提出通过设立名为 Robots 规范的网站访问限制政策(Access Policy)的方式在整个互联网统一解决网络爬虫无所不在所带来的威胁。Robots 协议在技术实现上并不复杂，网站管理员只要按规则在网站根目录下创建 Robots.txt 的文本文件就可以禁止网络爬虫收录指定网页内容。从早期的 AltaVista、Infoseek 到后来居上的 Google、Yahoo!和美国以外的 Baidu 等各大搜索引擎都群体接受了 Robots 协议。

2. 自动索引

自动索引是搜索引擎重要的组成部分之一。面对互联网海量的原始网页，想要快速找到包含查询关键词的所有网页，自动索引技术发挥着极其重要的作用。虽然网页结构包含各种复杂的标记，但通过正文抽取后可以将其视为文本文档，其内容由一个个词汇构成。在搜索引擎完成第一步的网页抓取和存储后，自动索引接下来要构建一个"词汇-网页"的存储结构。自动索引技术有很多种，倒排索引(又称反向索引)是一种常用的索引技术，是实现词汇-网页矩阵的一种具体的存储方式。倒排索引通常由词典和倒排文件两部分组成。通过倒排索引，搜索引擎可以根据用户输入的关键词快速查找包含关键词的网页集合。

3. 检索程序与检索模型

检索程序是搜索引擎中直接面向用户的重要组成部分，这部分很大程度上决定了搜索引擎质量的好坏及用户满意度。常用的检索模型有布尔模型、向量空间模型、概率统计模型、语言模型和机器学习模型。

布尔模型：该模型是最早的信息检索模型，也是应用广泛的模型之一。布尔模型是基于集合论和布尔代数的一种简单检索模型。该模型用布尔表达式表示用户提问，通过对网页标识与提问式的逻辑运算来检索网页。

向量空间模型：该模型是由美国现代信息检索奠基人 Gerard Salton 等人于 20 世纪 70 年代提出的，它将数学思想很好地应用于信息检索领域，将文档分词后的每一个词当作向量空间的一个维度，把文档表示为一个线性矩阵，通过计算文档的矩阵和关键词的矩阵之间的余弦相似度来决定文档和关键词的相关度，最后根据计算的相关度对查询结果进行排序，并呈现给用户。

概率统计模型：该模型是信息检索领域中流行的模型之一，它通过计算网页与查询关键词相关的概率并将其作为网页和关键词的相关度，将相关性排序问题转化为数学中的概率论问题。

语言模型：该模型的基本思想是建立一个能够描述给定词序列在网页中出现的概率的分布，为每个网页建立不同的语言模型，计算由网页生成用户关键词的可能性，然后依据生成概率由高到低排序并作为搜索结果提供给用户。

机器学习模型：随着搜索引擎的发展，在对网页进行综合排序时考虑的因素越来越多，如停留时间、单击次数等，这些因素统计单靠人工是很难完成的，可以通过机器学习的方法加以实现，从而为用户提供更加符合需求的网页排序结果。

搜索引擎质量可以通过采用精确率和召回率进行评价。精确率是指搜索结果中相关网页的比例；召回率是指结果中相关网页占所有相关网页的比例。

小知识：谷歌的 PageRank 算法

Google 应用 PageRank 算法给每个网站分配了一个从 0~10 的数字，它代表了一个网站的重要性。PageRank 根据网页之间的超链接来确定一个页面的等级。只要被收录的网站都有一个 PageRank。那么，这个数值是如何计算出来的呢？

迭代初始时每个网页的权重是一样的，然后通过计算更新每个网页的权重，规则如下：

(1) 当一个网页被越多的网页引用时，它的权重越大；

(2) 当一个网页的权重越大时，它引用的网页的权重也随之变大；

(3) 当一个网页引用的网页越多时，被它引用的网页获得的权重就越小。

如此反复迭代，算法最终会收敛到一个固定的排名。

3.2　搜索引擎发展与分类

在互联网刚刚起步阶段，信息查找比较简单。随着互联网爆炸性的发展，信息查找变得越来越复杂。在这种背景下，出现了为满足大众信息查询需求的专业搜索系统。

3.2.1　搜索引擎的发展

1990 年，加拿大麦吉尔大学(University of McGill)计算机学院的师生开发出了 Archie。当时，万维网(WWW)还没有问世，人们通过 FTP 来交流共享资源。Archie 能定期搜集并分析 FTP 服务器上的文件名信息，提供查找分布在各个 FTP 主机中的文件。用户必须输入精确的文件名进行搜索，Archie 告诉用户哪个 FTP 服务器能下载该文件。虽然 Archie 搜集的信息资源不是网页(HTML 文件)，但和搜索引擎的基本工作方式是一样的，即自动搜集信息资源、建立索引、提供检索服务。所以，Archie 被公认为搜索引擎的鼻祖。1993 年 10 月，Martijn Koster(Robots 协议的主要设计参与者)创建了 ALIWEB，它相当于 Archie 的 HTTP 版本。ALIWEB 允许用户提交自己网站简介信息。

搜索引擎的历史大致经历了三代更新与发展的历程。

1. 第一代搜索引擎

第一代搜索引擎是基于万维网的搜索引擎，以 Yahoo! 和 AltaVista 为代表。

1994 年 4 月，斯坦福大学的两名博士生、David Filo 和美籍华人杨致远共同创办了超级目录索引 Yahoo!，该搜索引擎推出后获得了巨大成功。Yahoo! 搜索引擎通过 Yahoo Directory 提供服务，依靠人工对网站进行评估，然后将网页排列在各个分类目录之下。在早期，这种依赖人工的评价系统非常有效，这是由于当时网站数量相对较少，采用人工方法可以获得高质量的检索结果，使用自动抓取的搜索技术并不占优势。因为 Yahoo! 的数据是手工输入的，所以不能真正归为搜索引擎，事实上只是一个可搜索的目录。

1994 年 4 月 20 日，Washington 大学学生 Brian Pinkerton 开发的 WebCrawler 正式亮相，当时仅包含来自 6000 台服务器的内容。WebCrawler 是互联网上第一个支持搜索文件全部文字的全文搜索引擎。

1994 年 7 月，卡内基梅隆大学的 Michael Mauldin 创建的 Lycos 是搜索引擎史上又一个重要的进步，该系统是卡内基梅隆大学数字图书馆工程的重要组成部分。Michael Mauldin 将 John Leavitt 的网络爬虫接入到其索引程序中。除了相关性排序，Lycos 还提供了前缀匹配和字符相近限制。Lycos 第一个在搜索结果中使用了网页自动摘要，而最大的优势还是它远胜过其他搜索引擎的数据量：1994 年 8 月为 394 000 个，1995 年 1 月为 150 万个，1996 年 11 月超过 6000万个。(注：1999 年 4 月，Lycos 停止自己的网络爬虫，改由 Fast 提供搜索引擎服务)。

而 1995 年 12 月 AltaVista 的出现为搜索引擎带来了新设计和新思维。它是第一个支持自然语言和高级搜索语法的搜索引擎，是一个以网页全文检索为主，同时提供分类目录的搜索引擎。AltaVista 的内容极其丰富，真正可以称为海量信息检索。

1996 年 8 月，sohu(搜狐)公司成立，制作中文网站分类目录，曾有"出门找地图，上网找搜狐"的美誉。

第一代搜索引擎以反馈结果的多少来衡量搜索结果的好坏，这使得第一代搜索引擎存在搜索结果相关性差的问题，并且排序不好，用户无法有效找到满意答案。于是第一代搜索引擎逐渐退出了历史舞台。

2. 第二代搜索引擎

第二代搜索引擎的主要特征是运用"符号计算"，基于关键词(字)搜索，以及以关键词组合为基础的全文搜索和模糊搜索，以 Google 和 DirectHit 为代表。与第一代搜索引擎相比，基于关键词搜索的优势是使用方便，搜索速度快，提高了查准率，直接搜索内容，是第一代搜索引擎无法比拟的。

1998 年，斯坦福大学计算机系的博士生 Larry Page 和 Sergey Brin 创立了 Google。2000 年 6 月，Google 成为全球最大的互联网搜索引擎，Yahoo! 也选择 Google 作为搜索结果供应商。Google 搜索引擎与 Yahoo! 的最大不同在于，前者的搜索结果全部由计算机自动生成，显然更能够适应爆炸式增长的互联网环境。Google 搜索引擎以它简单、干净的页面设计和最相关的搜寻结果赢得了互联网使用者的认同，目前已成为全球用户量最大的搜索引擎。

DirectHit 搜索结果的用户点击率是其排名的重要因素，因此流行一时，但很快也因此导致搜索质量大幅下降。2000 年被 Ask Jeeves 收购，但并没有进一步发展。2002 年年初 DirectHit 正式退出搜索领域。

在国内，北京大学的天网搜索引擎于 1997 年 10 月正式提供服务，该系统是国内较早的搜索引擎系统。2000 年，李彦宏、徐勇两人创立百度搜索引擎，目前已经成为全球用户量最大的中文搜索引擎。

第二代搜索引擎的不足之处在于，只要输入关键词就会把与关键词匹配信息搜索出来，相关和无关信息混杂在一起，信息过多，必须从中逐一进行筛选。

3. 第三代搜索引擎

第三代搜索引擎是第二代搜索引擎技术的升级与改进，主要特征是基于自然语言智能搜索，即从基于关键词层面搜索提升到基于自然语言和人工智能的知识层面搜索，使搜索过程由原来的关键词匹配提升为内容概念相互关联的匹配，从而解决了仅表达形式匹配所带来的种种缺陷。

2003 年 8 月 20 日，中国搜索的 CEO 陈沛首次提出了第三代搜索引擎的概念。2004 年 12 月，中国搜索推出的网络猪 3.0 被陈沛视为第三代搜索引擎的开始。

2005 年 9 月，美国政府提出要研制第三代搜索引擎。2005 年 10 月，微软公布了第三代搜索引擎的构想。

第三代搜索引擎的发展理念可以分为两种：一种是以 Google 为代表的技术驱动型，另一种是以 Jwm guagua（精武门呱呱）为代表的服务驱动型。技术驱动型的理念认为第三代搜索引擎需要解决自然语言理解、可视化数据输出等一系列问题。而服务驱动型的理念认为第三代搜索引擎应该在提高搜索引擎技术的基础上，进一步寻找更大的服务空间，再集合所有的资源，形成统一的搜索引擎系统产业链。

2011 年 10 月，中国搜索第三代搜索引擎平台成为全球第一款搜索技术与人类智慧相结合、专业知识和搜索技术相融合的开放式搜索平台。它提出了全新的搜索标准，即全面、准确、智能、互动、美观的 CIVIA 五大标准。

4．第四代搜索引擎

前三代搜索引擎，可以说都是基于 PC 互联网的搜索，而精准到个人需求的移动互联网搜索，则为第四代搜索引擎。2009 年开始发展至今的第四代搜索引擎，以用户为中心，在做好网站内容的同时还需要考虑到用户体验，网站浏览时的使用体验和网站内容的用户体验都包括在内。这代搜索引擎的重点不再只关注搜索引擎技术本身，而是立足于用户，从用户角度出发去解决用户需求。

当用户输入查询请求的时候，同一个关键词对用户而言可能是不同查询要求。甚至同一个用户，用同一个关键词，也会因为时间和场合的不同而导致不同的搜索结果。主流搜索引擎都在致力于解决同一个问题，即怎样才能从用户所输入的一个简短的关键词来判断用户真正的查询请求。

根据搜索引擎发展和演变中所积累的大量用户行为数据（点击率、跳出率、停留时长等），搜索引擎开始了用户行为分析。搜索引擎把网页的投票权交到了用户手中，用户行为数据表现得越好就越容易得到投票加分。移动设备的使用者，即使不提供任何特征信息，移动搜索互联网仍然可以根据使用者在搜索时的表现，如上网的时间习惯、操作习惯、内容归类等，逐渐勾勒出该使用者的特征信息。这种"推测式"算法的可能性也是根据移动设备具有唯一性、随身性而产生的。

除了百度、Google 等这些主流搜索引擎公司，掌握了大量个人信息的商业巨头，如淘宝、亚马逊等，对人们的行为习惯背后的"动机"与"特征"更加了如指掌，使得搜索引擎会更加趋向于人性化和智能化。

3.2.2　搜索引擎的分类

随着信息检索技术的发展，出现了不同类型、具有不同用途的搜索引擎。按不同分类标准，搜索引擎有如下分类：

(1)按照信息搜集方法和服务提供方式的不同，可划分为目录型搜索引擎、关键词型搜索引擎和混合型搜索引擎。目录型搜索引擎以人工方式或半自动方式搜集信息，编辑员查看信息之后缩写信息摘要，并将信息置于事先确定的分类框架中。关键词型搜索引擎是通过用户录入关键词来查找有关信息的。混合型搜索引擎兼有关键词型和目录型两种查找方式。

（2）按搜索内容的不同，可划分为关联型搜索引擎、专业型搜索引擎和特殊型搜索引擎。关联型搜索引擎对搜索的信息资源不限制主题范围和数据类型。专业型搜索引擎查询某一专业或行业范围内的信息资源。特殊型搜索引擎专门搜索特定的某一方面的信息。

（3）按搜索工具的数量不同，可分为单一型搜索引擎和集成型搜索引擎。单一型搜索引擎自身有一套完整的搜索、整理、查询机制。集成型搜索引擎自身没有独立的数据库，仅提供一个统一界面把多个具有独立功能的引擎组合起来。

（4）按搜索方式的不同，可分为全文搜索引擎、元搜索引擎、垂直搜索引擎和智能搜索引擎。全文搜索引擎是利用网络爬虫抓取互联网上所有相关文章予以索引的搜索方式。元搜索引擎是基于多个搜索引擎结果并对之整合处理的二次搜索方式。垂直搜索引擎是对某一特定行业内数据进行快速检索的一种专业搜索方式。智能搜索引擎是结合了人工智能技术的新一代搜索引擎。

3.2.3　元搜索引擎

目前，网上任何一个搜索引擎搜索 Web 范围都是有限的。而且，不同搜索引擎的索引数据库包含不同的 Web 文档集，采用不同的索引和检索技术，有不同的检索界面和查询语法，因而检索效果也不同，在一个搜索引擎上找不到的信息却有可能在另一个搜索引擎上查到。为此用户需要了解并使用多个搜索引擎进行检索，在众多检索结果中挑选相关的内容，这给用户带来了诸多不便。一些科研机构和网络公司针对这种情况开发了元搜索引擎。

元搜索引擎称为集合式搜索引擎、索引式搜索引擎，它将多个搜索引擎集成在一起，并提供一个统一的检索界面，是为了弥补切换多个搜索引擎费时费力之不足而出现的辅助检索工具。一般独立的搜索引擎检索范围仅限于其自身的索引文件，而元搜索引擎则将用户的检索提问同时传送到多个独立搜索引擎进行检索，在很短的时间内就能从这些索引文件中查询到相关记录并将其整合成一个集合。元搜索引擎的工作原理是当用户发出检索请求后，通过转义在多个单一搜索引擎中查询，对查询结果进行处理(归并、删除重复、校验链接、按相关度排列结果)，然后返还给用户。因此，可以说元搜索引擎是一种"引擎的引擎"或"引擎指南"，用户能在更广的范围内、更方便快捷地进行检索。

元搜索引擎突出特点是一次搜索多个搜索引擎，并将结果返回给用户，有的直接按来源引擎排列搜索结果，如 Dogpile，有的则按自定的规则将结果重新排列组合。其优点是同时搜索多个搜索引擎，能在一定程度上提高查询的广度。元搜索引擎一般不需要建立和维护自己的索引数据库，也不需要设计复杂的查询机制。就用户而言，元搜索引擎提供了一个能同时查询多个搜索引擎的集成界面，将各个搜索引擎的位置、检索界面、查询语法等细节进行屏蔽，同时有助于提高查准率和查全率。其不足之处是有时并不能对一个搜索引擎全部查完，偶尔也会漏掉一些重要信息。一个真正的元搜索引擎应该具备以下各项条件：对所调用的搜索引擎的检索必须是并行的；必须整合从不同搜索引擎得到的结果，而不是简单地排列；必须删除不同搜索引擎找到的彼此重复的结果，最起码要支持逻辑查询；如果被调用的搜索引擎为检索结果提供了简述或摘要，元搜索引擎不能将其省略；元搜索引擎应该能获取所调用的搜索引擎查询出来的所有结果。

国内元搜索引擎的发展经历了一段时间，早期的中文元搜索引擎核心功能都较弱，存在检索速度慢、返回结果不尽如人意的问题，如叶古中文元搜索引擎、万纬搜索、多元搜索。叶古中文元搜索引擎开发得较早，核心功能较弱，没有现代主流搜索引擎的界面风格。万纬搜索在功能上和叶古中文元搜索引擎一样，核心功能弱，制作一般。多元搜索也开发得较早，虽然号称整合的搜索引擎最多，但实际使用效果较差，查询速度慢，查询的结果基本上未进行处理。之后出现了一些较新的元搜索引擎，比早期的元搜索引擎功能有了很大提高，有些能实现自动聚类，但仍需改进，如知识搜索、一家搜、比比猫（Bbmao）、狠搜。知识搜索（现更名为知网空间）主要用作学习工具，功能上尽量做到全面实用；一家搜对相似结果的处理有些特色；比比猫是国内唯一一具有自动聚类功能的元搜索引擎，技术和功能上都比较强；狠搜可以定制源搜索引擎，同时提供商业信息搜索，核心功能一般。总的来说，国内早期的元搜索引擎虽然也投放到互联网中进行使用，但搜索性能却无法达到用户要求，最终都淡出了人们的视线。

目前，功能较强的元搜索引擎有 Mamma（检索界面见图 3-2）、Meta Find、dogpile（检索界面及检索结果见图 3-3）、Metacrawler、Savvysearch 等。

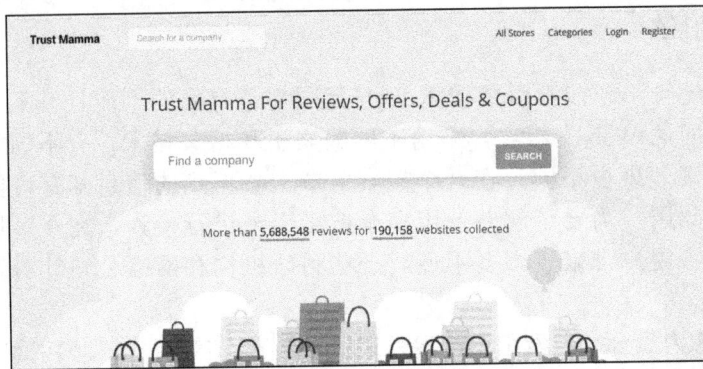

图 3-2　　Mamma 元搜索引擎检索界面

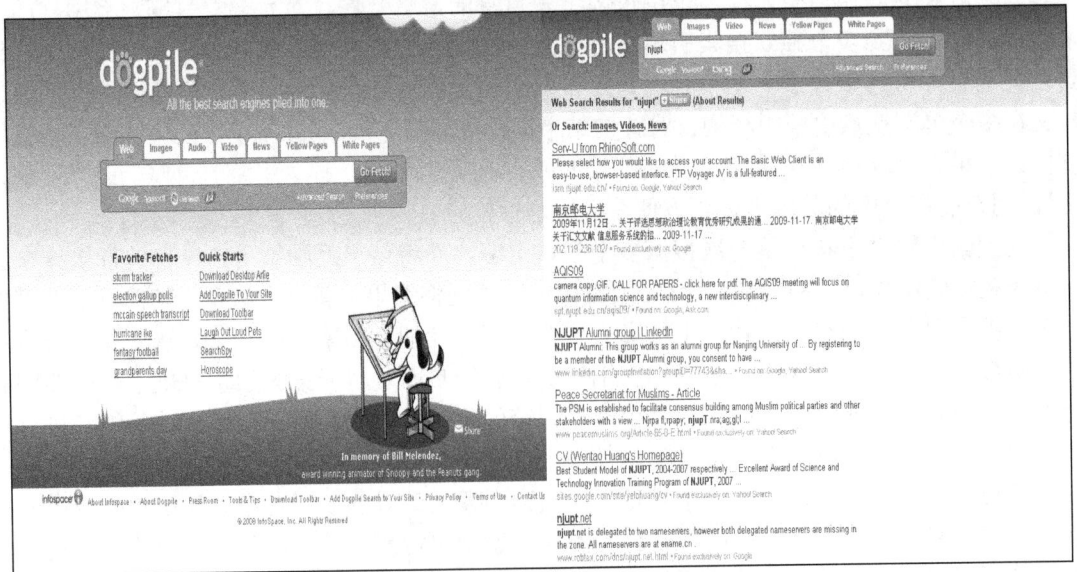

图 3-3　　dogpile 元搜索引擎检索界面及检索结果

3.2.4　垂直搜索引擎

垂直搜索引擎是针对某一个行业的专业搜索引擎，是搜索引擎的细分和延伸，是对网页库中的某类专门的信息进行一次整合，定向分字段抽取出用户需要的数据进行处理后再以某种形式返回给用户。垂直搜索引擎也可以说是专业或专用搜索引擎，它专门用来检索某一主题范围或某一类型的信息。

追求专业性与服务深度是垂直搜索引擎的特点。垂直搜索引擎不但可以保证某领域信息的收录齐全与更新及时，而且检索深度和分类细化远远优于综合搜索引擎。垂直搜索引擎的检出结果虽可能比综合搜索引擎的少，但检出结果重复率低、相关性强、查准率高，适合于满足较具体的、针对性强的检索要求。

垂直搜索引擎的应用范围广，如企业库搜索、供求信息搜索、购物搜索、房产搜索、人才搜索、地图搜索、MP3 搜索、图片搜索、工作搜索、交友搜索等，几乎各行各业、各类信息都可以进一步细化成各类垂直搜索引擎。

国内具有代表性的垂直搜索引擎是 2000 年成立的赛迪 IT 罗盘，这是国内第一个中文垂直搜索引擎，在当时收录了超过 2 万条 IT 网址及 IT 网页数据，为当时许多信息技术爱好者提供目录页的浏览、IT 新闻及相关网页的搜索等信息检索服务。后来，与百度联手，克服了在大数据量、大访问量情况下难以进行数据库实时更新并提供稳定搜索服务的难题。

国内有特色的垂直搜索引擎分别是：图标网、极客搜索、大学搜、找字网、豆丁网、MACD搜索引擎、职友集。

（1）图标网：阿里巴巴矢量图标库（图标网）是由阿里巴巴体验团队倾力打造，设计和前端开发的便捷工具。它是国内功能很强大且图标内容丰富的矢量图标库，具有矢量图标下载、在线存储、格式转换等功能。

（2）极客搜索：是一款针对极客邦科技全站内容资源的轻量级搜索引擎，内容覆盖 InfoQ中文站资源和极客邦旗下的公众号矩阵，包括 InfoQ、AI、前线、大数据杂谈、聊聊架构、移动开发前线、细说云计算、前端之巅、高效开发运维、EGONetworks、StuQ、极客官舍、极客邦科技。

（3）大学搜：是国内自主、专业的大学校园搜索引擎，致力于让大学生、商企便捷地直线连接，方便大学生找到所需信息。它收录了各大学微信群、公众号、学校周边商企等信息，是大学生购物、信贷、交友、实习、实训、兼职、求职、创业、就业等学习与生活的宝盒。

（4）找字网：是指中文字体搜索引擎。找字网是一个专注于搜索字体的网站，还支持按字体编码、字体类型等高级搜索功能，同时还支持字体在线预览平台，可大大节约寻找字体的时间。

（5）豆丁网：中文文档搜索引擎，收录了超过 1 亿个文档，是最大的中文文档库，具有针对文档标题、简介、内容的关键词检索功能，并且支持 DOC、PDF、PPT、JPG 等 30 多种文件格式。

（6）MACD 搜索引擎：金融信息实时搜索引擎，是针对股票、基金、债券等的信息索引。MACD 搜索引擎提供最及时的金融信息的搜索，信息新颖，就是内容比较少。

（7）职友集：是指中文最大的工作搜索引擎，专注于职位搜索领域。随着网络招聘市场规模的扩大，行业招聘和地区招聘网站的成熟，招聘信息呈分散的趋势。职友集更新的即时职位信息最高峰突破了 70 万条，一般更新稳定在日均 30 万~40 万条之间。庞大的职位信息支持了职友集的薪酬搜索数据的准确性。

　　国外较早的垂直搜索引擎是 Scirus 搜索引擎。它由挪威的 Fast Search&Transfer 与荷兰的 Elsevice Science 合作设计。Scirus 确定了 50 000 个以上叙词，涵盖了所有专业科学领域的科学叙词表，是世界上专门用于科技信息检索最全面的科技领域垂直搜索引擎，但 Scirus 已于 2014 年初停止服务。美国 NEC 研究院的 CiteSeer(又名 ResearchIndex)是著名的学术论文垂直搜索引擎，它在自动引文索引基础上创建，能够进行数据分类和索引。美国北卡罗来纳大学(The University of North Carolina)计算机科学系和法学院合作共同开发的 LIBClient-IRISWeb 系统，是法律领域的垂直搜索引擎，实现了互联网上自然语言形式的法律信息的全文检索，在当时取了得非常满意的效果。

3.2.5　智能搜索引擎

　　智能搜索引擎是结合了人工智能技术的新一代搜索引擎。由于它将信息检索从基于关键词层面提高到基于知识(或概念)层面，对知识有一定的理解与处理能力，因此能够实现分词技术、同义词技术、概念搜索、短语识别及机器翻译技术等。智能搜索引擎具有信息服务的智能化、人性化特征，允许用户采用自然语言进行信息的检索，为用户提供更方便、更确切的搜索服务。智能搜索过程主要分为三步：语义理解、知识管理、知识检索。在整个过程中，智能分词技术是最初的一个环节，它将组成语句的核心词提炼出来供语义分析模块使用。最具代表性的是由 Ask Jeeves 公司开发的自然语言搜索引擎 Ask(见图 3-4)，可以提供基于自然语言的查询服务。它最大的特点是当用户检索需求范围比较广时，它可以通过逐级启发的方式，引导用户不断缩小检索范围，直至输出精确的检索结果，实现人机交互检索的智能化服务。目前，Ask Jeeves 公司也推出了供小朋友们使用的搜索引擎 Askkids。为给孩子打开美好的网络世界，国内由新华社中国搜索推出的中国第一款专为青少年定制的搜索引擎 APP 花漾搜索，应用人工智能技术筛选并屏蔽了不利于青少年成长的信息，基于大数据和深度学习技术研发的"主流算法"，适应分众化、差异化传播格局，可以阻断暴力、色情、赌博等不良信息，在广大青少年中弘扬主旋律、传播正能量。

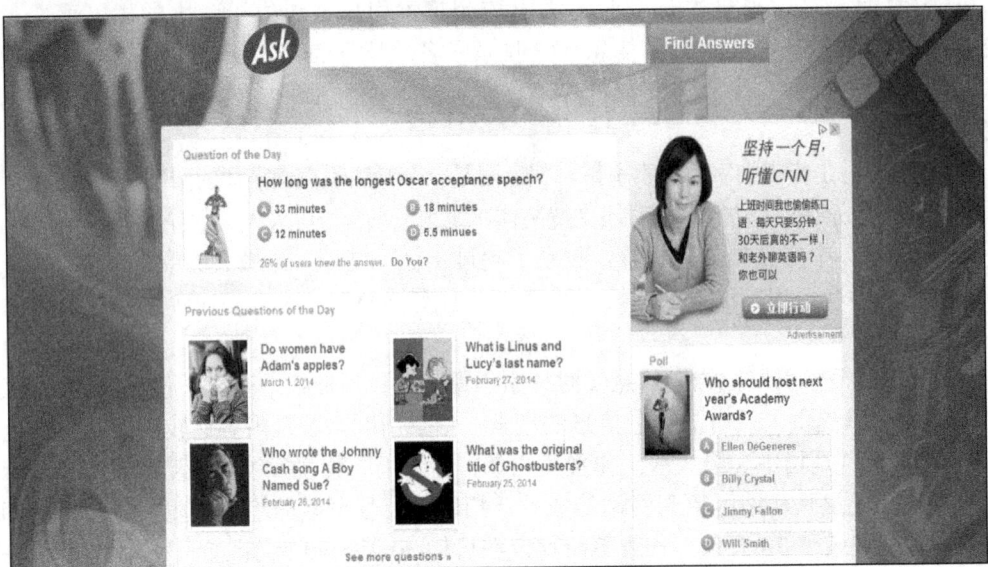

图 3-4　Ask 检索界面

与传统搜索引擎相比，智能搜索引擎主要有以下特点。

(1)更高的搜索易用性。在检索的过程中，智能搜索引擎采用的不是关键词全文检索，而是基于概念的检索，查询变得更为简单、易于操作。

(2)查准率明显提高。由于使用了人工智能、自然语言处理、语料库语言学等研究成果，因此能够分析出用户的真正意图，从而能给出准确的检索结果，与传统搜索引擎相比，查准率明显提高。

(3)搜索范围定位合适。由于采用知识(概念)检索技术，因此明确和缩小了检索范围，减少了对无用信息范围的检索。以尤里卡搜索引擎为例：要查找"北京的天气"只需要输入"北京天气"就可以找到相关程度甚高的北京的天气预报，同时还会给出相关的天气内容。而在传统搜索引擎的查询结果中不但有北京天气的内容，还会给出所有与北京天气字样有关的各种内容，增大了用户查找搜索结果的难度。

(4)搜索过程交互智能性强。由于自然语言搜索引擎有综合知识库为背景，因此使得信息检索与导航服务更具有智能性。在搜索过程中，为网络用户提供每一步查询线索，提出详细的修正、改进或补充意见，通过与用户的一步步交互，启发、引导用户表达出真正意图，便于用户快速找到真正需要的信息。

(5)搜索结果综合性强。由于采用了综合知识库，智能搜索引擎给用户提供了更全面、更综合和更合理的知识库框架。在这里，信息检索只是智能搜索引擎的一部分，通过分析用户意图而生成的索引摘要，使得智能搜索引擎的功能进一步强化。

运用了先进的自然语言理解技术后，智能搜索引擎可以识别并回答用户的问题，使用户摆脱了传统搜索引擎基于关键词的束缚，指引用户更有效、更快捷地寻找到所需的资料，同时为用户提供相关的有参考价值的其他内容。由于这些特点，使得智能搜索技术能够在互联网信息检索的各个方面得到广泛的应用。它可以为大型综合搜索引擎提供后台支持，使之具有人性化、交互性的特点。它能够在垂直搜索引擎的专业类别内搜索。当然它也可以为信息门户网站提供方便快捷的站内信息搜索服务。

3.3 常用搜索引擎

3.3.1 国内主要搜索引擎

1. 百度搜索引擎

2000 年 1 月，李彦宏、徐勇两人于北京中关村创立了百度搜索引擎，目前已经发展成为全球最大的中文搜索引擎。据 StatCounter 统计，在中国搜索引擎行业中，百度占据行业中的绝对领先地位，2020 年 6 月，百度国内市场份额为 66.15%。

1)百度的基本检索功能

(1)关键词检索。

在百度主页的搜索框内输入关键词，单击"检索"按钮，百度会搜索中文分类条目、资料库中的网站信息及新闻资料库，搜索完毕后将检索的结果显示出来，单击某一链接可查看详细内容。

（2）使用双引号"　"进行词组检索。

利用双引号查询完全符合关键词的网站。例如，输入"中国女足"，百度会检索出包含"中国女足"的网站，而不会找出包含"中国男足"的网站。

（3）使用"+"和"−"进行限制性检索。

当我们需要检索结果中包含有两个或两个以上的内容时候，可以把几个条件之间用"+"连接，这样关键词一定会出现在结果中。例如，想查询电影《建党伟业》，可以输入"电影+建党伟业"。

在查询某个题材时并不希望在这个题材中包含另一个题材，这时就可以使用"−"。例如，想查找"水果"，但又不希望其中包含"苹果"，可以输入"水果−苹果"。减号的作用就在于可以使搜索结果反映你的需求，让你无须为大量无关的搜索结果而头疼。

（4）仅搜索网站的网址。

在关键词前加"u:"，搜索引擎仅会查询网址。例如，输入"u:nj***.edu.cn"，单击"搜索"按钮，则统一资源定位器中包含"nj***.edu.cn"字符的网址全部显示出来。

（5）仅搜索网站标题。

在关键词前加"t:"，搜索引擎仅查询网站的名称。例如，在网站搜索框中输入"t:网络技术"，单击"搜索"按钮，符合搜索条件的网站标题将显示出来。

2）百度的高级语法

（1）intitle 语法将搜索范围限定在网页标题。

网页标题通常是对网页内容提纲挈领式的归纳。把查询内容范围限定在网页标题范围内，有时能获得良好的效果。

例 1　搜索出国留学且标题中含有美国的网页，可输入："出国留学 intitle:美国"。

注意："intitle:"和后面的关键词之间不要有空格。

（2）site 语法将搜索范围限定在特定站点内。

如果知道某个站点中有自己需要找的东西，就可以把搜索范围限定在这个站点内，提高查询效率。

例 2　要在"天空下载"网站下载软件"百度影音"，可以输入"百度影音 site:天空下载域名"

注意："site:"后面跟的域名不要带"http://"；"site:"和域名之间不要带空格。

（3）inurl 语法将搜索范围限定在网页 URL 中。

网页 URL（统一资源定位器）中的某些信息，常常有某种有价值的含义。如果对搜索结果的 URL 进行某种限定，可以获得良好的效果。

例 3　要想在视频网站中只搜索 photoshop 教程，可以输入"photoshop 教程 inurl:video"，搜索结果见图 3-5，关键词"photoshop 教程"可以出现在网页的任何位置，而"video"则必须出现在网页 URL 中。

（4）双引号"　"和书名号《》精确匹配。

关键词加上双引号"　"表示关键词不能被拆分，在搜索结果中必须完整出现，可以对关键词精确匹配。如果不加双引号"　"，则百度经过分析后可能会拆分。

关键词加上书名号《》有两层特殊功能，一是书名号会出现在搜索结果中；二是被书名号括起来的内容不会被拆分。书名号在某些情况下有特别效果。例如，关键词为手机，如果不加书名号，在很多情况下出来的是通信工具手机，而加上书名号后，其结果则是关于电影《手机》的了。

（5）filetype 语法将搜索范围限定在指定文档格式中。

关键词用 filetype 语法可以限定关键词出现在指定的文档中，支持的文档格式有 PDF、DOC、XLS、PPT、RTF、ALL（所有上面的文档格式）。该语法对于找文档资料相当有帮助，如 photoshop 实用技巧 filetype:pdf。

（6）百度高级搜索页面。

选择百度页面右上角"设置"→"高级搜索"，百度高级搜索页面（见图 3-6）将上面所有的高级语法集成，用户不需要记忆语法，只需填写关键词和选择相关选项就能完成复杂的语法搜索。

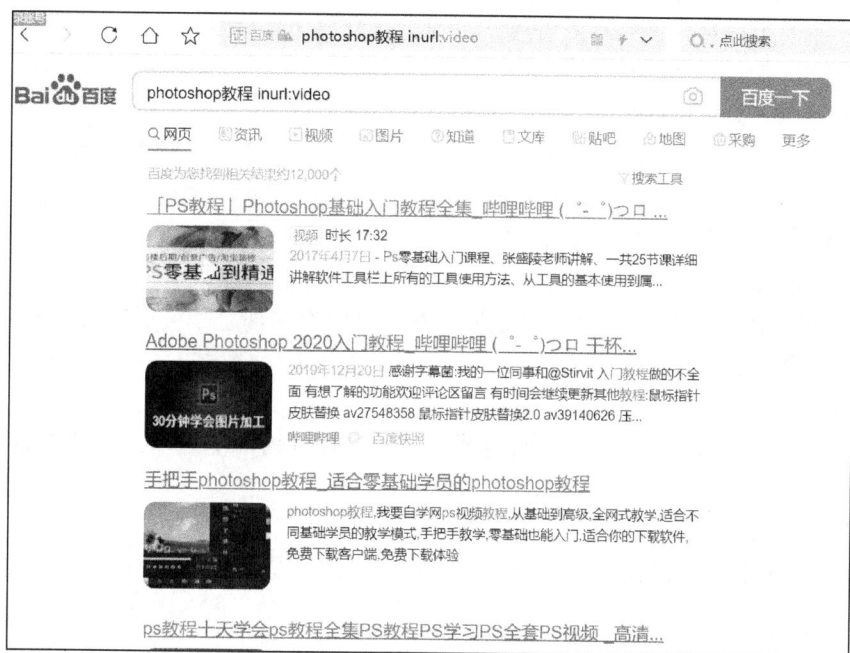

图 3-5　"inurl:"搜索示例

图 3-6　百度高级搜索界面

单击图 3-6 中"搜索设置"选项卡，可以设定"是否希望在搜索时显示搜索框提示""所要搜索的网页内容的语言""搜索结果显示的条数""是否希望在输入时实时展现搜索结果"及"是否希望在搜索时显示搜索历史"。

　　3）百度搜索问与答

　　(1)搜索结果可能无法正常访问。

　　如果用户在百度搜索结果中看到提示："该页面因更换网址或页面服务不稳定等原因可能无法正常访问"，表示百度爬虫访问此页面失败无法读取页面详实信息。这个结果的原因有两个：一是该页面因更换网址或页面服务不稳定等原因，导致爬虫访问时无法读取。百度爬虫会定期访问该网页，如该页面已恢复，搜索结果将不再提供该提示。二是百度识别该页面疑似死链，为满足用户在百度下搜索需求，故保留本条网址展示，提示并预警用户"可能无法正常访问"。如果用户对此页面有所有权，可通过"站点更换网址""闭站保护""反馈中心"等工具进行处理，处理完成后百度搜索结果页即可恢复。

　　(2)是否可以不展现某些引导词？

　　为了给用户的搜索行为提供便利的服务，系统会判断用户可能需要的相关关键词，并通过下拉搜索框的形式给出提示。如果系统认为需要在用户搜索的关键词下展现提示性的关键词，即会给予展示，无法选择关闭此功能。

　　(3)为什么搜索无结果？

　　造成搜索无结果的原因有多种，可根据下列几种情况来调整关键词以获得所要的信息。

　　① 如果使用了错误的字词，可能导致无结果。请检查所使用的字词是否正确，调整后进行再次搜索。

　　② 如果输入的查询信息太多，可能导致无结果。这种情况下可以尝试简化输入的查询信息，来进行搜索。

　　③ 如果用户所查询的内容在互联网上不存在，或相关的页面百度未收录，那么查询也会无结果。这种情况下可以通过搜索页面最下方的"用户反馈"提交意见建议和所遇到的问题。

2. 搜狗搜索引擎

　　搜狗搜索引擎是搜狗公司于2004年8月3日推出的全球首个第三代互动式中文搜索引擎，是中国第二大搜索引擎。搜狗搜索从用户需求出发，以人工智能新算法，分析和理解用户可能的查询意图，对不同的搜索结果进行分类，对相同的搜索结果进行聚类，引导用户更快速准确地定位目标内容。

　　搜狗的产品线包括了网页应用和桌面应用两大部分。网页应用以网页搜索为核心，在音乐、图片、视频、新闻、地图领域提供垂直搜索服务；桌面应用旨在提升用户的使用体验，包括搜狗拼音输入法帮助用户更快速地输入；搜狗双核浏览器能大幅提高用户的上网速度，是目前互联网上最快速、最流畅的新型浏览器，拥有国内首款"真双核"引擎，独家采用"云恶意网址库"和"实时查杀"双重网页安全技术，有效防止病毒木马通过浏览器入侵。

　　搜狗网页搜索作为搜狗的核心产品，经过多年持续不断地优化改进，已凭借自主研发的服务器集群并行抓取技术，成为全球首个中文网页收录量达到100亿的搜索引擎（目前已达到500亿以上），加上每天5亿网页的更新速度和独一无二的搜狗网页评级体系，确保了搜狗网页搜索在海量、及时、精准三大基本指标上的全面领先。

　　搜狗还推出了若干桌面应用产品。搜狗拼音输入法利用先进的搜索引擎技术，通过对海量互联网页面的统计和对互联网上新词、热词的分析，使得首选词准确率（即候选的第一个词就是要输入的词的比例）领先于其他输入法。搜狗浏览器也提供了用户地址栏搜索、文本划词搜索等各种无缝衔接的搜索方式。

1）基本检索技巧

最基本、有效的查询技巧，就是选择合适的关键词。以搜索引擎容易分辨的词语来查询，能够大大提高查询效率。

（1）使用简单明确的关键词。

每个关键词都应该使目标更加明确，尽量减少无关重复的词语。例如，搜索"简简单单不复杂又好听的网名"，关键词太长，完全符合条件的结果可能较少，搜索"简单的网名"效果更好。

检查有没有把自己的想法以对话的方式键入关键词。例如，搜索"我想看暑假最多人喜欢的电影"，关键词太长，搜索引擎不易理解，完全符合条件的结果可能较少。搜索"暑期　热门　电影"效果更好。

（2）使用网页中会出现的语言。

尽量使用网页上可能出现的词。例如，搜索"来电声音""来电铃声"，不如搜索"手机铃声"效果更好。多留意网页上会出现的词，并且去猜测信息的表达方式并提取关键词，会大大提高搜索的准确率。

2）高级搜索语法

（1）精确匹配（""）。

利用双引号可以查询完全符合关键词的网站。例如，直接输入热门游戏，会返回"热门网络游戏""热门小游戏""游戏下载"等内容，如果输入"热门游戏"，搜狗就会严格按照该词组的形式查找结果，不做任何拆分。

（2）在特定网站内搜索（site:）。

如果想知道某个站点中是否有自己需要找的东西，可以使用 site 语法，其格式为关键词+空格+site:域名。

例如，只想看搜狐网站上的财经新闻，就可以这样查询：财经　site:搜狐域名。

搜狗还支持多站点查询，多个站点用"|"隔开，如财经　site:新浪域名|搜狐域名（site:和站点名之间不要带空格。）

（3）在特定的网页标题中搜索（intitle:）。

如果需要把搜索范围局限在特定的网页标题中，可使用的 intitle 语法，其格式为关键词+空格+intitle：网页标题所含关键词。

例如，找周杰伦的新歌，就可以这样查询：新歌　intitle:周杰伦。

（4）特定文档搜索（filetype）。

如果不想搜网页内容，而是想找某一类的文档怎么办？filetype 语法可以帮用户解决这个问题。其格式为关键词+空格+filetype:格式，格式可以是 DOC、PDF、PPT、XLS、RTF、ALL（全部文档格式）。

例如，市场分析　filetype:doc，其中的冒号是中英文符号皆可，并且不区分大小写。filetype:doc 可以在"市场分析"前也可以在其后，市场分析　filetype:doc 与 filetype:doc 市场分析，检索结果一样。但注意关键词和 filetype 之间一定要有个空格。

filetype 语法也可以与 site 语法混用，以实现在指定网站内的文档搜索。例如，在中国农

业大学和清华大学网站内搜索有关“中国”的文档，就可以用：site:中国农业大学域名 | 清华大学域名 filetype:all 中国。

3) 高级搜索功能

如果对搜狗的各种查询语法不熟悉，可以使用集成的高级搜索功能，方便实现高级搜索语法功能。搜狗高级搜索功能界面见图 3-7。

(1) 去除：如果想要避免搜索中包含某些内容，可以将需要避免的内容填在框中。例如，搜“仙剑奇侠传”，希望看游戏方面的信息，但搜索结果中包含较多该关键词的电视剧内容，则只需要在搜索框中输入“仙剑奇侠传”，在“去除”框中输入“电视剧”。

(2) 在指定站内搜索：如果只想看搜狗网站上的新闻，就可以在顶端搜索框中输入“新闻”，“在指定站内搜索”框中输入搜狗域名。

(3) 搜索词位于：可以把搜索范围局限在特定的网页标题、网页正文、网页网址当中，使用时只要选中需要的范围即可。

(4) 搜索结果排序方式：按相关性排序可以让与关键词匹配程度最高的结果排在前列，按时间排序则是按搜索结果的时间顺序由先至后排列。

(5) 指定文件格式：用户想找某一类特殊格式的文档，输入关键词，在这一栏勾选想找的文档类型即可。

(6) 每页显示：修改每一页结果的显示数量，搜狗支持每页显示 10 条、20 条、30 条、50 条或 100 条结果。

(7) 个性设置：设置搜索结果页是否在浏览器新窗口打开。用户可以根据自己的习惯，在个性设置中改变搜狗默认的搜索结果显示条数和搜索结果打开方式。

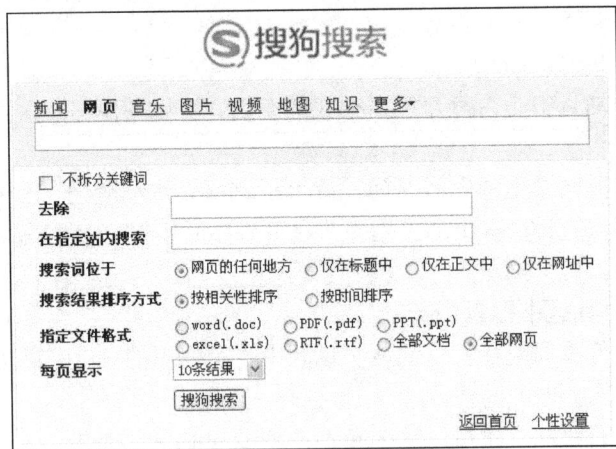

图 3-7   搜狗高级搜索功能界面

3．360 搜索引擎

360 搜索引擎是最干净、安全、可信任的搜索引擎，包含网页、新闻、问答、视频、图片、音乐、地图、良医、雷电、百科、购物等多项搜索产品。

2012 年 8 月 16 日，奇虎 360 公司推出综合搜索，该服务初期采用二级域名，整合了百度、Google 内容，可实现平台间的快速切换。短短 10 天后获得 10.22%市场份额，成为“中国互联网第二大搜索引擎公司”。

1）基本检索功能

在搜索框内输入要查询的内容，然后敲击回车键（或单击搜索框右侧的搜索按钮），就可以获得想要的内容。例如，想查找好看的电影，在搜索框内直接输入：好看的电影，敲击回车键（或单击搜索按钮），就可立即获得相应的结果。

如果想进行更为精准的搜索，只需在搜索框输入多个关键词，并以空格隔开。例如，如果想搜"十一 去哪玩"，要比直接搜"十一去哪玩"效果要好。

2）高级检索功能

（1）在指定站点内进行搜索（site:）。

如果想知道某个站点内是否有想要的内容，可以将搜索的范围限定在这个站点中。例如，如果想在 360 论坛搜索有关"360 杀毒"的信息，可以在搜索框输入"360 杀毒 site:360 论坛域名"。

（2）使用双引号""和书名号《》进行精确匹配搜索。

如果关键词很长，360 搜索可能会根据拆分后的关键词给出搜索结果，如果不想关键词被拆分，可以给关键词加上双引号。例如，如果只想搜索北京大学的相关信息，而不是北京的所有大学的信息，则可以在搜索框中输入"北京大学"。

在 360 搜索中，中文书名号是可以被查询的，加上书名号的关键词会有两个功能：一是可以在搜索结果中显示带书名号的关键词；二是保证这个词不会被拆分。例如，如果想搜索书籍"西游记"，就可以加上书名号，以便精确查找书籍相关的内容。

4. 神马搜索引擎

神马搜索引擎由全球用户量最大的移动浏览器 UC 优视与中国互联网行业领军企业阿里巴巴共同发起组建，专注移动互联网的搜索引擎，致力于为用户创造方便、快捷、开放的移动搜索新体验。目前，神马搜索引擎只有移动（手机）端搜索引擎，并没有 PC（计算机）端，是目前第二大移动端搜索引擎。提供 APP 搜索、购物搜索、小说搜索、周边搜索等服务。

APP 搜索：语义搜索能快速地理解用户的需求，帮助用户找到需要的 APP。

购物搜索：在搜索商品的时候能自动加载全网商品和最真实的买家评价，帮助买家找到称心如意的商品。

小说搜索：及时快速的小说推荐，清爽的阅读体验，帮助小说迷追到最新的章节。

3.3.2 国外主要搜索引擎

1. Google 搜索引擎

1996 年，斯坦福大学的两位博士研究生 Larry Page 和 Sergey Brin 开发了一个名为"BackRub"的搜索引擎，该搜索引擎利用网页链接信息计算各个网页的重要程度。1998 年，他们的工作正式启动并创办了 Google 公司。此后，Google 便开始飞速发展。据统计，2017年 7 月，Google 的全球市场份额为 92.02%，在全球份额内占据绝对优势。

Google 支持的语言多达 132 种，包括简体中文和繁体中文；Google 网站只提供搜索引擎功能，没有其他的累赘；Google 的速度极快，据说有 8000 多台服务器，200 多条 T3 级宽带；Google 的专利网页级别技术 PageRank 能够提供高搜索结果的命中率；Google 的搜索结果能摘录查询网页的部分具体内容，而不仅是网站简介；Google 智能化的"手气不错"功能，提供可能最符合要求的网站；Google 的"网页快照"功能，能从 Google 服务器里直接取出缓存的网页。

Google 的检索功能包括最基本检索、简单检索、高级检索。

1) 最基本检索

Google 是通过日志文件(cookie)来存储页面设定的。第一次进入 Google 界面,它就会根据用户的操作系统和语种选择,确定语言界面。因此,如果浏览器禁用 cookie,就无法对 Google 界面进行个人设定。最基本的搜索,即查询包含单个关键词的信息,只要在搜索框输入一个关键词或检索提问式即可。

2) 简单检索

简单检索包括下列五种情况。

(1) 检索结果要求包含两个及两个以上关键词。一般搜索引擎需要在多个关键词之间加上"+",而 Google 不必用"+"来表示逻辑"与"操作,只要空格就可以了。

(2) 检索结果要求不包含某些特定信息。Google 用减号"-"表示逻辑"非"操作。注意:这里的"-"是英文字符,而不是中文字符。此外,操作符与作用的关键词之间不能有空格。

(3) 检索结果至少包含多个关键词中的任意一个。Google 用大写的"OR"表示逻辑"或"操作。注意:小写的"or"在查询的时候将被忽略,这样上述的操作实际上变成了一次"与"查询。

(4) "+""-"和"OR"的混合查询。混合查询涉及逻辑操作符的顺序问题。一般而言,搜索引擎按照从左向右的顺序读取操作符号。如果只涉及"与"操作和"非"操作,则不会产生顺序问题。检索结果数量和关键词顺序无关,不过,具体检索的结果顺序会视关键词的顺序而定。单纯的"或"操作也是同样的道理。

(5) 用"+"和"-"减少冗余信息。通常情况下,用一个关键词查询,会得到很多和查询目的不相关的冗余信息。我们总是希望搜索结果的第一个条目中就包含所需要的信息,"+"和"-"很多时候就起到缩小搜索范围、提高查询精度的目的。

3) 高级检索

Google 的最基本检索功能,可以解决绝大部分查询问题。不过,若要更快捷、更精确地找到所需要的信息,还得了解高级检索功能。

(1) 对搜索的网站(site)进行限制。"site:"表示检索结果受限于某个具体网站或网站频道,如"****.com.cn""edu.****.com.cn",或者是某个顶级域名,如"com.cn""com"等。如果是要排除某网站或域名范围内的页面,只需用"-网站/域名"即可。例如,检索中文教育科研网站(edu.cn)上所有包含"信息检索"的页面,检索式为"信息检索 site:edu.cn"。

(2) 关键词包含在网页链接中。"inurl:"表示查询返回的网页链接中包含第一个查询关键词,后面的关键词则出现在链接中或网页文档中。有很多网站把某一类具有相同属性的资源名称显示在目录名称或网页名称中,如"MP3""Gallary"等,就可以用"inurl:"找到这些相关资源链接,如"inurl:MP3 我的祖国"。"allinurl:"表示返回的网页链接中包含所有查询关键词。

(3) 关键词包含在网页标题中。"intitle:"和"allintitle:"的用法类似于上面的"inurl:"和"allinurl:",只是后者对网页链接进行查询,而前者对网页的标题栏进行查询。

(4) "related:"用来搜索与查询的网站结构内容相似的其他网站,也可以通过点击搜索结果后面的相似网页,来查询跟当前网页类似的网页。

(5) "cache:"用来搜索 Google 服务器上某页面的缓存,这个功能等同于"网页快照",

通常用于查找某些已经被删除的死链接网页。

（6）"info:"用来显示与某链接相关的一系列搜索，提供 cache、link 和完全包含该链接的网页的功能。

4）Google 使用技巧和注意事项

网上各个搜索引擎检索语法都有差别，使用 Google 时用户要特别注意以下几点。

（1）通配符问题。很多搜索引擎支持通配符号，如"*"代表一连串字符，"?"代表单个字符等。Google 不支持通配符，只能进行精确查询（用英文双引号将关键词或检索提问式括起来），关键词中的"*"或"?"会被忽略掉。

（2）关键词的字母大小写。Google 对英文字符大小写不敏感，"CPU"和"cpu"搜索的结果是一样的。

（3）检索整个句子。Google 的关键词可以是词组，也可以是句子。用句子作为关键词，必须加英文引号。

（4）搜索引擎忽略的字符和词汇。Google 对 Web 文档上一些出现频率极高的词，如英文中的介词、冠词、连词等和汉语中的介词、结构助词、语气词等，以及一些符号如"*""."等，进行忽略处理。

（5）强制搜索。如果要对忽略的关键词进行强制搜索，则需要在该关键词前加上明文的"+"。

例 1　搜索包含"How are you?"的网页。

如果用"How are you?"作为检索提问式，引号中的 how、are 会被省略掉，只用"you"作关键词搜索，所以应该用强制搜索，如采用"+ how + are + you"查询。

注意：大部分常用英文符号（如问号、句号、逗号等）都无法成为搜索关键词，进行强制搜索也不行。

（6）搜索所有链接到某个网站的网页。如果想知道有多少网页对某个网站进行了链接，用"link:"。"link:"不能与其他语法相混合操作，所以"link:"后面即使有空格，也会被 Google 忽略。

（7）英文单词或术语解释，如在检索框中输入"define:blog"检索式，其检索结果提供有关"blog"（博客）的解释条目。

2．Yandex 搜索引擎

Yandex 创建于 1993 年，这个由 Arkady Volozh 和 IIya Segalovich 两个创始人创造出来的词，是"Yet Another Indexer"（另一个索引）的缩写。Yandex 是俄罗斯重要网络服务门户之一（见图 3-8）。据 Gallup 传媒、ФОМ 和 Комкон 调查公司资料显示，Yandex 是俄罗斯网络拥有用户最多的网站。2006 年年初，每天访问 Yandex 的人数（包括外国访问者）达到 400 万。Yandex 目前所提供的服务包括搜索、最新新闻、地图和百科、电子信箱、电子商务、互联网广告及其他服务。Yandex 在俄罗斯本地搜索引擎的市场份额已远超俄罗斯 Google。

Yandex 非常注重区域网站工作，2004 年开设了区域项目（"城市"专栏），有助于吸引全世界的广告合作。Yandex 的专家们经常进行巡回讲座。Yandex 所有的服务都考虑到了使用者的地理位置，即可以在区域网站上搜索，"新闻"里提供地方信息，"市场"里首先提供地区商店的物品。Yandex 急剧增加的网络使用者人数使"Yandex. WiFi"成为通向俄罗斯免费无线通道的最大网站。Yandex 是使用者浏览、广告聚焦的平台，其大部分收入来自广告，该广告根据网络用户的搜索内容投放产品和服务广告。在俄罗斯本土市场，Yandex 在所有搜索流量中的份额为 60%（Yandex.Radar，2021 年第一季度），是俄罗斯第一大搜索引擎。2011 年 5 月，Yandex 在纳斯达克证券交易所上市，股票代码为 YNDX，是当时俄罗斯前所未有的最大的技术股上市公司。

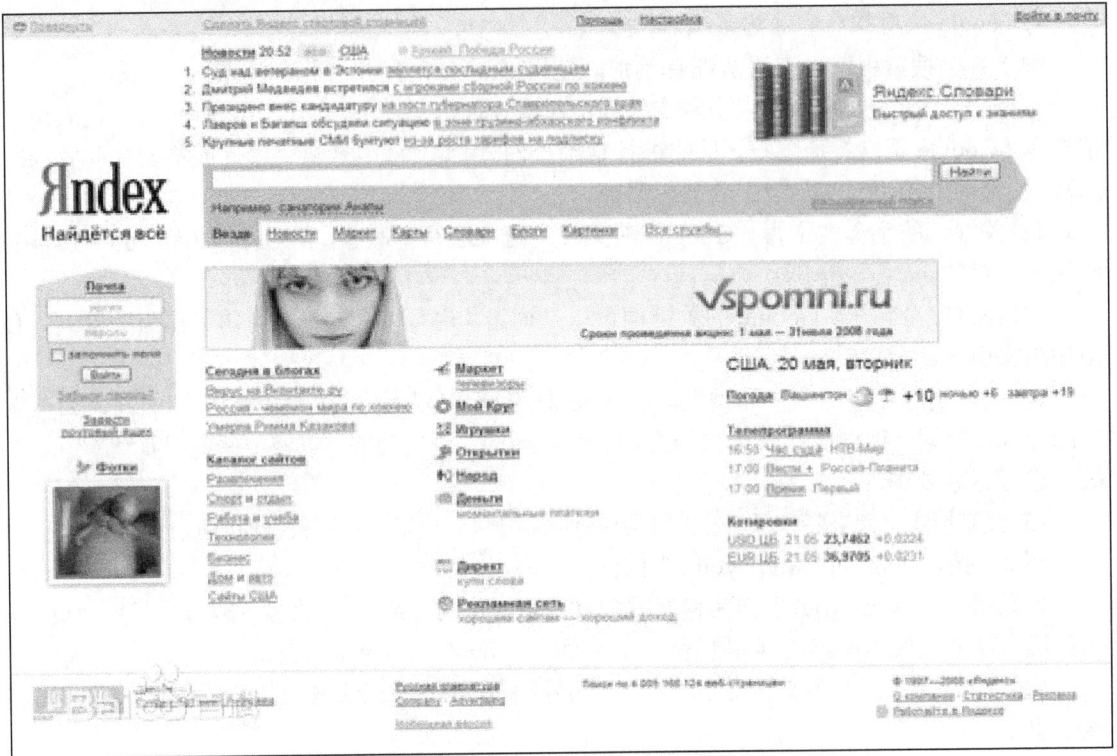

图 3-8　Yandex（俄文）检索界面

　　搜索一直是 Yandex 的核心产品，Yandex 对搜索有了更广泛的理解：通用援助、助手、我们周围一切的指南。Yandex 的所有产品都旨在：在正确的时间、地点为人们提供正确的建议，帮助人们作出选择，以及提高完成事情的可能性，让人们的生活更轻松、更美好。作为一家科技公司，Yandex 的所有服务都使用机器学习，包括搜索结果排名、提供在线广告和执行翻译。2009 年，Yandex 开发并实施了自己的机器学习方法——MatrixNet。借助语音识别技术，用户可以与 Yandex.Navigator 街道导航应用程序进行口头交流，而无须手动输入地址。Yandex.Mail 服务的用户可以在他们的账户中快速找到某些电子邮件，如门票、约会或会议通知、折扣信息等，所有这些都由 Yandex 的事实提取技术自动标记。Yandex 使用自己的计算机视觉方法来查找相似的图像。2011 年，Yandex 推出了统计机器翻译服务——目前世界上仅有三种搜索引擎提供此类服务。2021 年，Yandex 更新了搜索引擎，整合了一系列生成神经网络，以及 2100 多项其他改进。大多数改进都基于在大量数据上训练的深度神经网络。此次更新引入了一组生成算法，称为另一种语言模型（YaML），它们在 TB 级数据上进行训练，并使用多达 30 亿个参数来理解自然语言并生成俄语响应。YaML 为 Yandex 的智能语音助手 Alice 生成高达 17% 的交互式回复。它还为丰富的搜索结果生成标题。因此，Yandex 用户获得了新功能和升级服务，包括搜索查询视频时间戳的响应，对更多查询作出更详细的快速解答，改进了实时对象识别及查看客户反馈摘要的能力。

3．Bing 搜索引擎

Bing 是一款微软公司推出的，用以取代 Live Search 的搜索引擎。微软 CEO 史蒂夫·鲍尔默（Steve Ballmer）于 2009 年 5 月 28 日在《华尔街日报》于圣迭戈（San Diego）举办的"All Things D"公布，简体中文版 Bing 将于 2009 年 6 月 1 日正式对外开放访问。微软方面声称，此款搜索引擎将以全新姿态面世，将带来新革命。内测代号为 Kumo，其后才被命名为 Bing。为了更符合中国用户的使用习惯，中文名称被定为"必应"，有"有求必应"的寓意。在 2017 年 7 月的统计数据中，Bing 占全球市场份额的 2.53%，位居第二。

Bing 的最大特点在于分类检索功能，与传统搜索引擎只是单独列出一个搜索列表不同，Bing 还会对返回的结果加以分类。例如，当用户搜索某位歌星的名字时，搜索结果的主要部分会显示传统的列表，左侧的导航栏则会显示图片、歌曲、歌词、专辑和视频等几个类别。当用户输入某一产品名称时，侧边栏则会显示评价、使用手册、价格和维修等类别。如果输入的是某一城市名称，则会显示地图、当地商业指南、旅游路线及交通信息等类别。另外，侧边栏还会显示一组相关的搜索关键词。

Bing 基本搜索符号与高级检索见表 3-1 和表 3-2。

表 3-1　Bing 基本搜索符号

符　　号	函　　数
＋	查找包含全部以"＋"符号开头的搜索条件的网页，也可以包含那些一般会被忽略的搜索条件
"　"	精确查找短语中出现的字词
（）	查找或排除包含某组字词的网页
AND 或&	查找包含所有字词或短语的网页
NOT 或–	排除包含某个字词或短语的网页
OR 或|	查找包含任意字词或短语的网页

表 3-2　Bing 高级检索

语　　法	定　　义	示　　例
contains	只搜索包含指定文件类型的链接的网站	若要搜索包含 Microsoft Windows Media Audio（wma）文件链接的网站，请输入音乐，后面加 contains:wma
filetype	仅返回以指定文件类型创建的网页	若要查找以 Adobe PDF 格式创建的报表，请输入主题，后面加 filetype:pdf
inanchor inbody intitle	这些语法将返回元数据中包含指定搜索条件（如定位标记、正文或标题等）的网页。为每个搜索条件指定一个语法，也可以根据需要使用多个语法	若要查找定位标记中包含 msn 且正文中包含 spaces 和 magog 的网页，请输入 inanchor:msn inbody:spaces inbody:magog
ip	查找托管在特定 IP 地址的网站。IP 地址必须是以英文句点分开的地址。输入"ip:"，后面加网站的 IP 地址	输入 ip:网站的 IP 地址
language	返回指定评议的网页。在"language:"后面直接指定语言代码。使用搜索生成器中的"语言"功能也可以指定网页的语言	若只需查看有关古董文物的英文网页，请输入"antiques" language:en
loc 或 location	返回特定国家或地区的网页。在"loc:"后面直接指定国家或地区代码 若要搜索两种或两种以上语言，请使用逻辑运算符 OR 对语言分组	若要查看有关美国或英国雕塑型的网页，请输入 sculpture（loc: US OR loc: GBR） 若要查看可用于 Bing 的语言代码列表，请参阅国家、地区和语言代码

语　法	定　　义	示　　例
prefer	着重强调某个搜索条件或运算符，以限定搜索结果	若要查找足球的相关网页，但搜索内容主要限定在某球队，请输入足球 prefer:某球队
site	返回属于指定网站的网页。若要搜索两个或更多域，请使用逻辑运算符 OR 对域进行分组。可以使用"site:"搜索不超过两层的 Web 域、顶级域及目录。还可以在一个网站上搜索包含特定关键词的网页	若要在 BBC 或 CNN 网站中查找有关心脏病的网页，请输入"heart disease"（site: BBC 域名 OR site:CNN 域名） 若要在 Microsoft 网站上搜索有关 Halo 的 PC 版本的网页，请输入 site: www.micro****.com/games/pc.halo
feed	在网站上查找搜索条件的 RSS 或 Atom 源	若要查找关于足球的 RSS 或 Atom 源，请输入 feed:足球
hasfeed	在网站上查找包含搜索条件的 RSS 或 Atom 源的网页	若要在 New York Times 网站上查找包含与足球有关的 RSS 或 Atom 源的网页，请输入 site://New York Times 域名 hasfeed:足球
url	检查列出的域或网址是否位于 Bing 索引中	若要验证 Microsoft 域是否位于索引中，请输入 url: micro****.com

注意事项：

(1) 基本搜索不区分大小写。

(2) 搜索文字之间不需要加 AND。默认情况下，所有搜索都是 AND 搜索。

(3) 最多可在搜索框中输入 150 个字符（包括空格）。

(4) 必须使用大写的 NOT 和 OR 运算符，否则 Bing 会将其视作停止词而忽略。

(5) 分组搜索条件和布尔运算符的优先级——括号（ ）；引号" "；NOT 或-；AND 或&；OR 或|。

3.4　特色搜索引擎

在网络信息多样化和网络用户多样化的呼唤下，特色搜索引擎应运而生。

1．寻人搜索引擎

国内央视《等着我》栏目官方寻人大厅提供寻人报名、线索提供、检索寻人信息等服务。《等着我》是全国首档全媒体大型公益寻人节目，是中央电视台 2014 年重磅推出的全新公益栏目。它旨在发动各方力量，打造全媒体平台来帮助更多的人圆团聚梦，它既是一档节目，也是全民范围的公益寻人活动，已经帮助 19000 多个家庭实现了团圆梦。现在可通过《等着我》栏目官网寻人。

如果要找的人在欧美地区，可以到 Who where 试试。Who where 是一个老牌的寻人网站，可以搜索电子邮件地址、电话与地址和公众信息。原有的通过姓名搜索家族族谱的祖先搜索功能，现在已改为收费服务了。电子邮件搜索方面，普通搜索以搜索对象的姓名为检索条件；如果使用高级搜索，可以从搜索对象所在国家、城市、学校、社会团体、企业单位甚至个人爱好等多方面进行搜索，既可以只提供一个项目，也可以指定几个项目，要求搜索同时符合所有条件的目标。电话与地址搜索是以姓名作为检索条件的，另外还可以通过个人主页、美国政府机构工作人员名录、企业名录、美国 800 免费电话号码、美国黄页等来检索，只是资料大多是针对欧美、加拿大等国家或地区，比较适合搜索国外的信息。

2．图像搜索引擎

图像搜索引擎是一种专门用来查询图形、图像(照片)并以缩略图、网站名或网站内容等形式反馈检索结果的网卜检索工具。同文字搜索引擎类似，它一般可提供分类目录式或基于关键词的检索功能，基于内容的图像搜索技术正在研究之中。

互联网上的图像检索技术经历两个阶段：基于文本方式的图像检索和基于图像内容的图像检索。

1）基于文本方式的图像检索

图像信息本身的特点使其在检索上有别于文本信息。参照传统文献标引的方法，通过对图像进行人工分析，对其物理特征和内容特征进行著录或标引，建立类似于文本文献的标引著录数据库，并通过检索这些数据库获得图像编号来索取实际图像。检索系统标引的图像特征包括责任者，出版日期，描述图像所含的关键词、主题词、解说文字或图像物理特征(拍摄方式、长度、载体规格等)。

2）基于图像内容的图像检索

基于图像内容的图像检索主要依据图像的画面内容特征和主题对象特征(指图像的实际内容)来标引和检索。检索时可依据用户输入图像的某一特征(如绘制的草图、轮廓图或调用的相似图像)输出最佳匹配结果。

常用的图像搜索引擎有：

百度识图能够实现用户通过上传图片或输入图片的 URL 地址，从而搜索到互联网上与这张图片相似的其他图片资源，同时也能找到这张图片相关的信息。

Bing 图像搜索具有面部头像搜索功能，还可按相关性、大小、纵横比、颜色、样式进行过滤。Bing 还具有上传图片进行搜索的功能，可以查找与上传图像相匹配的图片及包含该图片的网页。

Google 图像搜索，Google 声称自己是"互联网上最好用的图像搜索工具"，可以在搜索框中输入描述图像内容的关键词、图片链接，还可以拍照或直接拖动图片到搜索框进行搜索。图像搜索不但可以按照尺寸来选择，同时还提供了类型(脸部特写、照片、剪贴画、素描画)和颜色(全彩图片、黑白图片、特定颜色，共计 12 种色彩)筛选功能。

3．其他多媒体搜索引擎

百度视频搜索，是业界领先的中文视频搜索引擎之一，拥有海量的中文视频资源，满足用户的观看体验。

FAST 是国外著名的多媒体搜索引擎。用户可以搜索图像、音频、视频等多种格式的多媒体文件，图像支持 JPEG、GIF、BMP 三种格式，音频支持 MP3、Wave、AIFF、RealAudio、MIDI 五种格式，视频支持 AVI、DivX、QuickTime、MPEG 四种格式。所有的搜索结果都来自其他网站，FAST 为每一个搜索结果提供预览和说明，同时还有可供下载的直接链接，以及该文件所在网站的地址。

Compaq 公司的 SpeechBot 视音频搜索引擎也是通过收集其他网站的多媒体文件建立搜索数据库的。但相比其他搜索引擎，该站显得非常有特色。该网站选择了政治、军事、超自然力量、互联网等十个热门的分类，然后再为每个分类挑选几个资源丰富的网站，把搜索数据库的范围限制在选定的几十个网站之内。这种方法既避免了因自动化收集数据易出现的错误链接问题，又可以在投入较少的人力、物力的情况下，让使用者找到更多的资源，可以说是两全其美。

思 考 题

1．搜索引擎的概念、工作的基本原理是什么？

2．搜索引擎的类型有哪些？试举例说明。

3．元搜索引擎的特点是什么？

4．垂直搜索引擎的检索原理和特点有哪些？

5．选择某一常用搜索引擎，举例介绍它的检索功能及过程。

6．比较百度和 Google 的检索功能，各有什么特点？

7．介绍一个常用的特色搜索引擎工具。

参 考 文 献

[1] 祝智庭，顾小清，闫寒冰. 教育技术——走进信息化教育(修订版)[M]. 北京：高等教育出版社，2005.

[2] 谷琦. 网络信息资源组织管理与利用[M]. 北京：科学出版社，2008.

[3] 沈固朝，储荷婷，华薇娜. 信息检索(多媒体)教程(第二版)[M]. 北京：高等教育出版社，2009.

[4] 吴昊，秦丽. 搜索引擎的发展历程及发展趋势[J]. 电子商务，2013，162(6)：53，59.

[5] 百度百科网站.

[6] 宋雅君. 搜索引擎服务工具方法研究[J]. 水利科技与经济，2005(05)：318-319.

[7] 王文平. 基于领域本体的垂直搜索引擎研究[D]. 北京理工大学，2016.

第4章　学术资源数据库

学习目标

通过本章的学习可以掌握以下内容：

(1)掌握主要中文综合性检索系统的应用；

(2)掌握主要外文综合性检索系统的应用。

网络信息的飞速增长极大地改变了人们获取信息的方式。许多综合性的系统已经由单机版转换成将系统安装在互联网服务器上，资料丰富、界面友好、便于用户使用的互联网成为用户获取信息的新方式。本章主要介绍科技信息源和国内外广泛使用的中外文综合性检索系统。

4.1　科技信息源概述

科技文献是记录科学技术知识或信息的一切载体，是人们从事科学技术活动的劳动成果的表现形式之一，是记录、传播科技情报的主要手段。它记载着历代人们认识、改造世界的知识和经验，汇集有无数的科学理论、方法、假说、数据和事实，几千年来，为人类的文明进步做出了巨大贡献。科技文献一直是人类了解过去、认识现在和预测未来的重要工具，也是获取科技情报的最基本、最主要的来源，因此成为图书情报机构重要的馆藏组成部分。

随着科学技术的发展，科技文献在形式、内容、出版、发行等方面出现了许多新的特点，主要表现是：数量急剧增长；内容交叉重复；文种多样，出版类型复杂；文献异常分散；文献失效加快。科技文献的总和称为"科技文献流"，已经发展成品种繁多、功能各异、相互交织、互为补充的文献体系。

科技文献其功能有：记录人类知识的最重要手段；人类进行科学交流、传播知识的重要工具；人类认识、改造客观世界的重要依据；衡量某一学科、某一组织、某一国家和世界学术水平的重要标志。由于社会实践和科学研究的逐日增多，现代科技文献还具有数量急剧增长、内容交叉重复、使用寿命缩短、语种增多与译文增加等纷繁复杂的特征。

科技文献可从不同角度划分成多种类型。按文献的载体和记录手段，可分为印刷型、缩微型、机读型和声像型(视听型)；按使用和加工等级，可分为一次文献、二次文献和三次文献；按编辑出版形式，可分为科技图书、科技期刊、科技报告、政府出版物、会议文献、标准文献、专利文献、产品资料、学位论文、技术档案十大类，称为"十大科技文献"。

1. 科技图书

一般来讲，图书是指内容比较成熟、资料比较系统、有完整定型的装帧形式的出版物。科技图书是一种重要的科技文献资源，它大多是对已发表的科技成果、生产技术知识和经验的概括论述。科技图书的范围较广，主要包括学术专著、参考工具书(指对某个专业范围进行广泛系统研究的手册、年鉴、百科全书、辞典、字典等)、教科书等。想要较全面地、系统地获取某一专题的知识，参阅图书是行之有效的方法。

2．科技期刊

期刊（periodicals）也称杂志（journals 或 magazine），是指那些定期或不定期出版、汇集了多位作者论文的连续出版物，见图4-1。科技期刊在科技情报来源方面占有重要地位，占整个科技信息来源的 65%～70%。它与专利文献、科技图书三者被视为科技文献的三大支柱，也是科技查新工作利用率最高的文献源。

图4-1　科技期刊

科技期刊的特点是：每种期刊都有固定的名称和版式，有连续的出版序号，由专门的编辑机构编辑出版。与图书相比，它出版周期短、刊载速度快、数量大、内容较新颖丰富。

3．科技报告

科技报告（Scientific and Technical Report）又称研究报告、技术报告，是科学技术工作者围绕某个课题研究所取得的成果的正式报告，或对某个课题研究过程中各阶段进展情况的实际记录，见图4-2。科技报告自20世纪20年代产生以来，发展迅速，已成为继期刊之后的第二大报道科技最新成果的文献类型。从报道的内容看，科技报告大多都涉及高、精、尖科学研究和技术设计及其阶段进展情况，客观地反映科研过程中的经验和教训。

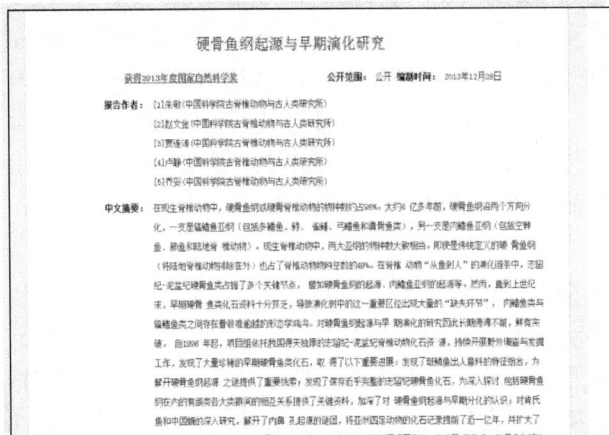

图4-2　科技报告

科技报告的特点是：单独成册，所报道的成果一般必须经过主管部门组织有关单位审定鉴定，其内容专深、可靠、详尽，而且不受篇幅限制，可操作性强，报告迅速。有些报告因涉及尖端技术或国防等问题，所以一般控制发行。

目前，世界上各发达国家及部分发展中国家每年都有相当数量的科技报告产生，尤以美、英、法、德、日等国的科技报告为多。

在科技查新工作中利用较多的是美国国家技术信息服务局 NTIS(the National Technical Information Service of the U.S Deportment of Commerce)出版的《美国政府研究报告通报与索引》，有数据库和检索刊物及缩微平片等多种形式。

4．专利文献

专利文献通常是指发明人或专利权人申请专利时，向国家知识产权局所呈交的一份详细说明专利的目的、构成及效果的书面技术文件，经国家知识产权局审查，公开出版或授权后的文献。广义的专利文献还包括专利公报(摘要)及专利的各种检索工具。

专利文献的特点是：数量庞大、报道快、学科领域广、内容新颖，具有实用性和可靠性。由于专利文献的这些特点，它的科技情报价值越来越大，使用率也日益提高。

5．会议文献

会议文献是指各种学术会议上所发表的论文、报告稿、讲演稿等与会议有关的文献。目前，全世界每年出版的会议论文集已超过 4000 种，会议论文数十万篇。国内已有《科技会议论文数据库》可供检索。

会议文献的主要特点是：传播信息及时、论题集中、内容新颖、专业性强、质量较高，往往代表某一学科或专业领域内最新的学术研究成果，基本上反映了该学科或专业的学术水平、研究动态和发展趋势。会议文献是科技查新中重要的信息源之一。

6．标准文献

经过公认权威机构批准的以文件形式固定下来的标准化工作成果，就是标准文献。标准文献按使用范围可分为国际标准、区域标准、国家标准、地方标准、行业标准和专业标准等；标准文献一般经过一段时间就要进行修订，因此，查阅时应以最新标准为准。

标准文献是技术标准、技术规格和技术规则等文献的总称。标准文献是人们在从事科学实(试)验、工程设计、生产建设、商品流通技术转让和组织管理时共同遵守的技术文件。其主要特点是：能较全面地反映标准制定国的经济和技术政策，技术、生产及工艺水平，自然条件及资源情况等；能够提供许多其他文献不可能包含的特殊技术信息。它们具有严肃性、法律性、时效性和滞后性。标准文献是准确了解该国社会经济领域各方面技术信息的重要参考文献。

检索国内标准的检索工具主要有《中国标准化年鉴》《中国国家标准汇编》《国家标准和部标准目录》等；检索国外标准文献的检索工具主要有《ISO 国际标准目录》《美国国家标准目录》《英国标准年鉴》等中译本资料及各国标准的原版目录。

7．学位论文

学位论文是高等院校和科研院所的本科生、研究生为获得学位资格(学士、硕士和博士)而撰写的学术性较强的研究论文，是在学习和研究中参考大量文献、进行科学研究的基础上完成的。

学位论文的特点是：理论性、系统性较强，内容专一，阐述详细，具有一定的独创性，是一种重要的文献信息源。

学位论文除被本单位收藏外，一般还在国家指定单位专门进行收藏。国内收藏硕士、博士学位论文的指定单位是中国科学技术信息研究所和国家图书馆。检索国内学位论文可以使用中国学位论文数据库，检索国外学位论文可利用 DIALOG 国际联机系统或国际大学缩微胶卷公司(University Microfilms International)编辑出版的《国际学位论文文摘》《美国博士学位论文》及《学位论文综合索引》等检索工具。

8．产品资料

产品资料一般是指产品样本说明书，是厂商或贸易机构为宣传和推销其产品而印发的免费赠给消费者的资料，如产品目录、产品样本、产品说明书、产品总览、产品手册等。它们大多是对定型产品的性能、构造原理、用途、使用方法、操作规程、产品规格等所做的具体说明。产品样本资料图文并茂，形象直观，所反映的技术较为成熟，数据较为可靠，对技术革新、选型、设计、试制新产品及引进设备等方面均有一定的参考价值。

如今，许多厂商已经开始利用互联网发布产品信息，网上可以查询到不少产品资料。

9．技术档案

技术档案是在生产或科研活动中形成的，有具体事物的技术文件、图纸、图表、照片和原始记录等，是有具体工程和研究对象的技术文件的总称，包括任务书、协议书、技术经济指标、研究计划、方案、实(试)验设计、实(试)验记录、调查材料、总结报告等所有应该入档的资料。这些材料是科研工作中用以积累经验、吸取教训的重要文献。技术档案一般为内部使用，不公开出版发行，有些有密级限制，因此在参考文献和检索工具中极少引用。

10．政府出版物

政府出版物是指各国政府部门及其设立的专门机构发表、出版的文件，可分为行政性文件(如法令、方针政策、统计资料等)和科技文献(包括政府所属各部门的科技研究报告、科技成果公布、科普资料及技术政策文件等)，其中科技文献占30%～40%。

政府出版物的特点是：内容可靠，与其他信息源有一定重复。借助于政府出版物，可以了解某一国家的科技政策、经济政策等，而且对于了解其科技活动、科技成果等有一定的参考作用。美国政府出版物数量最多，每年有几千篇公开，其他国家如英国、加拿大、法国等也出版一定数量的政府出版物。查找美国政府出版物可检索索引性刊物《美国政府出版物目录月报》(中国科学院图书馆收藏)。

4.2　中文综合性期刊数据库资源

4.2.1　中国知网

中国国家知识基础设施(China National Knowledge Infrastructure，CNKI)的概念是1998年由世界银行提出的。CNKI 工程是以实现全社会知识资源传播、共享与增值利用为目标的信息化建设项目，由清华大学、清华同方发起，始建于1999年6月。CNKI 工程集团经过多年努力，采用自主开发并具有国际领先水平的数字图书馆技术，建成了世界上全文信息量规模最大的 CNKI 数字图书馆，并建成中国知识资源总库及 CNKI 网络资源共享平台，通过产业化运作，为全社会知识资源高效共享提供最丰富的知识信息资源和最有效的知识传播与数字化学习平台。

中国知识资源总库更名为中国知网，是由原来的中国期刊网发展而来的。其收录的文献类型有期刊（1994 年至今）、博硕论文（2000 年至今）、报纸全文（2000 年 6 月至今）、会议论文（1999 年至今）等。中国知网检索界面（见图 4-3），中国知网期刊高级检索界面（见图 4-4）。

图 4-3　中国知网检索界面

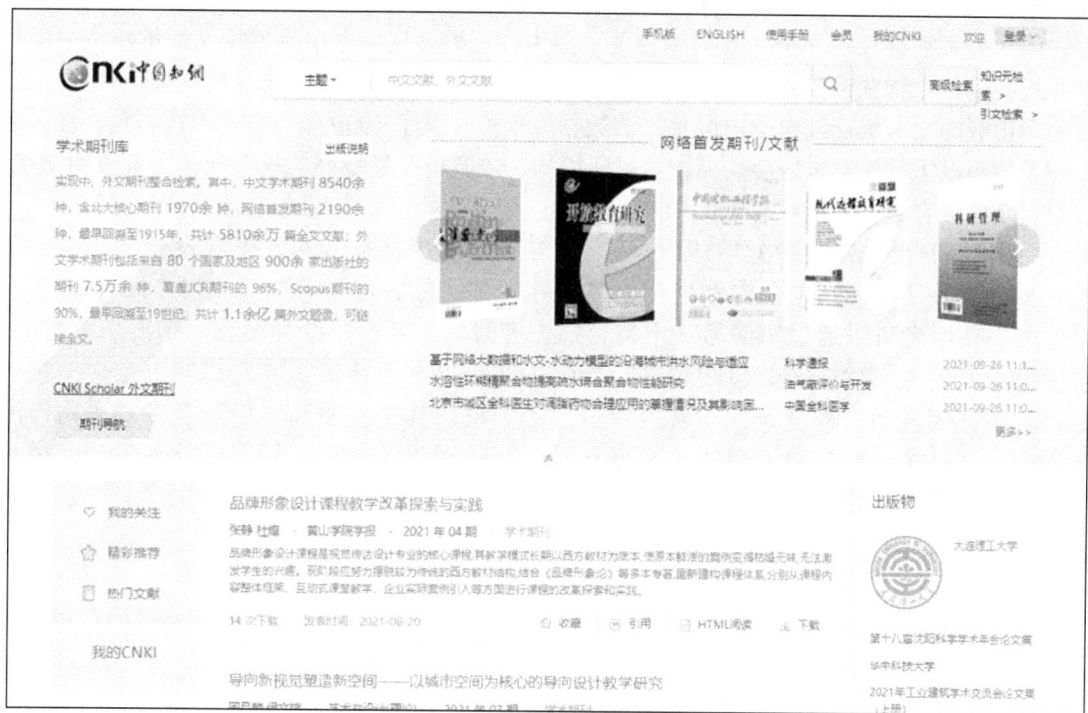

图 4-4　中国知网期刊高级检索界面

中国知网主要有以下数据库：

中国学术期刊网络出版总库是世界上最大的动态连续更新的中国学术期刊全文数据库，是"十一五"国家重大网络出版工程的子项目，是《国家"十一五"时期文化发展规划纲要》中国家"知识资源数据库"出版工程的重要组成部分。以学术、技术、政策指导、高等科普及教育类期刊为主，内容覆盖自然科学、工程技术、农业、哲学、医学、人文社会科学等各个领域。其收录国内学术期刊 8000 种，全文文献总量 4900 万篇。产品分为十大专辑：基础科学、工程科技Ⅰ、工程科技Ⅱ、农业科技、医药卫生科技、哲学与人文科学、社会科学Ⅰ、社会科学Ⅱ、信息科技、经济与管理科学。十大专辑下分为 168 个专题。

中国博士学位论文全文数据库(China Dissertations Full-text Database，CDFD)是国内内容最全、质量最高、出版周期最短、数据最规范、最实用的博士学位论文全文数据库，覆盖基础科学、工程技术、农业、医学、哲学、人文、社会科学等各个领域。目前，该数据库收录了来自440多家培养单位的博士学位论文30万篇，收录了全国985、211工程等重点高校、中国科学院、社会科学院等研究院所的博士学位论文。产品分为十大专辑：基础科学、工程科技Ⅰ、工程科技Ⅱ、农业科技、医药卫生科技、哲学与人文科学、社会科学Ⅰ、社会科学Ⅱ、信息科技、经济与管理科学。十大专辑下分为168个专题，涵盖从2000年至今的博士学位论文，具有高级检索、专业检索、句子检索及一框式检索功能。

中国硕士学位论文全文数据库(China Master's Theses Full-text Database，CMFD)是国内内容最全、质量最高、出版周期最短、数据最规范、最实用的硕士学位论文全文数据库，覆盖基础科学、工程技术、农业、哲学、医学、人文、社会科学等各个领域。目前，该数据库收录了来自727家培养单位的优秀硕士学位论文300万篇。

国内外重要会议论文全文数据库收录了国内外重要会议主办单位或论文汇编单位书面授权并投稿到"中国知网"进行数字出版的会议论文，是《中国学术期刊(光盘版)》电子杂志社编辑出版的国家级连续电子出版物。该数据库重点收录了1999年以来，中国科协、社科联系统及省级以上的学会、协会，高校，科研机构，政府机关等举办的重要会议上发表的文献。其中，全国性会议文献超过总量的70%，部分连续召开的重要会议论文回溯至1953年。

中国专利全文数据库(知网版)包含发明专利、实用新型专利、外观设计专利三个子库，准确反映了中国最新的专利发明。专利相关的文献、成果等信息来源于CNKI各大数据库。使用者可以通过申请号、申请日、公开号、公开日、专利名称、摘要、分类号、申请人、发明人、优先权等检索项进行检索，并可以一次性下载专利说明书全文。按照专利种类分为发明、外观设计和实用新型三个类型，其中发明和实用新型专利采用国际专利分类法(IPC分类)和CNKI 168学科分类，外观设计专利采用国际外观设计分类和CNKI 168学科分类。

4.2.2　万方数据知识服务平台

万方数据知识平服务台是由中国科学技术信息研究所发起，以万方数据(集团)公司为基础，联合山西漳泽电力股份有限公司、北京知金科技投资有限公司、四川省科技信息研究所等建设的。万方数据知识服务平台检索界面见图4-5。

万方数据知识服务平台主要有以下产品：

(1)近百种国内数据库，如中国学位论文全文数据库、中国科学技术成果库、中国公司企业产品库、中国科技论文引文统计分析库、中国学术会议文献数据库、中国科技文献数据库等。

(2)期刊资源包括国内期刊和国外期刊。其中，国内期刊共8000多种，涵盖自然科学、工程技术、医药卫生、农业科学、哲学政法、社会科学、科教文艺等多个学科；国外期刊包含世界各国出版的重要学术期刊共40 000多种，主要来源于NSTL外文文献数据库和数十家著名学术出版机构，以及DOAJ、PubMed等知名开放存取平台。

(3)会议资源包括中文会议资源和外文会议资源，中文会议资源收录始于1982年，年收集3000多个重要学术会议资源，年增论文20余万篇；外文会议资源主要来源于NSTL外文文献数据库，收录了1985年以来世界各主要学术协会、出版机构出版的学术会议论文共计766余万篇。

(4)学位论文资源主要包括中文学位论文，收录了始于1980年，年增30余万篇，涵盖基础科学、理学、工业技术、人文科学、社会科学、医药卫生、农业科学、交通运输、航空航天、环境科学等各学科领域。文献收录来源是经批准可以授予学位的高等学校或科学研究机构。

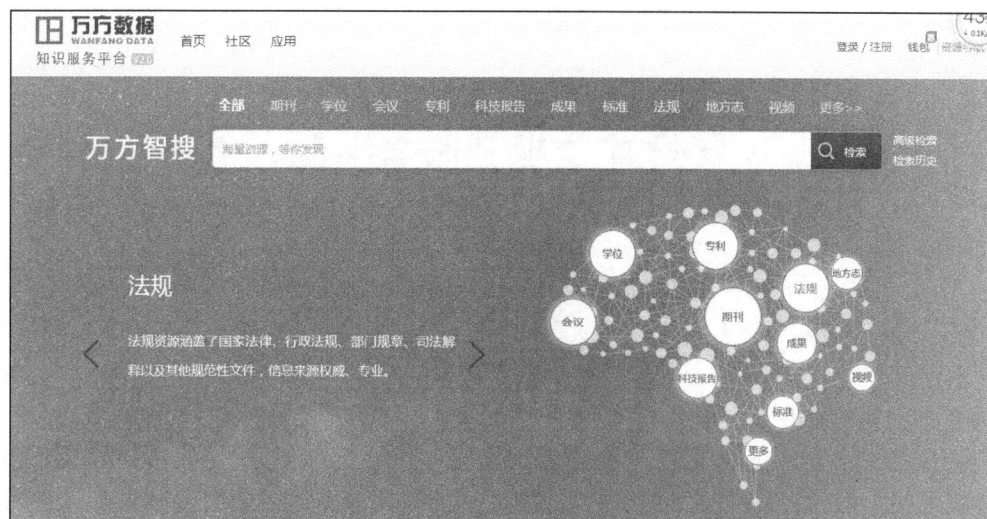

图 4-5　万方数据知识服务平台检索界面

万方数据知识服务平台包含以下主要数据资源。

期刊论文是万方数据知识服务平台的重要组成部分，集纳了多种科技及人文和社会科学期刊的全文内容，其中，绝大部分是进入科技部科技论文统计源的核心期刊。期刊论文内容包括论文标题，论文作者，来源刊名，论文的年、卷、期、中图分类法的分类号、关键词、所属基金项目、数据库名、摘要等信息，并提供全文下载，总计约 2550 万篇。

学位论文收录了国家法定学位论文收藏机构——中国科技信息研究所提供的自 1980 年以来我国自然科学领域各高等院校、研究生院及研究所的硕士研究生、博士及博士后论文，内容包括论文题名、作者、专业、授予学位、导师姓名、授予学位单位、馆藏号、分类号、论文页数、出版时间、主题词、文摘等信息，总计约 270 万篇。

会议论文收录了中国科技信息研究所提供的国家级学会、协会、研究会组织召开的各种学术会议论文，每年涉及 1000 多个重要的学术会议，范围涵盖自然科学、工程技术、农林、医学等多个领域，内容包括数据库名、文献题名、文献类型、馆藏信息、馆藏号、分类号、作者、出版地、出版单位、出版日期、会议信息、会议名称、主办单位、会议地点、会议时间、会议届次、母体文献、卷期、主题词、文摘、馆藏单位等，总计约 230 万篇，为用户提供最全面、详尽的会议信息，是了解国内学术会议动态、科学技术水平、进行科学研究必不可少的工具。

专利技术收录了国内外的发明、实用新型及外观设计等专利约 3400 万项，内容涉及自然科学各个学科领域，是科技机构、大中型企业、科研院所、大专院校和个人在专利信息咨询、专利申请、科学研究、技术开发及科技教育培训中不可多得的信息资源。

4.2.3　维普中文期刊服务平台

维普中文期刊服务平台建立于 2000 年，经过 21 年的商业建设，已经成为全球著名的中文信息服务网站,包含了1989年至今的15 000多种期刊刊载的7000余万篇文献,是我国数字图书馆建设的核心资源之一,是高校图书馆文献保障系统的重要组成部分,也是科研工作者进行科技查证和科技查新的必备数据库。维普中文期刊服务平台首页见图4-6。

图4-6　维普中文期刊服务平台首页

维普中文期刊服务平台按照《中国图书馆分类法》进行分类,所有文献被分为8大专辑:社会科学、自然科学、工程技术、农业科学、医药卫生、经济管理、教育科学和图书情报,8大专辑又细分为35个专题。其所依赖的中文科技期刊数据库,是中国最大的数字期刊数据库,该库自推出就受到国内图书情报界的广泛关注和普遍赞誉,是我国网络数字图书馆建设的核心资源之一,广泛被我国高等院校、公共图书馆、科研机构所采用,是高校图书馆文献保障系统的重要组成部分,也是科研工作者进行科技查证和科技查新的必备数据库。维普中文期刊服务平台已拥有包括港澳台地区在内的5000多家企事业集团单位用户,网站的注册用户数超过300万,累计为读者提供了超过2亿篇次的文章阅读服务。实现了以信息化服务社会,推动中国科技创新的建站目标。维普中文期刊服务平台已成为我国图书情报、教育机构、科研院所等系统获取资料的重要来源。

维普中文期刊服务平台有四种检索方式:传统检索、分类检索、高级检索、期刊导航,下文介绍前三种检索方式。

1) 传统检索

(1) 选择检索途径:关键词、刊名、任意字段等。

(2) 检索式的逻辑算符:*(与)、+(或)、-(非)。

(3) 选择检索匹配方式:"模糊""精确",系统默认为"模糊"。

(4) 限定检索范围:分类导航和刊名导航系统,通过导航树限定学科范围;年限默认为1989年至今;期刊范围默认为全部期刊。

2) 分类检索

单击"分类检索"下面的任何一个类别,可显示所单击类别的下属子类;在单击其中一个子类以后,将显示出该子类包含的全部文献标题、作者、刊物名称和出版年份以供浏览;同时,该页面的上方会出现一个"请输入检索词"的提示框,可使用户进一步缩小在该类下的文献搜索范围。系统默认在关键词和题名字段搜索处输入的检索词。

3) 高级检索(见图4-7)

(1) 选择检索途径:可检索字段同"传统检索",最多可选择4个检索字段。

(2) 选择检索匹配方式:"模糊""精确"。

(3)选择字段间的组配关系：与、或、非。

(4)限定检索范围：有时间限定选择和期刊范围选择两类。

(5)选择专辑：在单击"扩展检索条件"后，可选择自然科学总论、一般工业技术、农业科学、医药卫生、经济管理、文化科学等选项中的一个或多个。

图 4-7　维普中文期刊服务平台高级检索界面

4.2.4　中国人民大学复印报刊资料全文数据库

中国人民大学复印报刊资料全文数据库(简称人大复印资料全文库)，内容源于中国人民大学书报资料中心"复印报刊资料"，汇集了自改革开放以来国内报刊公开发表的人文社科学术研究成果的精粹，由专业编辑和业界专家进行精选、分类编辑、汇编成库，形成"精中选精"的最终成果，并不断更新。它记录了中国学术发展的轨迹，展现了中国人文社会科学领域的最新研究成果，为广大研究机构和学者提供最新、最好的文献，意义尤为显著。《人大报刊资料全文数据库》是中国人民大学书报资料中心出版的大型数据库光盘。它涵盖面广、信息量大、分类科学、筛选严谨、结构合理，是国内最具权威的社会科学、人文科学专题文献的资料宝库，其信息资源涵盖了国内 1995 年以来公开出版的 3500 多种核心期刊和报刊，部分专题已回溯到创刊年。

人大复印资料全文库具有以下特色：

(1)采用筛选加工等手段和方法，去粗取精，保留全文数据库中最有理论价值、最能代表学科方向的精品文章。

(2)以收录文章的学科归属为聚类原则，门类更广泛，分类更科学，检索更方便。

(3)汇集人文社科领域历史成果和最新信息，内容精当，涵盖了学科的基本原理观点、学者创新观点、学界关注焦点等，详细完整地展示了学科发展的脉络。

人大复印资料全文库优中选优，数据信息量大，涵盖范围广，囊括了人文社会科学领域中的各个学科，包括哲学类、政治学与社会学类、法律类、经济学与经济管理类、教育类、文学与艺术类、历史学类、文化信息传播类及其他类，每个类别分别涵盖了相关专题的期刊文章；数字期刊按年份为序进行排列，以整刊形式展现给读者，具有直观、便捷的特点，同时提供多种检索途径，方便读者使用。人大复印资料全文库检索界面见图 4-8。

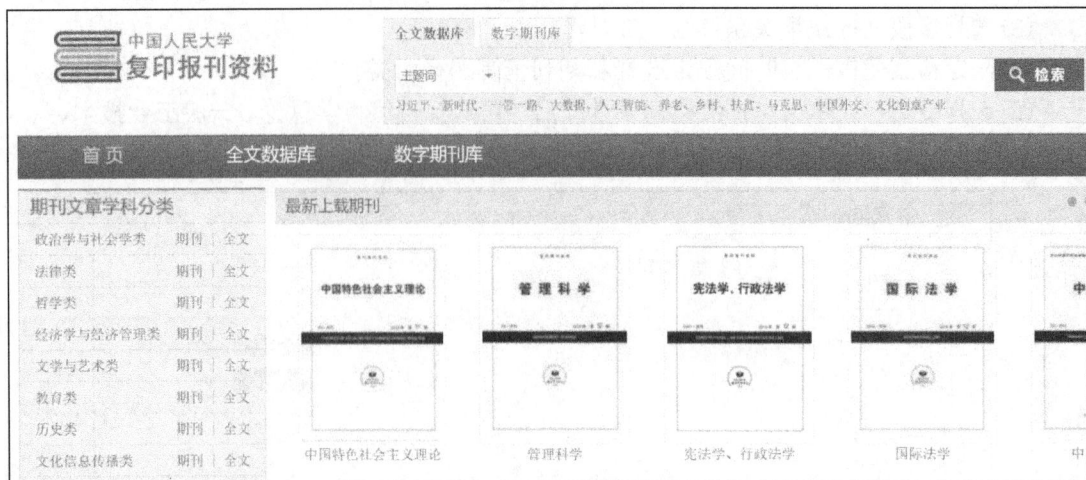

图 4-8　人大复印资料全文库检索界面

4.2.5　科学引文数据库

科学引文数据库(Science Citation Database,SCD),是我国一个涵盖自然科学、工程与技术、农林科学、医药科学、人文科学、社会科学等全部学科的大型引文数据库。该数据库可用于评价中国普通本科高校和以创新为主的科研机构的群体创新能力,是中国管理科学研究院《中国大学评价》《中国大学研究生院评价》课题组的期刊来源数据库。科学引文数据检索界面见图 4-9。

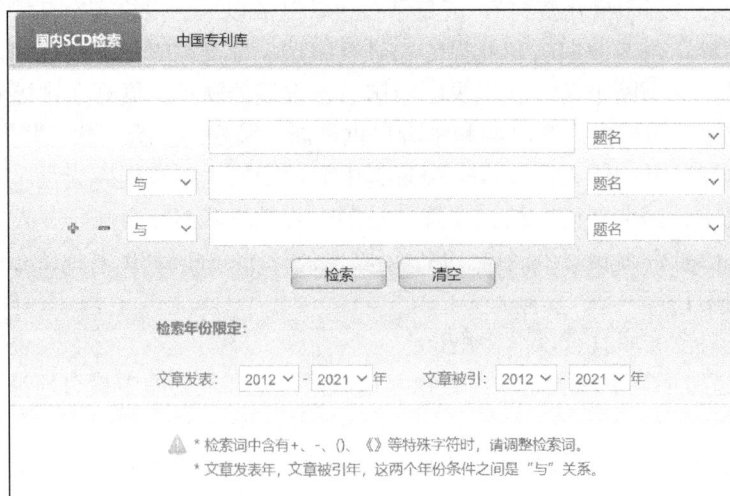

图 4-9　科学引文数据库检索界面

科学引文数据库与其他引文数据库相比有以下三个特点:

(1)数据库源期刊论文总量由我国普通本科高校中级以上师资人数确定,不预先设定期刊数量。

(2)各学科源期刊论文数量与该学科中级以上师资人数成正比例关系,不受学科期刊百分比的限制,使不同学科的科研人员投稿命中机会均等。

(3)学科按中国国务院学位委员会颁布的研究生学科门和一级学科目录分类,不使用中图分类法的学科分类,也不使用 ISI 的学科分类。

4.2.6 　中国社会科学引文数据库

中国社会科学引文数据库即中文社会科学引文索引(Chinese Social Sciences Citation Index,CSSCI),是对国内社会科学进行引文分析的评价系统(见图 4-10)。它是由南京大学中国社会科学研究评价中心开发研制的数据库,用来检索中文社会科学领域的论文收录和文献被引用情况。CSSCI 收录了 1998 年以来管理学、马克思主义、哲学、宗教学、语言学、中国文学、外国文学、艺术学、历史学、考古学、经济学、政治学、法学、社会学、民族学与文化学、新闻与传播学、教育学、体育学、统计学、心理学、人文、经济地理、环境科学等社会科学领域的中文期刊约 500 种。

利用 CSSCI 的“来源文献”检索,读者可以检索到包括普通论文、综述、评论、传记资料、报告等类型的文章。利用 CSSCI 的“被引文献”检索,读者可以检索到论文(含学位论文)、专著、报纸等文献被引用的情况。

图 4-10 　CSSCI 检索界面

4.3 　外文综合性期刊数据库资源

4.3.1 　Ei Village 工程索引数据库

美国《工程索引》(the Engineering index,Ei),1884 年由美国工程信息公司(Engineering Information Inc.)创办,是一个主要收录工程技术期刊文献和会议文献的大型国际权威检索系统,其核心数据库为 Ei Comendex。该数据库侧重提供应用科学和工程领域的文摘索引信息,数据来源于 4500 多种工程类期刊、2000 多种会议论文。

Ei 来源期刊分为以下三个档次:

(1)全选期刊,即核心期刊,收入 Ei Compendex。收录重点是下列工程学科的期刊:化学工程,土木工程,电子/电气工程,机械工程,冶金、矿业、石油工程,计算机工程和软件等核心领域,约有核心期刊 1000 种,每期所有论文均被录入。

(2)选收期刊,领域包括:农业工程、工业工程、纺织工程、应用化学、应用数学、应用力学、大气科学、造纸化学和技术、高等学校工程类学报等。Ei Compendex 只选择与其主题范围有关的文章,收录选收期刊约 1600 种,我国期刊大多数为选收期刊。

(3)扩充期刊,主要收录题录,形成 Ei Page One 数据库,共收录约 2800 种期刊。

1999 年,爱思唯尔收购美国工程信息公司,并启动了 Ei 的电子产品——Ei Village 工程索引数据库(检索界面见图 4-11)。该数据库是目前全世界最全面的工程领域二次文献数据库,也是全世界最早的工程文摘来源。涵盖一系列工程、应用科学领域高品质的文献资源,涉及机械工程、土木工程、环境工程、电气工程、结构工程、材料科学、固体物理、超导体、生物工程、能源、化学和工艺工程、照明和光学技术、空气和水污染、固体废弃物的处理、道路交通、运输安全、控制工程、工程管理、农业工程和食品技术、计算机和数据处理、电子和通信、石油、宇航、汽车工程领域及这些领域的子学科和其他主要的工程领域。

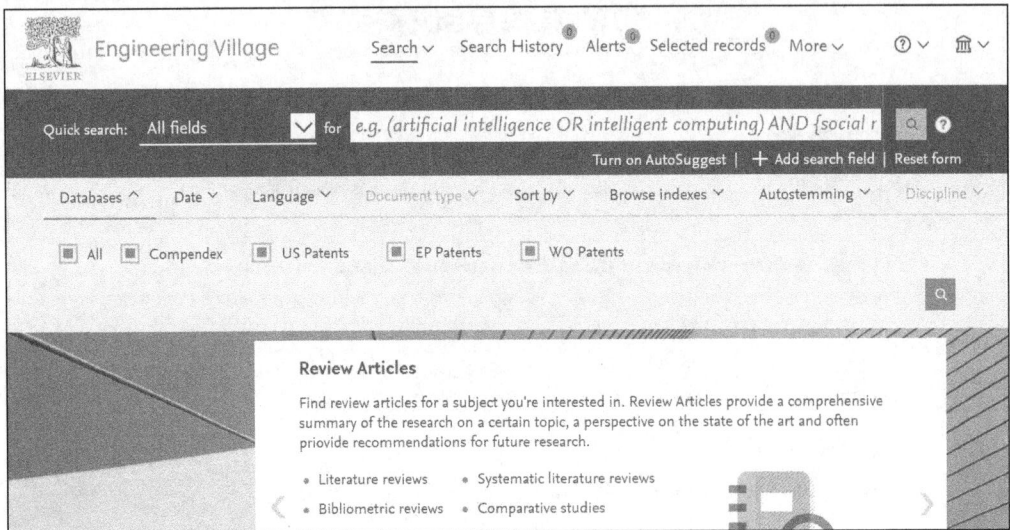

图 4-11　Ei Village 工程索引数据库检索界面

4.3.2　Elsevier 公司数据库

爱思唯尔公司(Elsevier Engineering Information Inc.),简称 Elsevier 公司,是一家全球专门从事科学与医学信息分析的公司,创办于 1880 年,总部位于阿姆斯特丹。Elsevier 公司提供信息分析解决方案和数字化工具,如 Elsevier ScienceDirect、Scopus、SciVal、ClinicalKey和 Sherpath 等,Elsevier 公司出版 2500 多种期刊,每年收录约 35 万篇论文。Elsevier 公司提供了不同的开放存取与订阅模式组合,为世界各地的作者发表文章,提供不同的选择。

1. Elsevier ScienceDirect

Elsevier ScienceDirect 是 Elsevier 公司的核心产品,该数据库收录了 Elsevier 出版集团所

属的 2200 多种同行评议期刊和 2000 多种系列丛书、手册及参考书等，涉及自然科学、生命科学、医学和社会科学四大学科领域（见图 4-12）。

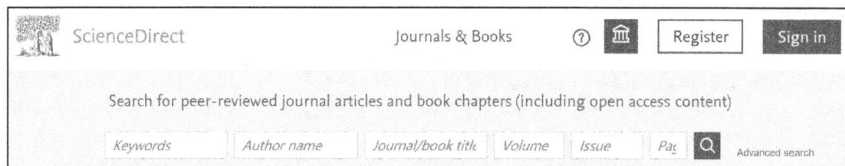

图 4-12　Elsevier ScienceDirect 基本检索界面

Elsevier ScienceDirect 提供全文下载服务，具有两种浏览方式，分别为按期刊 / 图书的字顺浏览和按期刊 / 图书的学科浏览，具有三种检索方式，分别是：快速检索、高级检索和专业检索。

2. Scopus

Scopus 是 Elsevier 公司于 2004 年 11 月推出的数据库，是一个新的导航工具。它涵盖了世界上最广泛的科技和医学的文献、参考文献及索引，是最大的索引摘要数据库，包括 2800 万条文摘与 2.45 亿条参考文献（回溯至 1996 年，附录在每一条文摘后面）。该数据库是由全球 21 家研究机构和超过 300 位科学家耗时 2 年开发的，包括来自 4000 个出版商的 15 000 种期刊并整合了科学网页 2.5 亿个、专利记录 1.27 亿条，提供特别的作者检索服务、引用文献分析功能，实现了一次点选就可取得全文的功能。

Scopus 收录的 15 000 种期刊中有 12 850 种学术期刊，其中的 MEDLINE 期刊有 1100 种，OA（Open Access）期刊 535 种；会议论文集 750 种，非同行评议商业出版物 600 种；2.8 亿篇文摘（回溯至 1966 年）。数据库每日更新。收录期刊的学科包括医学、农业与生物科学、物理、工程学、经济商业与管理、生命科学、化学、数学、地理与环境科学、艺术与人文科学、社会学、心理学。收录的数据来源于南美洲、北美洲、APAC 及 EMEA 地区。有 60% 的内容来自美国以外的国家，还广泛收录了重要的中文期刊如《计算机学报》《力学学报》《中国物理快报》《中华医学杂志》《煤炭学报（英文）》等，以及其他众多高品质的期刊，收录的文献范围较其他数据库更全面。

Scopus 提供基本检索、高级检索及二次检索的功能（见图 4-13～图 4-15）。

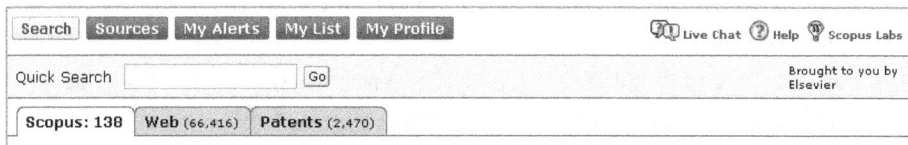

图 4-13　Scopus 基本检索界面

除了首页，每个界面都有基本检索功能，多个检索词之间能使用布尔逻辑运算符连接起来。

高级检索功能是在搜索框中输入一串包括关键词、布尔逻辑运算符、检索字段等在内的指令。

二次检索是在原有检索结果的基础上优化检索结果。

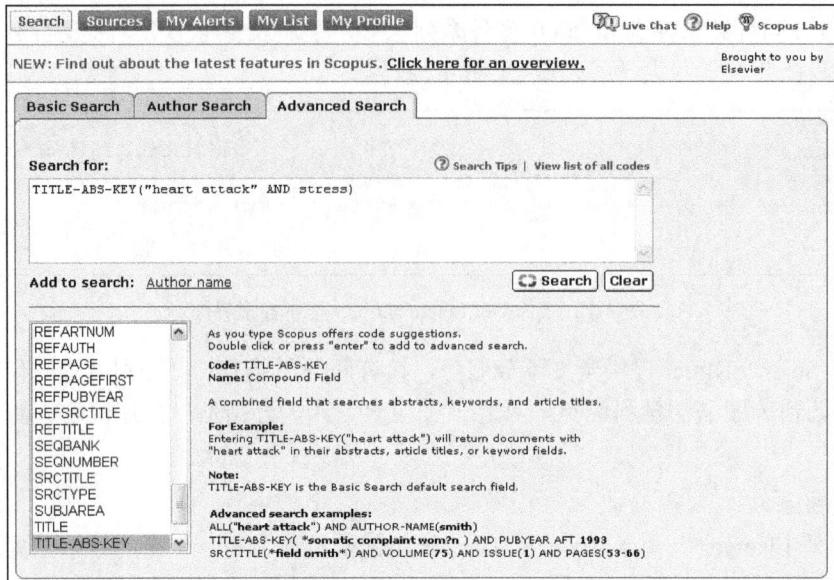

图 4-14　Scopus 高级检索界面

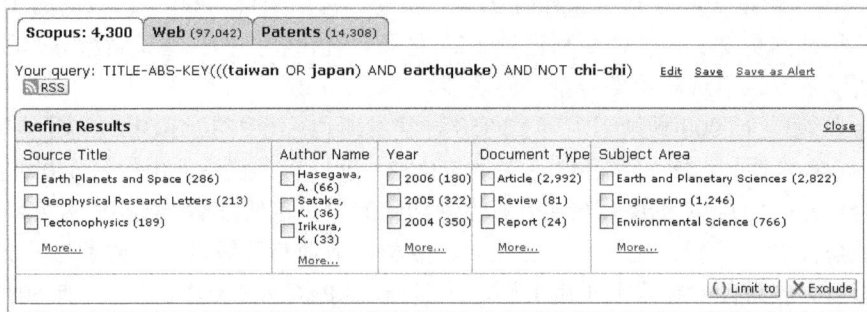

图 4-15　Scopus 二次检索界面

4.3.3　联机计算机图书馆中心

联机计算机图书馆中心(Online Computer Library Center,OCLC),总部设在美国的俄亥俄州,是世界上最大的提供文献信息服务的机构之一,它是一个非营利性组织,以推动更多的人检索世界上的信息,实现资源共享并减少使用信息的费用为主要目的(见图 4-16)。

OCLC 利用全球网络连接各个图书馆,以便管理和共享全球知识,并形成致力于实现图书馆事业价值的群体:合作、资源共享和普遍访问。各成员通过网络连接至一个强大的、基于云的基础架构,该架构提供全系统范围内的资源和合作平台,以促进合作创新并提高元数据创建、馆际互借、数字化、检索和交付的操作效率。同时,该架构还为全球范围内用户的合作和资源共享提供了可能,即在网络范围内进行合作。

OCLC 合作机制由成员所有和管理。馆员可以通过 16 人理事会和全球馆员委员会对合作体的发展方向加以引导和规划;理事会半数以上理事都是馆员,全球馆员委员会的成员则由成员馆地区委员会选出。

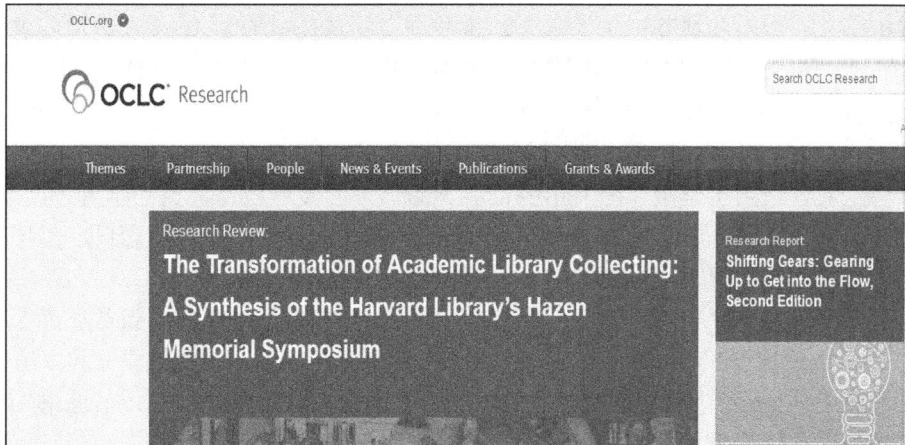

图 4-16 联机计算机图书馆中心(OCLC)网站首页

OCLC 提供的主要信息产品和服务有：编目与元数据、馆藏管理、数字馆藏与保存、电子内容、咨询、资源共享。FirstSearch 由 OCLC 于 1991 年推出，包括以下 12 个数据库。

(1) ArticleFirst——期刊索引数据库，收录了 1990 年以来 12 500 多种学术期刊的文章引文及目录索引，主题覆盖了工商、人文、医学、科学、技术、社会学和大众文化等。

(2) ECO——联机电子学术出版物数据库。ECO 是一个全部含有联机全文文章的期刊数据库。它的主题范畴广泛，记录来自 3100 多种期刊，期刊的数量还在逐步增加。数据库中的文章都以页映像的格式显示。

(3) ERIC——收集教育方面的文章和报告的数据库。ERIC 是 Education Resources Information Centre(教育信息资源中心)的简称。该数据库是由美国教育资源信息中心开发的，是已出版和未出版的教育方面的资料来源的一个指南。它包括数千个教育专题，提供了 1966 年以来最完备的教育书刊的书目信息。该数据库每月更新一次。

(4) GPO——美国政府出版物数据库。GPO 包含 52 余万条记录，报道了 1976 年 7 月以来与美国政府相关的各方面的文件。文件包括国会报告、国会档案、法院资料等。该数据库每月更新一次。

(5) MedLine——收集所有医学领域文献的数据库。MedLine 收录了 1965 年以来国际上出版的 9000 多种期刊，包括临床医学、实验医学、牙科学、护理、保健服务管理、营养学及其他学科。该数据库每月更新一次。

(6) PapersFirst——国际学术会议论文索引数据库。它收录了 1993 年 10 月以来世界各地学术会议上发表的论文，以及"大英图书馆资料提供中心"会议录收集的每一次代表大会、专题讨论会、博览会、讲习班和其他会议上发表的论文。PapersFirst 每两周更新一次。

(7) Proceedings——国际学术会议录索引数据库，是 PapersFirst 的相关库。它包括在世界各地举行的学术会议上发表的论文的目录表。该库提供了检索"大英图书馆资料提供中心"会议录的途径。

(8) UnionLists——收集 OCLC 成员馆收藏期刊的联合目录数据库。该数据库包括数千种期刊的馆藏情况，有 740 余万条记录，每一条记录列出了 OCLC 的成员馆藏的每一种期刊的每期的情况。该数据库每半年更新一次。

(9) WilsonSelectPlus——收集科学、人文、教育和工商方面全文文章的数据库。该数据库是一个联机全文、索引和摘要记录的集合，这些全文文章选自 H.W.Wilson 公司的普通科学文摘、人文学科文摘、读者指南文摘和 Wilson 商业文摘。它包括 1300 多种期刊，覆盖了从 1994 年到现在的资料。该数据库每周更新一次。

（10）WorldAlmanac——世界年鉴数据库。该数据库在 1868 年第一次出版，它是一个十分重要的参考工具，适用于学生、图书馆的读者、图书馆的参考咨询人员和学者等几乎每个人。涉及的范畴为：艺术和娱乐、新闻人物、计算机、科学和技术、周年纪念日、美国的城市和州、国防、人口统计、世界上的国家等。该数据库每年更新一次。

（11）WorldCat——世界范围图书、Web 资源和其他资料的 OCLC 书目数据库。该数据库是 OCLC 联机的联合目录数据库。它目前包括 4500 余万条记录，这些记录来自 370 多种语言的文献，覆盖了从公元前 1000 年到现在的资料，基本上反映了世界范围内的图书馆所拥有的图书和其他资料。该数据库每天更新。

（12）ClasePeriodica——有关科学和人文领域的拉丁美洲期刊索引数据库。该数据库由 Clase 和 Periodica 两部分组成，收录的主题包括：农业科学、历史、人类学、法律、艺术、图书馆与信息科学、生物学、语言学与文学、化学、管理与会计、通信科学、医药、人口统计学、哲学、经济学、物理学、教育、政治学、工程、心理学、精密科学、宗教、外交事务、社会学、地球科学。

4.3.4　SpringerLink

SpringerLink 由 Springer 出版公司创办。Springer 出版公司 1842 年创立于德国柏林，是世界第二大科技期刊出版公司，出版了 2200 多种科技期刊。其中，SLCC 集团用户可以访问全文的期刊为 1612 种。Springer 出版物按学科划分，这些期刊和图书分为 13 个学科：建筑和设计，行为科学，生物医学和生命科学，商业和经济，化学和材料科学，计算机科学，地球和环境科学，工程学，人文、社科和法律，数学和统计学，医学，物理和天文学，计算机职业技术与专业计算机应用。其检索界面见图 4-17。

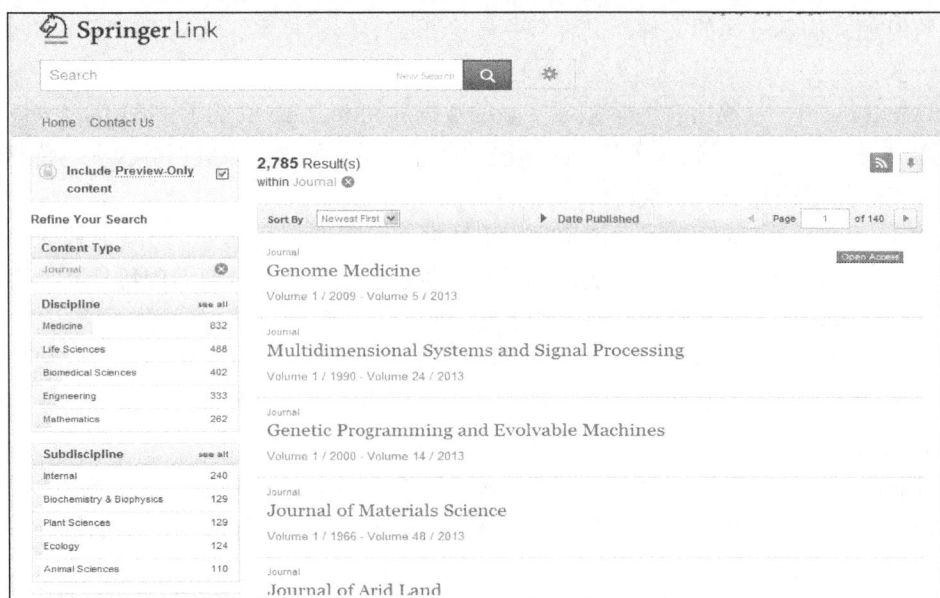

图 4-17　SpringerLink 检索界面

Springer 出版公司出版的期刊有 60%以上被科学引文索引(SCI)或社会科学引文索(SSCI) 收录,有些期刊在相关学科中具有较高的排名,如《人口相坏境》(*Population and Environment*)、《生物控制论》(*Biological Cybernetics*)、《历史经济学与计量经济史》(*Cliometrica*)、《应用复合材料》(*Applied Composite Materials*)等期刊均在相关领域内排名前五位。

4.3.5　ACM Digital Library

美国计算机学会(Association for Computing Machinery,ACM)创立于 1947 年,是一个历史悠久的计算机教育和科研机构。ACM Digital Library 是 ACM 的数据库平台(见图 4-18),数据库中包括了 ACM 出版的期刊和会议录等电子版,收录了从 1950 年至今所有 ACM 期刊、杂志及有关计算机信息科技会议文献资料的书目数据,旨在为专业和非专业人士提供了解计算机和信息技术领域资源的窗口。

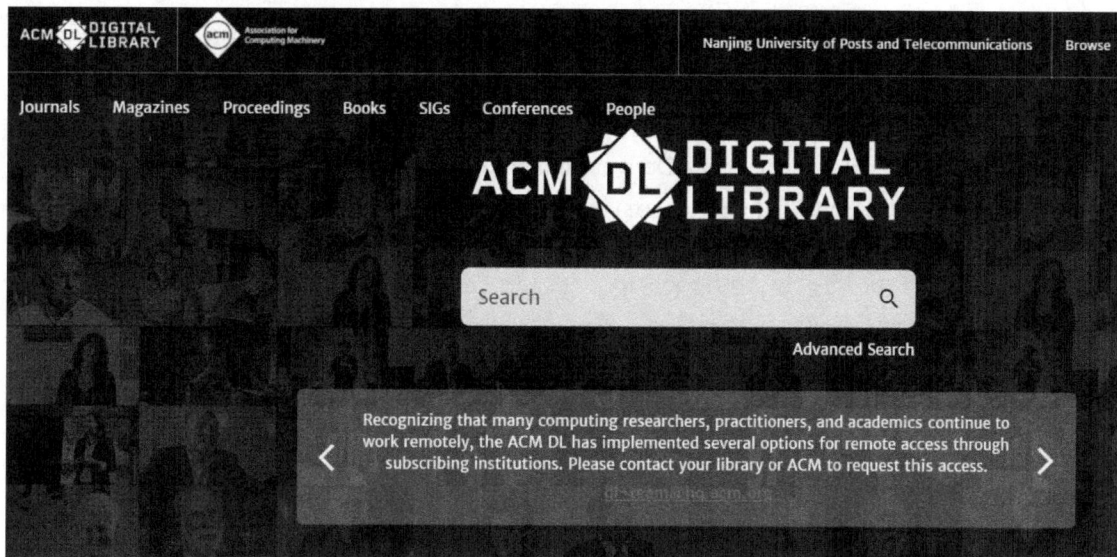

图 4-18　ACM Digital Library 首页

ACM 数据库收录期刊会刊 44 种,杂志 8 种,近 300 个会议的 4000 多卷会议录,其中有 32 种期刊被 SCI 收录。每年新增全文数据超过 20 000 篇,实时更新。

目前,ACM 数据库中大多数内容可看到全文(PDF 格式),但有些文献只能看到文摘或题录,各种文献的收录年代范围也不统一。若只想看全文,检索时请选择“Full Text”或“All Fields with Full Text”选项,然后再按照题名、关键词等检索途径进行二次检索。

4.3.6　ISI Web of Knowledge

ISI Web of Knowledge 是 Thomson Reuters 公司开发的信息检索平台(见图 4-19)。通过这个平台用户可以检索关于自然科学、社会科学、艺术与人文学科的文献信息,包括国际期刊、免费开放资源、图书、专利、会议录、网络资源等,可以同时对多个数据库(包括专业数据库、多学科综合数据库及“中国科学引文数据库”)进行单库或跨库检索,可以使用分析工具,还可以利用书目信息管理软件。

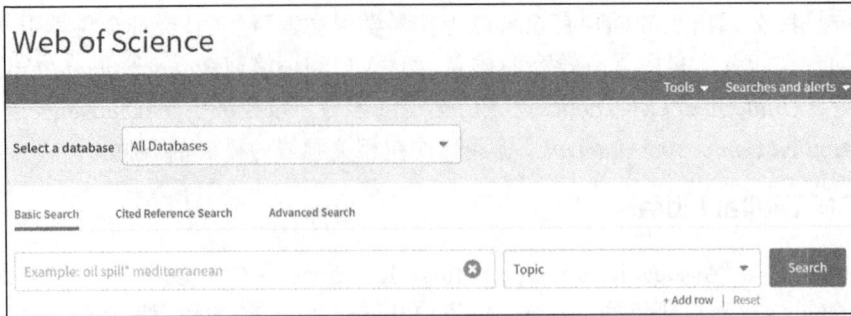

图4-19　ISI Web of Knowledge 检索界面

ISI Web of Knowledge 功能齐全，具有多库检索、单库检索、引文检索、定题快讯服务、引文跟踪服务、创建引文报告、检索结果分析、检索结果提炼、期刊定制、个人文献资料库管理等功能。

1) ISI Web of Knowledge 的数据库

ISI Web of Knowledge 包含的数据库有中国科学引文数据库，Web of Science，BIOSIS Previews，Current Contents Connect，Derwent Innovations Index，MEDLINE，Inspec，Essential Science Indicators，Journal Citation Reports 等；其中有引文检索的有中国科学引文数据库，Web of Science，Derwent Innovations Index。各数据库具体介绍如下：

(1)中国科学引文数据库，简称 CSCD。收录了 1989 年至今中国出版的 1200 多种中、英文科技核心期刊和优秀期刊，覆盖数学、物理、化学、天文学、地学、生物学、农林科学、医药卫生、工程技术、环境科学和管理科学等学科领域。该数据库提供被收录文献的书目信息检索，同时还提供被引用文献的作者和来源检索。

(2)Web of Science(WOS)是含有引文检索的文摘型数据库和检索会议文献、化学结构、化学反应的数据库集合，是世界上有影响的多学科学术文献、文摘索引数据库，包含 7 个子库，目前可以访问以下三个子数据库。

第一，三大期刊引文子数据库：Science Citation Index Expanded(SCI-Expanded，1899 年至今)，社会科学引文索引(SSCI，1898 年至今)和 Arts & Humanities Citation Index(A&HCI，1975 年至今)。数据来源于自然科学、社会科学、艺术及人文科学等多学科领域的学术期刊。

第二，会议论文引文子数据库：Conference Proceedings Citation Index-Science(CPCI-S，1998 年至今)；Conference Proceedings Citation Index - Social Science & Humanities(CPCI-SSH，1990 年至今)。会议论文是国际学术交流的重要组成部分。新的理论、新的解决方案和新发展的概念通常最早出现在科学会议上发表的论文中。CPCI-S 通过网络的方式提供会议论文的书目信息和作者摘要，其内容收集自著名国际会议、座谈会、研讨会、讲习班和学术大会上发表的会议论文。

第三，化学数据库：Current Chemical Reactions 收录了来自期刊和专利文献的一步或多步新合成方法；Index Chemicus 则收录了世界上有影响的期刊报导的新颖有机化合物。两个化学数据库可以用结构式、化合物和反应的详情与书目信息进行检索。

WOS 提供独有的被引文献检索，可以轻松地回溯或追踪学术文献，发现与自己研究课题相关的重要文献。通过它不仅可以从文献引证的角度评估文章的学术价值，还可以迅速、方便地组建研究课题的参考文献网络。科学引文索引(SCI)的收录或引用量已成为许多大学评价学术水平的一个重要标准。WOS 数据库每周更新一次。

（3）BIOSIS Previews，简称 BP，是世界著名的生命科学文摘型数据库。BP 收录期刊近 6000 种，内容涵盖植物学、动物学、微生物学、生物医学、农学、药理学、生态学、临床医学、生物化学、生物物理学、生物工程、生物技术等领域。BP 文献类型有期刊论文、综述、会议论文、报告、图书、美国专利等，涵盖了来自 90 多个国家的生命科学文献资料，包括期刊、会议、书籍与专利。BP 内容来自于 Biological Abstracts（BA）和 Biological Abstracts/RRM（Reports，Review，Meetings）两种检索工具，收录了 1969 年以来的 1400 余万条记录，年增记录 56 万条。BP 数据库每周更新一次。

（4）Derwent Innovations Index 是 Derwent 编辑出版的报道专利和专利引文的数据库。专利引文检索有四个检索入口：被引专利号检索（Cited Patent Number）；被权属机构名或其代码检索（Cited Assignee）；被引专利发明人检索（Cited Inventor）；被引 Derwent 专利记录顺序号检索（Cited Derwent Primary Accession Number）。

（5）MEDLINE 是由美国国家医学图书馆（NLM）及合作机构编制的关于生命科学（包括生物医学、生物工程、公共健康、临床护理，以及植物科学和动物科学）的文献数据库。该数据库使用 MesH 词表和 CAS 注册号进行精确检索，链接到 NCBI 数据库与 PubMed 相关论文，文献回溯至 1950 年。

（6）Essential Science Indicators（ESI）是一个深度分析工具，根据期刊的论文发表数和引文数据（近 10 年）进行分析。ESI 可用来探究科研绩效统计和科学/学科发展趋势的数据，确定特定学科领域的科研成果和影响力，分析评价员工、合作者、评审人和竞争对手的能力。它可以提供近 10 年各学科的科学家、机构、国家和期刊的排名数据。ESI 数据库每两个月更新一次。

（7）Journal Citation Reports（JCR）期刊引用报告是重要的期刊评价工具，通过对来源于 ISI Web of Knowledge 的科学引文索引（SCI）和社会科学引文索引（SSCI）的数据进行分析，帮助用户了解出版物的影响力。

2）ISI Web of Knowledge 的检索

ISI Web of Knowledge 的检索包括概念检索（Concept Search）与表单检索（Form Search）。前者是自然语言检索，结果比表单检索多；后者的检索方式不可以检索 ISI Web of Knowledge 以外的外部资源，主要是各种网上资源。

3）ISI Web of Knowledge 的其他特色功能

（1）查看引用文献：可以将当前来源记录引用的所在参考文献列表，列出该文引用的文献的作者、引文所在期刊等情况。

（2）查看被引用次数：可以显示引用当前来源记录的所有文献列表。

（3）对检索结果进行详尽分析：对检索结果的作者、文档类型、机构、语言等方面进行分析。

4.3.7　EBSCOhost

EBSCOhost 是美国 EBSCO 公司为数据库检索设计的系统，有近 60 个数据库，其中全文数据库有 10 多个，EBSCOhost 检查界面见图 4-20。

下面介绍 EBSCOhost 所包括的全文数据库。

（1）学术期刊集成全文数据库，简称 ASC，是世界上最大的综合学术性跨领域数据库，收录了 7100 多本全文期刊，包括 6100 多本同行评审期刊。收录范围横跨几乎所有学术研究范畴，包括教育学、语言学、艺术、文学和文艺评论、历史学、法律和犯罪、军事和防御、心理学和精神病学、哲学、经济、工程技术、计算机科学、物理学、化学、医学、生物学等多个领域。提供的数据可回溯至 1975 年。此数据库通过 EBSCOhost 进行每日更新。

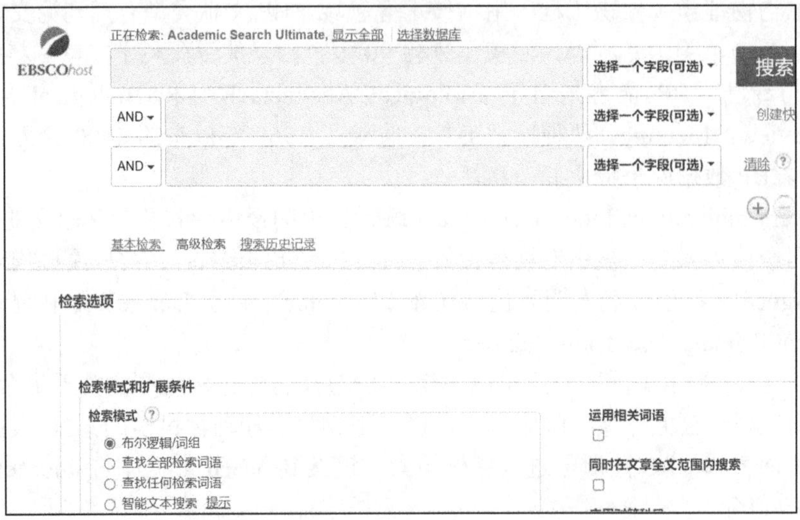

图 4-20　EBSCOhost 检索界面

ASC 期刊分类统计：社会科学和自然科学期刊各占 50%，见表 4-1。

表 4-1　ASC 期刊分类统计

类　　别	数　　量	类　　别	数　　量	类　　别	数　　量
航空和空间科学	52	经济	118	法律和犯罪	182
农业	77	教育学	639	图书馆和信息科学	68
健康	273	电学	64	文学和文艺评论	261
人类学	184	能源	21	海洋学	60
考古学	57	工程技术	289	数学	126
建筑设计	44	环境科学	264	医学	775
区域研究	256	种族和文化研究	204	音乐	35
艺术	114	食品与营养学	77	护理学	163
天文学	37	同性恋研究	40	哲学	133
生物学	511	性学	107	物理学	133
商业	106	科学通论	106	政治和政治学	357
化学	159	地理学	63	种群研究	38
通信和媒体	130	地质学	100	心理学和精神病学	402
计算机科学	269	历史学	356	宗教和神学	199
消费者健康	89	国际关系	172	社会学和社会工作	612
军事和防御	77	语言学	112	职业研究	17

(2)商业资源集成全文数据库，简称 BSC，是世界上最大的全文商业数据库，收录了超过 3000 多种全文期刊，其中有 1200 种全文期刊可提供查找引文参考的功能。另外，还包含由 Datamonitor 公司提供的 1700 份产业报告，以及来自著名出版社的近 150 部商业和经济学专著。涵盖几乎所有商业相关领域，包括国际商务、经济学、经济管理、金融、会计和税收、

人力资源等。数据库提供超过 350 种顶尖学术性期刊的全文（PDF 格式），最早可回溯至 1922 年。数据库通过 EBSCOhost 进行每日更新。

BSC 期刊分类统计见表 4-2。

表 4-2　BSC 期刊分类统计

类　别	数　量	类　别	数　量
会计和税收	192	健康业	95
航空和空间科学	16	旅游观光	30
农业和灌溉	46	人力资源	108
建筑、设计和建筑物	46	工业和制造业	637
区域研究	1118	法律	148
银行、财政和保险	372	管理	272
商业史	16	管理信息系统	112
化学和化工	45	产品和经营管理	67
通信和媒体	138	商业心理学	102
计算机科学	333	公共管理	91
经济学	1302	房地产	34
商业教育	78	营销和市场	152
电子学	85	社会学	173
能源	47	运输和物流	73

（3）美国人文科学索引（American Humanities Index）是美国和加拿大地区出版的文学、学术和创新期刊的书目数据库。数据库中的所有期刊里的每一篇文章都有详细索引。数据库提供论文、散文、评论及包括诗歌、小说在内的原创作品的引文信息。同时，照片、绘画和插图等也有收录。

（4）传播与大众传媒全文数据库（Communication & Mass Media Complete，CMMC），是全球最完整的传播学全文数据库，提供传播与大众传媒领域最强大的高品质文献检索及研究解决方案。CMMC 并购了两大传播与大众传媒研究领域流行的数据库——CommSearch 和 MMAI，连同大量其他传播学期刊，成为传播学领域最具深度与广度的参考文献数据库。CMMC 提供 300 多种期刊中所有文章的索引和摘要，以及 100 多种选择性收录的期刊，共计收录 400 多种期刊，其中全文刊有近 200 种。许多重要的期刊有完整的索引、文摘、PDF 全文及可以检索的引文信息，最早可回溯到 1915 年。CMMC 还包含完善的控制词表和综合参考文献浏览功能。

（5）ERIC 数据库是由美国教育部教育资源中心（Education Resources Information Center）所搜集的自 1966 年起至今有关教育方面的数据库，是社会科学研究中使用最频繁的数据库，包含 2200 多种文摘和附加信息参考文献及 980 多种教育或与教育相关的期刊引文和摘要。数据上附有 ED 编号的为 RIE（Resources in Education）所收录的数据，包括：研究/技术报告、会议论文、博硕士论文、教师指引、小册子、图书等；数据上附有 EJ 编号的是 CIJE（Current Index to Journals in Education）收录的 750 多种教育专业期刊上所登载的期刊论文。

（6）由美国国家医学图书馆创建的 MEDLINE 数据库是当前国际上最具权威性的生物医学

文献数据库，每年收录世界上 70 多个国家 4600 多种期刊的题录和文摘，其中 88%的资料用英文发表，76%的文献含有英文文摘。其内容涉及临床医学、基础医学、环境医学、营养卫生、药理和药剂学、卫生管理、医学保健、护理、牙科、兽医和情报科学等领域。此数据库可检索年限为 1966 年至今，每月更新一次。

(7)Newspaper Source 报刊资源库，提供 25 个区(美国)和国际性知名报刊的摘要、索引、全文及专栏文章。该库完整地收录了包括 *The Christian Science Monitor*，*USA Today*，*The Times*（*London*）在内的报纸；也收录了 200 多种美国地区性报纸精选全文；还收录了由 CBS News，FOX News，NPR 等新闻机构提供的广播和电视新闻稿。此库由 EBSCOhost 进行每日更新。

(8)Professional Development Collection 数据库专为职业教育者设计，是世界上最全面的全文教育期刊集，它提供了 550 多种非常专业的全文期刊，包括 350 多种同行评审刊，另外还包含 200 多种教育报告。除提供全文外，该数据库还提供 900 多种期刊的索引及文摘，全文数据可回溯至 1965 年。

(9)美国地区商业新闻数据库(Regional Business News)，收录了 75 种美国城市及乡村地区的商业期刊、报纸全文及新闻专线，包括 *Arizona Business*，*Business North Carolina*，*Crain's New York Business*，*Des Moines Business Record*，*Enterprise Salt Lake City*，*Fort Worth Business Journal*，*Westchester County Business Journal* 等。此数据库由 EBSCOhost 进行每日更新。

4.3.8　ProQuest 博硕士论文全文数据库

ProQuest 博硕士学位论文全文数据库(简称 ProQuest)是目前国内唯一提供国外高质量学位论文全文的数据库，它收录了欧美国家 2000 多所大学的 160 多万篇学位论文，每年约有 47 000 篇博士学位论文和 12 000 篇硕士学位论文增加到该数据库中，是目前世界上最大和使用最广泛的学位论文数据库，是学术研究中十分重要的参考信息源，每年增加约 4.5 万篇论文摘要。

ProQuest 的学科分布情况见图 4-21。目前，我国已有几十所高校购买了该数据库的使用权，用户可以从这些高校的图书馆网站或 CALIS 网站、中国科学技术信息研究所网站和中国国家图书馆网站进入其站点(见图 4-22)。ProQuest 提供的检索字段有标题、摘要、学科、作者、学校、导师、来源、语种等，在高级检索中可以进行字段组合检索，见图 4-23。

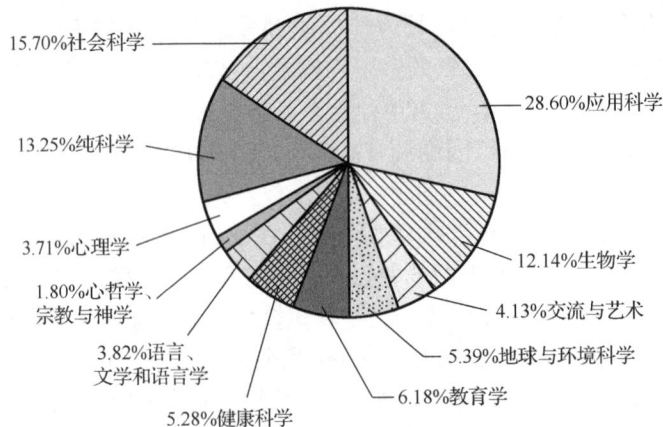

图 4-21　ProQuest 学科分布

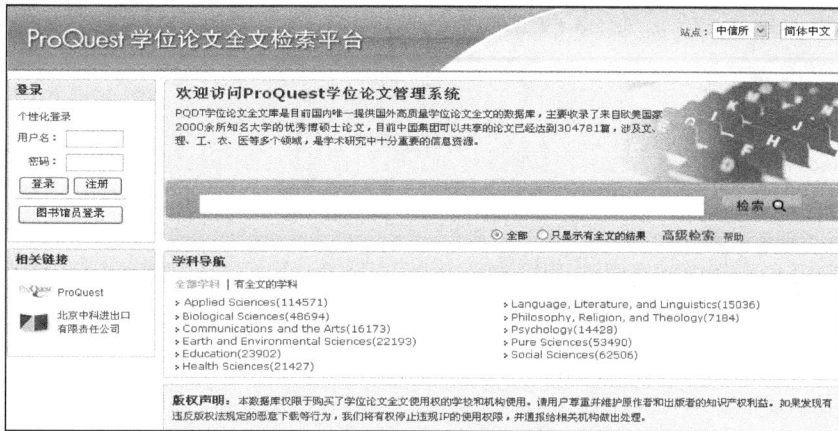

图 4-22　ProQuest 检索平台首页

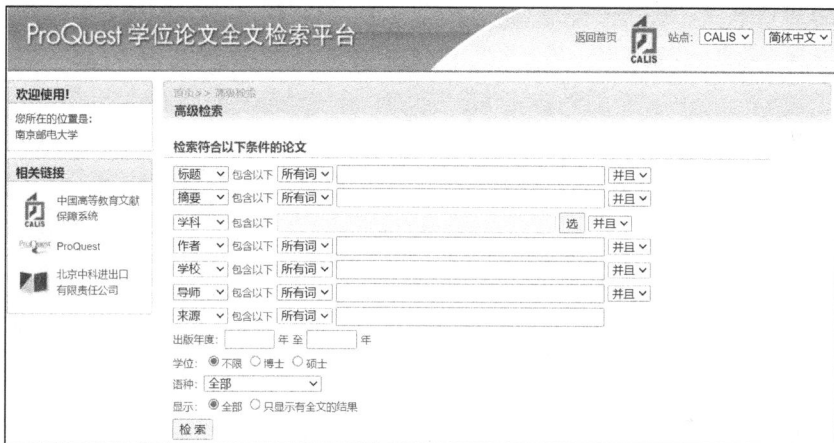

图 4-23　ProQuest 检索平台高级检索界面

思　考　题

1．十大科技文献是什么？

2．列举三种主要中文学术期刊检索工具，并选用其中一种工具查找近些年来有关"智慧城市"主题的文献。

3．查找国内外科技文献资源可以选择哪些学术期刊检索工具？试用一种检索工具举例说明。

4．查找国内外学位论文资源可以选择什么检索工具？试举例说明。

5．试比较 ISI Web of Knowledge 与 Scopus 两种检索工具的异同点。

参　考　文　献

[1] GB/T 7714—2005《文后参考文献著录规则》.

[2] 中国国家图书馆网站.

[3] 沈固朝，储荷婷，华薇娜. 信息检索(多媒体)教程(第二版)[M]. 北京：高等教育出版社，2009.

[4] 大学数字图书馆国际合作计划(China Academic Digital Associative Library，CADAL)网站.

[5] 中国知网.

[6] 万方数据知识服务平台.

[7] 维普中文科技期刊服务平台.

[8] 人大复印资料全文库.

[9] 引文索引数据库.

[10] Ei Village 工程索引数据库.

[11] Elsevier ScienceDirect 数据库.

[12] Scopus 数据库.

[13] 联机计算机图书馆中心(OCLC)网站.

[14] SpringLink 数据库.

[15] ACM Digital Library 网站.

[16] ISI Web of Knowledge 网站.

[17] EBSCOhost 数据库.

[18] ProQuest 博硕士论文全文数据库.

第5章 特种文献信息资源与大型检索系统

学习目标

通过本章的学习可以掌握以下内容:

(1)了解特种文献的基本概念;

(2)掌握检索学位论文的常用工具和检索方法;

(3)掌握检索会议文献的常用工具和检索方法;

(4)了解专利文献和标准文献的分类和特点;

(5)了解专利文献、标准文献的常用检索工具和检索方法;

(6)了解大型检索系统及其检索方法。

特种文献是指出版发行和获取途径都比较特殊的科技文献,一般包括学位论文、会议文献、专利文献、标准文献、科技报告、科技档案、政府出版物七大类。特种文献不同于图书和期刊,它具有鲜明的特色,其内容广泛、数量庞大、参考价值高,是非常重要的信息源。本章主要介绍学位论文、会议文献、专利文献、标准文献及部分网络免费学术资源的检索工具。

5.1 学位论文网络信息资源

学位论文(Thesis,Dissertation)是指高等院校或科研机构的学生为获得学位而撰写的学术论文,包括学士学位论文、硕士学位论文和博士学位论文三种类型。博硕士学位论文研究的问题一般都比较专深,具有一定的独创性和系统性,因而越来越受众多研究人员的关注。通常情况下,学位论文仅限于博硕士学位论文。学位论文一般不正式出版发行。为了便于检索学位论文,目前许多国家编辑出版了学位论文目录、索引、文摘和微缩品,还建了学位论文数据库。一般来说,学位论文在各授予单位或指定地点才有收藏,可以通过收藏单位或采用专门的检索工具来获取。

5.1.1 国内学位论文检索工具

1. 中国博硕士学位论文全文数据库

中国知网的中国博硕士学位论文全文数据库由中国学术期刊(光盘版)电子杂志社与清华同方知网光盘股份有限公司共同研制发行,是目前国内相关资源最完备、高质量的数据库。该数据库分为十大专辑,十大专辑下分为168个专题,收录了自1984年至今全国440多家博士培养单位的博士学位论文和700多家硕士培养单位的优秀硕士学位论文。目前,累积博硕士学位论文全文文献达500余万篇。

其高级检索界面(见图5-1),可检索字段包括主题、题名、关键词、目录、摘要、全文、作者、导师、作者单位(或导师单位)、学位授予单位、参考文献、发表时间、支持基金、中图分类号和被引频次等。该数据库提供高级检索、专业检索、句子检索等检索方式,用户可以免费检索和浏览题录、中文摘要和参考文献等,浏览全文则收费。

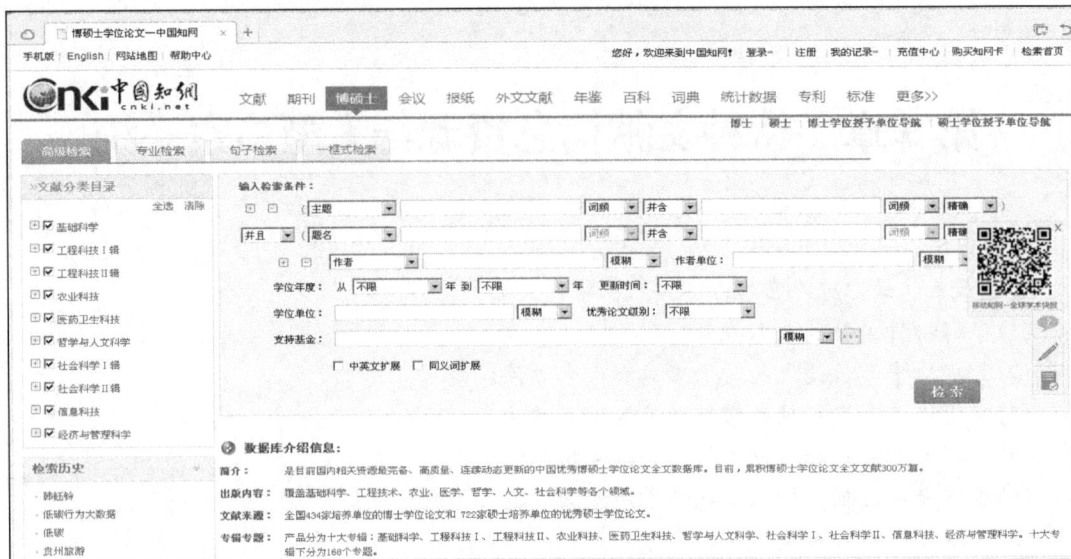

图 5-1　中国博硕士学位论文全文数据库高级检索界面

2. 中国学位论文全文数据库

万方数据知识服务平台的中国学位论文全文数据库(China Dissertation Database)的收录始于 1980 年,年增 30 余万篇,并逐年回溯,与国内 900 多所高校、科研院所合作,占研究生学位授予单位 85%以上,涵盖理学、工业技术、农业科学、医药卫生、人文社科、交通运输、航空航天、环境科学等各学科领域,目前累计收录博硕士学位论文全文文献 378 余万篇。

可检索字段包括题名、关键词、摘要、作者、专业、导师、学位授予单位,用户可以免费检索和浏览中文摘要,可直接导出至 NoteExpress,RefWorks,NoteFirst,EndNote 等文献管理软件,全文收费。图 5-2 为中国学位论文全文数据库检索界面。

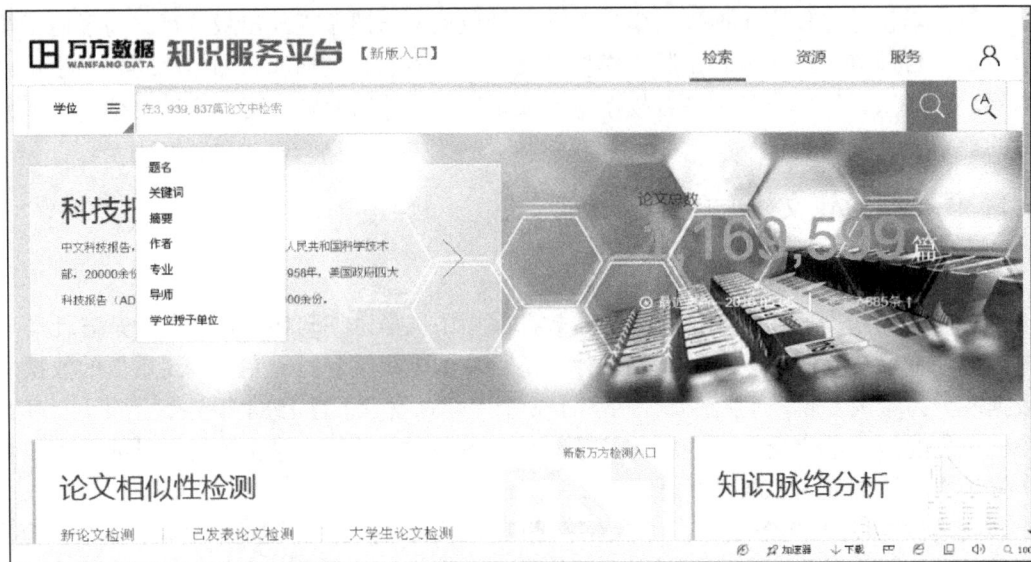

图 5-2　中国学位论文全文数据库检索界面

3．CALIS 学位论文中心服务系统

CALIS 学位论文中心服务系统(简称 CALIS)面向全国高校师生提供中、外文学位论文检索和获取服务。目前，博硕士学位论文数据逾 384 万条，其中中文数据约 172 万条，外文数据约 212 万条，收录时间可回溯到 1981 年，数据持续更新。该系统采用 e 读搜索引擎，检索功能便捷灵活，提供简单检索和高级检索，可进行多字段组配检索，也可从资源类型、检索范围、时间、语种、论文来源等多角度进行限定检索。

CALIS 建设的目标是促进高校教学与科研的发展。CALIS 提供国内外大量学位论文的在线浏览全文或在线浏览前 16 页论文的服务，对无法在线获取的全文，系统对支持馆际互借服务的成员馆提供文献传递服务，用户提交申请后，系统可帮助用户获取所需要的学位论文全文。图 5-3 所示为 CALIS 检索结果界面，除了文摘信息，单击文摘右侧的"文献传递"按钮，对于支持馆际互借服务的成员馆用户可获取全文。

图 5-3　CALIS 检索结果界面

4．国家科技图书文献中心

国家科技图书文献中心(National Science and Technology Library，NSTL)是经国务院批准成立的一个基于网络环境的科技信息资源服务机构。开通的中心网络服务系统是对外服务的重要窗口，依托丰富的资源面向全国用户提供网络化、集成化的科技文献信息服务，目前已发展成为国内最大的公益性科技文献信息服务平台。

国家科技图书文献中心学位论文数据库有中文和外文两部分，中文学位论文数据库主要收录了 1980 年至今我国高等院校、科研院所发布的博硕士学位论文，学科涉及自然科学各专业领域，并兼顾社会科学和人文科学。其检索界面见图 5-4。外文学位论文数据库则主要收录了 1980 年以来美国 ProQuest 公司博硕士论文资料库的优秀博士论文，学科涉及范围与中文学位论文数据库相同。该数据库提供单位为中国科技信息研究所。

国家科技图书文献中心学位论文数据库提供题名、作者、关键词、文摘、学位授予年、导师、学位、培养单位、研究专业和研究方向等关键词搜索服务，可免费检索题录和文摘信息，全文收费。

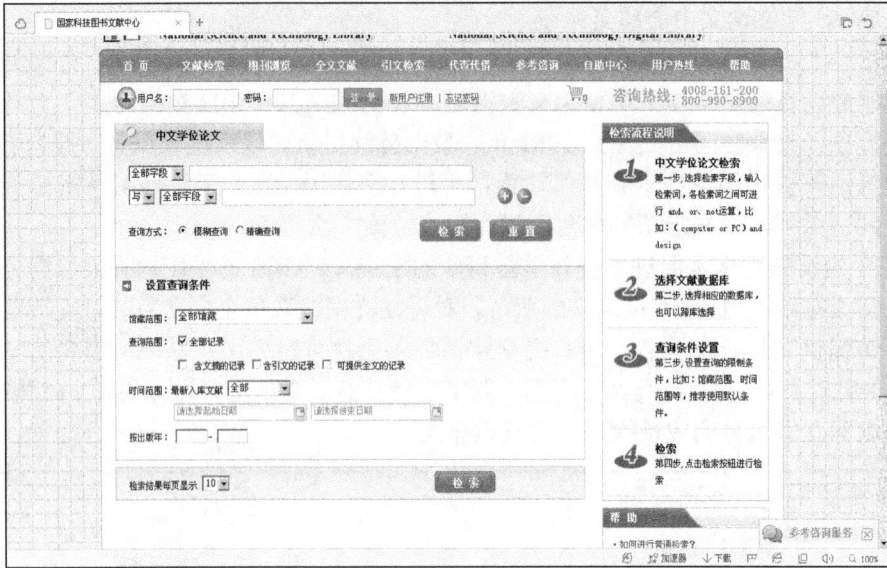

图 5-4　国家科技文献中心中文学位论文数据库检索界面

5．国家图书馆博士论文库

国家图书馆博士论文库是中国国家数字图书馆自建的博士学位论文库，是以国家图书馆20 多年来收藏的博士论文为基础建设的学位论文全文影像数据。该库以书目数据、篇名数据、数字对象为内容，提供检索、浏览服务，提供 25 余万篇博士论文全文前 24 页的展示浏览。该库可以分机构、学科类别进行检索，还可与字段组合检索，支持 AND、OR 等布尔逻辑关系表达。实名注册登录用户可以免费浏览论文正文的前 24 页，到馆可阅读纸本全文，也可以复印。

中国国家数字图书馆除了自建博士学位论文库外，还提供了中国知网的中国博硕士学位论文全文数据库、万方数据知识服务平台的中国学位论文全文数据库、北京协和医学院博硕士学位论文库、ProQuest 博硕士论文全文数据库及 ProQuest 博硕士论文文摘索引数据库等国内外知名博硕士学位论文数据库的链接(见图 5-5)。

图 5-5　中国国家数字图书馆中外博硕士论文数据库链接界面

5.1.2　国外学位论文检索工具

1. ProQuest Dissertations & Theses（PQDT）博硕士论文数据库

PQDT 原称 PQDD（ProQuest Digital Dissertation），PQDT 博硕士论文数据库包括 PQDT A&I（ProQuest 博硕士论文文摘索引数据库）和 PQDT Full Text（ProQuest 博硕士论文全文数据库）。

ProQuest 博硕士论文文摘索引数据库是目前世界上最大和使用最广的学位论文数据库，特别是北美高等院校博硕士论文的核心信息资源。截至目前，该数据库收录了全球 2000 多所大学文、理、工、农、医等领域近 400 万篇毕业论文的摘要及索引信息。1980 年以后出版的博士论文信息中包含了作者本人撰写的长达 350 个字的文摘。1988 年以后出版的硕士论文信息中含有 150 个字的文摘。另外，该数据库提供前 24 页免费预览，特别是对于 1997 年以后出版的论文。该数据库每周更新，平均每年新增超过 8 万篇论文条目。目前，该数据库中还收录了 CALIS 高校学位论文文摘数据近 15 万条，并且还在不断增加中。该数据库包括两个专集：PQDT A-Dissertations and Theses A&I: The Humanities and Social Sciences Collection，人文与社科专集；PQDT B-Dissertations and Theses A&I: The Sciences and Engineering Collection，科学与工程专集。

ProQuest 博硕士论文全文数据库已在本书 4.3.8 节介绍过，这里不再详述。

2. NDLTD 学位论文数据库

NDLTD（Networked Digital Library of Theses and Dissertations）学位论文数据库是由美国国家自然科学基金支持的一个网上学位论文共建共享项目，利用 Open Archives Initiative（OAI）的学位论文联合目录，目前成员包括全球数以百计的大学，以及 Adobe、美国图书馆协会、ProQuest、Theses Canada 等伙伴组织，为全球高校、研究机构的学生提供写作参考。NDLTD 学位论文库多数有全文。

5.2　会议文献网络信息资源

会议文献是指在学术会议上宣读和交流的论文、报告及其他有关资料。会议文献的特点是传递情报比较及时，内容新颖，与最新成果的间隔时间短，专业性和针对性强，往往反映出科学技术的发展趋势，但其内容与期刊相比可能不太成熟。会议文献种类繁多，出版形式多样。它是科技文献的重要组成部分，一般是经过挑选的，质量较高，能及时反映科学技术中的新发现、新成果、新成就及学科发展趋向，是一种重要的情报源。

会议文献种类繁多，出版形式多样，可分为会前、会中和会后 3 种。会前文献包括征文启事、会议通知书、会议日程表、预印本和会前论文摘要等。会议期间的会议文献有开幕词、讲话或报告、讨论记录、会议决议和闭幕词等。会后文献有会议录、汇编、论文集、报告、学术讨论会报告、会议专刊等，其中会议录是会后将论文、报告及讨论记录整理汇编而公开出版或发表的文献。会议文献没有固定的出版形式，有些刊载在学会协会的期刊上，作为专号、特辑或增刊，有些则发表在专门刊载会议录或会议论文摘要的期刊上。会议和会议文献常用的主要名称有大会（conference）、小型会议（meeting）、讨论会（symposium）、会议录（proceeding）、单篇论文（paper）、汇报（transaction）等。

据统计，以期刊形式出版的会议录约占会议文献总数的 50%。有些会议文献还常常汇编成专题论文集或出版会议丛刊、丛书。还有些会议文献以科技报告、录音带、录像带或缩微品等的形式出版。为更好地利用会议文献，一些国家出版了各种会议文献检索工具或建立数据库供用户检索。

5.2.1　会议信息网络资源

1．会议召开的信息检索

会议召开的信息检索主要借助专门的检索工具——会历。会历是主要记录或预报各种学术会议的工具，一般能预报一两年内将要举行的会议。目前主要的会历有以下四类。

（1）世界会议（World Meetings）：预报近两年内将要召开的各种学术会议，分 8 个时段来报道。完全依靠索引来检索，它有 5 种索引：关键词索引（Keyword Index）、日期索引（Date Index）、会议地点索引（Location Index）、会议主办单位索引（Sponsor Directory and Index）、截止日期索引（Deadline Index）。

（2）国际科技会议预报（Forthcoming Internation Scientific and Technical Conferences）。

（3）科技会议（Scientific Meeting）。

（4）世界会期（World Convention Dates）。

除了会历，还有一些发布会议预报的网站。

（1）国际会议发布系统：提供世界范围内专业技术会议预报信息，并提供会议论文截止日期。

（2）中国学术会议网。

（3）中国学术会议在线。

（4）世界计算机行业会议信息。

（5）Calendar of Upcoming Technical Conferences：提供世界范围内的专业技术会议报道情况，一般报道 6 年的会议安排。检索时可按时间顺序，也可按会议名称、主题、主办单位、国家等进行检索。

（6）全球会议目录：世界范围各学科的学术会议信息预报。可按多项条件进行检索。

2．会议录出版信息的检索

会议录出版信息的检索主要利用会议录书目或指南。目前，重要的会议录书目或指南有以下三类：

（1）已出版会议录（Directory of Published Proceedings）。

（2）出版中的会议录（Proceeding in Print）。

（3）会议录书目指南（Bibliographic Guide to Conference Proceedings）。

3．会议论文的检索

会议论文的检索可以利用一些会议论文数据库，如中国知网的国内外重要会议论文全文数据库、万方数据知识平台的中国学术会议文献数据库、国家科技图书文献中心的会议文献等，将在后面的内容中详细展开。

5.2.2　国内会议论文网络信息资源

1．国内外重要会议论文全文数据库

中国知网的国内外重要会议论文全文数据库的文献是由国内外会议主办单位或论文汇编单位书面授权并推荐出版的重要会议论文，是由《中国学术期刊（光盘版）》电子杂志社编辑出版的国家级连续电子出版物专辑。该数据库重点收录了 1999 年以来，中国科协系统及国家

二级以上的学会、协会，高校、科研院所，政府机关举办的重要会议，以及在国内召开的国际会议上发表的文献。其中，国际会议文献占全部文献的 20%以上，全国性会议文献超过总量的 70%，部分重点会议文献回溯至 1953 年。

该数据库收录了已出版国内外学术会议论文集 3 万本，累积文献总量 200 万篇。产品分为十大专辑：基础科学、工程科技Ⅰ、工程科技Ⅱ、农业科技、医药卫生科技、哲学与人文科学、社会科学Ⅰ、社会科学Ⅱ、信息科技、经济与管理科学。专辑下分为 168 个专题。该数据库每个工作日更新。

该数据库提供高级检索、专业检索、作者发文检索、句子检索、一键式检索五种检索形式，可检索字段包括主题、篇关摘、关键词、摘要、论文集名称、会议时间、会议名称、论文集类型、语种等，并支持多字段逻辑组合检索（见图 5-6）。个人用户可免费浏览文摘，全文收费。

2．中国学术会议文献数据库

万方数据知识平台的中国学术会议文献数据库（China Conference Paper Database，CCPD）的收录始于 1983 年，涵盖了 4000 多个重要的学术会议，年增 20 余万篇全文，累积约有 324 万篇全文，每月更新。收录会议文献以国家级学会、协会、部委、高校召开的全国性学术会议为主，该数据库是国内目前收录会议数量较多、质量较高、学科覆盖较广的会议文献数据库之一。

可检索字段为题名、作者、关键词、摘要、作者单位、会议名称、主办单位等，如对检索结果不满意，可进行二次检索，或对检索结果进一步筛选。个人用户可免费浏览文摘，全文需付费。该数据库支持支付宝、银联支付等支付方式。

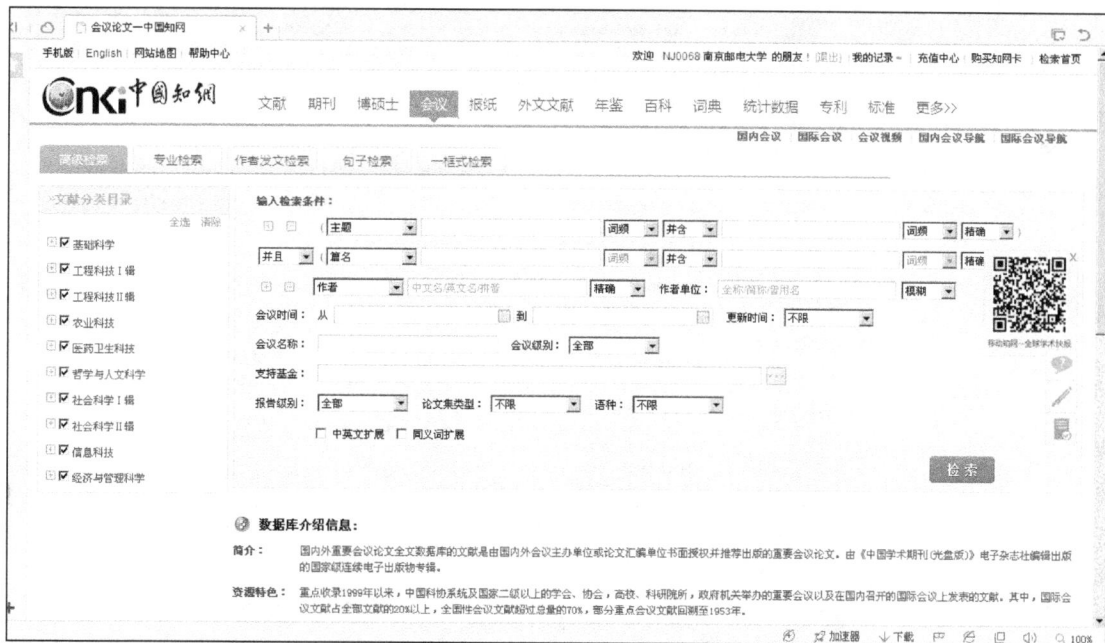

图 5-6　国内外重要会议论文数据库高级检索界面

3．中国学术会议在线

中国学术会议在线是经教育部批准，由教育部科技发展中心主办，面向广大科技人员的科学研究与学术交流信息服务平台。通过实现学术会议资源的网络共享，为高校广大师生创造良好的学术交流环境,以利于开阔视野,拓宽学术交流渠道,促进跨学科融合。目前,中国学术会议在线会议论文可为用户提供学术会议信息预报、会议分类搜索、会议在线报名、会议论文征集、会议资料发布、会议视频点播、会议同步直播等服务。

　　该系统可检索字段较少,仅有作者和会议论文关键字检索(见图5-7),可设置一级学科及二级学科检索范围的限制,选择相应学科后,会提供该学科会议预告、会议述评、会议新闻、特邀报告及会议视频等信息(见图5-8)。该系统大多数仅可检索会议论文摘要,部分会议论文有全文。

图5-7　中国学术会议在线会议论文首页

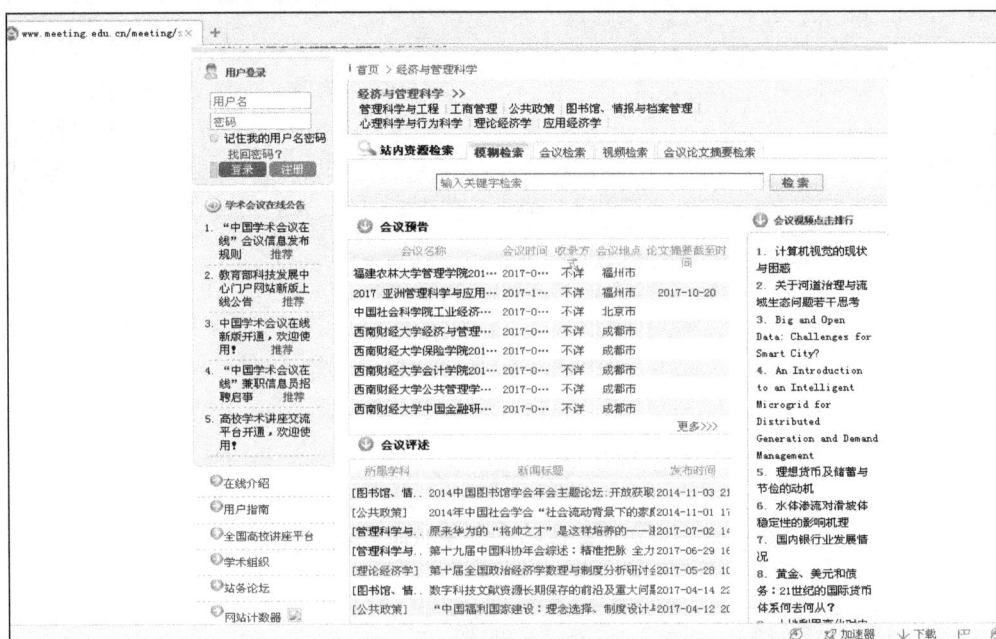

图5-8　中国学术会议在线学科检索结果界面

4．国家科技图书文献中心会议文献

国家科技图书文献中心会议文献分为外文会议和中文会议。外文会议收录了 1985 年以来世界各地出版的学术会议论文，年增论文 20 余万篇，每周更新；中文会议收录了 1980 年以来国内召开的全国性学术会议论文，年增论文超过 4 万篇，每月更新。

国家科技图书文献中心会议文献提供普通检索、高级检索和分类检索等检索方式，检索字段包括标题、作者和关键词，查询框之间的逻辑关系可选择"与""或""非"和"异或"；在高级检索方式下可使用逻辑运算符 AND、OR、NOT 构造检索式；分类检索方式下还可选择学科分类。

5.2.3　国外会议论文网络信息资源

1．会议录引文索引 CPCI

会议录引文索引（Conference Proceedings Citation Index，CPCI）是世界著名的三大科技文献检索系统之一，是国际公认的进行科学统计与科学评价的主要检索工具。CPCI 分为两个子库：Conference Proceedings Citation Index-Science，简称 CPCI-S（原名 ISTP），Conference Proceedings Citation Index-Social Sciences & Humanities，简称 CPCI-SSH。CPCI 提供简体中文、繁体中文、英语、日语、韩语、葡萄牙语、西班牙语、俄语等语言。数据来源于自然科学、社会科学及人文科学等多学科领域的超过 120 000 个会议的国际会议录。CPCI-S 涵盖所有科技领域的会议文献，包括生命科学、物理、化学、医学、工程技术、计算机科学、农业和环境科学等方面的文献，数据回溯至 1990 年，每周更新一次。国内高校图书馆大多购买了 CPCI-S 数据库。图 5-9 显示的是 CPCI-S 检索界面。

2．IEEE/IET Electronic Library（IEL）数据库

IEL 数据库的全称为 IEEE/IET Electronic Library，IEEE/IEE Electronic Library 是其以前的名称。原来的英国电气工程师学会（IEE）已经于 2006 年 3 月与英国企业工程师学会（IIE）合并组成英国工程技术学会（IET）。

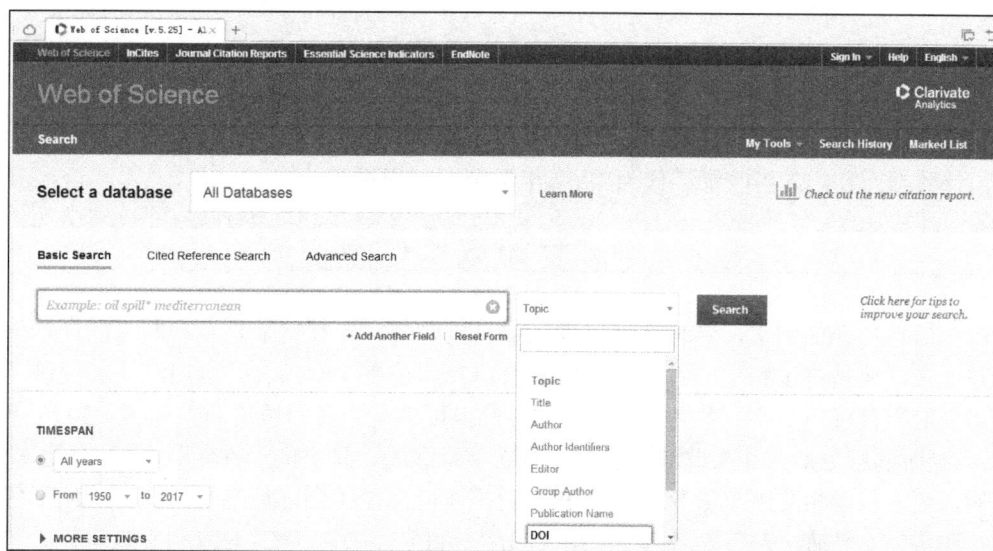

图 5-9　CPCI-S 检索界面

IEL 数据库提供美国电气电子工程师学会(IEEE)和英国工程技术学会(IET)出版的期刊、会议录和标准的全文信息。IEEE 每年在全球举办超过 1000 场的学术会议,会议涉及领域广,不仅在电气电子、通信和计算机等领域有重大影响,更在诸多新兴热点领域如纳米、生物医学工程、能源、自动化控制等方向具有权威性。数据库内容包括每年 1200 多种 IEEE 会议录、每年 20 多种 IET 会议录、每年 20 多种 VDE 会议录、170 多种 IEEE 期刊与杂志、近 30 种 IET 期刊及 2400 多种 IEEE 标准等文献。目前,国内高校图书馆大多购买了此数据库。IEL 数据库会议论文检索界面见图 5-10。

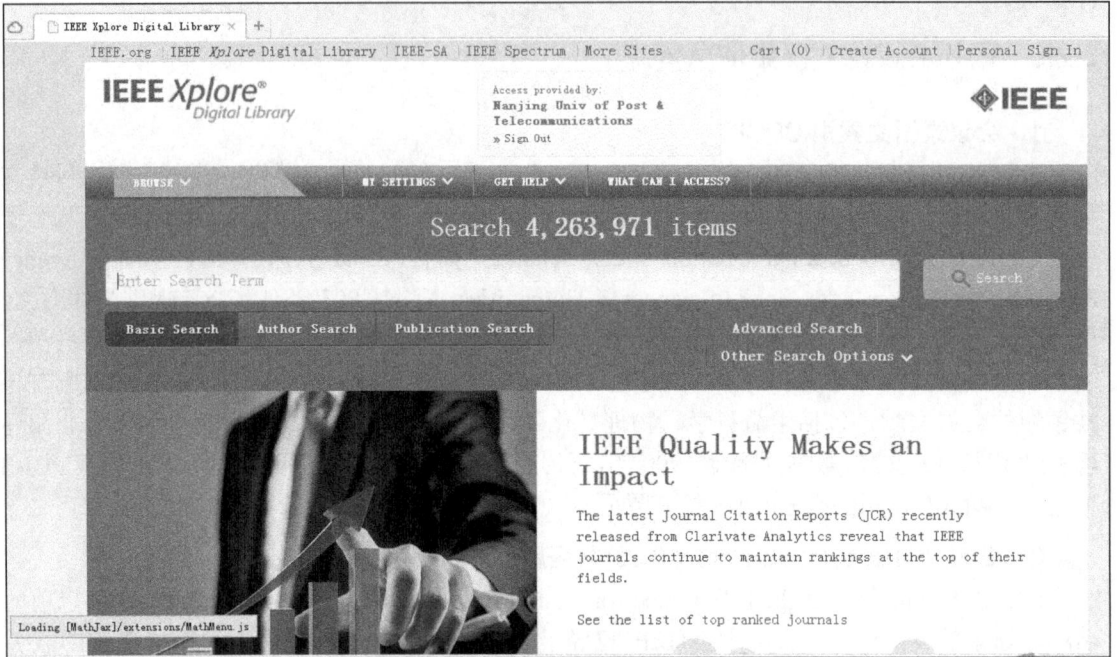

图 5-10　IEL 数据库会议论文检索界面

3. Ei Village 工程索引数据库

Ei Village 工程索引数据库已在本书 4.3.1 节介绍过,这里不再详述。该数据库每年收录超过 3600 种期刊,4100 种会议录和技术报告,累积超过 1630 万条记录,其中大约 22%为会议文献。该数据库在线内容收录年代为 1969 年至今,每周更新一次。

5.3　专利文献网络信息资源

随着信息社会的到来,专利文献也进入信息化时代。专利文献是专利制度的产物。专利制度是为推动科技进步和生产力发展,由政府审查和公布发明内容并运用法律和经济手段保护发明创造所有权的制度。世界上最早建立专利制度的是当时的威尼斯共和国,1416 年 2 月 20 日,当时的威尼斯共和国批准了世界上有文字记载的、最早的一件专利。17 世纪末至 18 世纪初,西方各国相继颁布了专利法。19 世纪下半叶出现了国际性专利组织,缔结了各种国际条约和协定。目前,大多数国家已采用《国际专利分类法》(IPC)对专利文献进行分类并标注 IPC 分类号。中国自 1985 年 4 月 1 日实施专利法以来,也形成了自己的专利文献体系,并于 1993 年加入国际专利合作条约组织(PCT)。

5.3.1　专利文献概述

1．专利和专利文献

在实行专利制度的国家，凡是本国或外国的个人和企业有了创造发明，都可以根据专利法的规定，向本国或外国专利审批部门提出申请，经审查合格，批准授予在一定年限内享有创造发明成果的权利，并在法律上受到保护，这样一种受到法律保护的技术专有权利称为专利权。

专利文献是指实行专利制度的国家及国际性专利组织在受理、审批、注册专利过程中产生的官方文件及相关出版物的总称，是技术情报、法律情报和经济情报的重要来源。广义的专利文献包括专利申请书、专利说明书、专利公报、专利分类及与专利有关的一切资料；狭义的专利文献仅指各国(地区)出版的专利说明书或发明说明书。

专利说明书属于一种专利文件，是指含有扉页、权利要求书、说明书等组成部分的用以描述发明创造内容和限定专利保护范围的一种官方文件或其出版物。专利公报是各国专利机构报道最新发明创造专利申请的公开、公告和专利授权情况及专利局业务活动和专利著录事项变更等信息的定期连续出版物。各国出版的专利公报主要分为以下三种类型：题录型专利公报，仅以著录项目的形式报道最新专利申请或专利信息；文摘型专利公报，以著录项目、技术性文摘和一幅主图(如果有图的话)的形式报道最新专利申请或专利信息；权利要求型专利公报，以著录项目、独立权利要求和一幅主图(如果有图的话)的形式报道最新专利申请或专利信息。

中国专利按照专利种类分为发明、外观设计和实用新型三个类型，其中发明和实用新型采用《国际专利分类法》(IPC)，外观设计采用国际外观设计分类。

2．《国际专利分类法》

《国际专利分类法》(International Patent Classification，IPC)是根据 1954 年"发明专利国际分类欧洲公约"的规定而制定的，于 1968 年 9 月生效并出版了第 1 版，此后基本上每 5 年修订一次，但从 2006 年 1 月出版第 8 版以来，修订更新频繁，基本上每年一更新，目前使用的是国际专利分类表(2020 版)。

IPC 将与发明专利有关的全部技术内容按部、分部、大类、小类、主组、分组等逐级分类，组成完整的等级分类体系。IPC 的部用 A～H 共 8 个字母表示。A 部表示人类生活必需，B 部表示作业、运输，C 部表示化学、冶金，D 部表示纺织、造纸，E 部表示固定建筑物，F 部表示机械工程、照明、加热、武器、爆破，G 部表示物理，H 部表示电学。分部仅是分类标题，未用标记。大类号由部号加 2 位数字组成。小类号由部号、大类号及大写字母组成。主组号由小类号再加 2 位数字组成。分组号是在主组号之后加斜线再加 2～5 位数字组成的。

例如，"A23C 13/12 奶油配制品"属于"人类生活必需"部(部号为 A)，"其他类不包含的食品或食料；及其处理"大类(大类号为 A23)，"乳制品，如奶、黄油、干酪；奶或干酪的代用品；及其制备"小类(小类号为 A23C)，"奶油；奶油配制品；及其制备"主组(主组号为 A23C 13)，"奶油配制品"分组(分组号为 A23C 13/12)。

3．专利文献的特点

专利文献具有区别于其他文献的特点，如下所述。

(1)数量大，内容广，集专利技术、法律、经济信息于一体。每年各国出版的专利文献已超过 150 万件, 全世界累积可查阅的专利文献已超过 6000 万件; 专利文献涵盖了绝大多数技术领域, 从小到大, 从简到繁, 几乎涉及人类生活的各个领域; 专利文献不仅记录了发明创造内容, 展示发明创造实施效果, 同时还揭示了每件专利保护的技术范围, 记载了专利的权利人、发明人、专利生效时间等信息。

(2)传播最新技术信息。申请人在一项发明创造完成之后总是以最快速度提交专利申请, 以防竞争对手抢占先机。德国的一项调查表明, 有 2/3 的发明创造是在完成后的一年之内提出专利申请的, 第二年提出申请的接近 1/3, 超过两年提出申请的不足 5%。

(3)完整而详细揭示发明创造内容。专利申请文件一般都依照专利法规中关于充分公开的要求对发明创造的技术方案进行完整而详尽的描述, 并且参照现有技术指明其发明点, 说明具体实施方案, 并给出有益效果。

(4)格式统一规范, 高度标准化, 具有统一的分类体系。专利文献有统一的编排体例, 采用国际统一的专利文献著录项目识别代码(INID 码)。工业产权信息常设委员会(WIPO)制定了一系列专利文献信息推荐标准, 各国出版的发明和实用新型专利文献采用或同时标注国际专利分类号。

4. 专利检索种类和检索途径

专利检索可以分为专利技术信息检索、新颖性检索、侵权检索、专利法律状态检索、同族专利检索和技术贸易检索六类。

(1)专利技术信息检索: 通过任意技术主题对专利文献进行检索, 从而找出一批文献。

(2)新颖性检索: 为确定申请专利的发明创造是否具有新颖性, 找出可进行新颖性对比的文献。

(3)侵权检索: 包括防止侵权检索和被动侵权检索。

(4)专利法律状态检索: 对专利的时间性和地域性进行检索。

(5)同族专利检索: 对与被检索的专利或专利申请具有共同优先权的其他专利或专利申请及其公布情况进行的检索。

(6)技术贸易检索: 在技术贸易过程中, 技术引进时需要对引进的技术进行一系列检索。

专利检索主要有以下途径:

(1)主题检索: 包括分类号检索和关键词检索。

(2)名称检索: 包括发明人、专利申请人、专利权人、专利受让人检索。

(3)号码检索: 包括申请号、优先权检索、专利号检索等。

(4)组配检索: 跨字段进行逻辑组配(与、或、非)。

5.3.2　国内专利检索网络信息资源

1. 国家知识产权局专利检索系统

国家知识产权局专利检索系统收录了 103 个国家、地区和组织的专利数据, 以及引文、同族、法律状态等数据信息, 其中涵盖了中国、美国、日本、韩国、英国、法国、德国、瑞士、俄罗斯、欧洲专利局和世界知识产权组织等 60 亿份专利资源, 是国内最全、最新、最权威的专利检索网站。系统提供常规检索、导航检索、药物专题检索、检索历史、检索结果浏览、文献浏览、批量下载等检索方式。检索中的自动识别功能可以根据用户输入的信息自动判断检索条件类型并生成检索式, 有效地提高了检索准确率, 短时间内完成精确检索。此外,系统还具有分析功能，可进行快速分析、定制分析、高级分析并生成分析报告等。专利检索及分析系统的数据更新周期分为中国专利数据、国外专利数据、引文、同族及法律状态等几个方面，其中中国专利数据和国外专利数据每周三更新，同族和法律状态数据每周二更新，引文数据每月更新。

国家知识产权局专利检索及分析系统首页界面见图 5-11，用户可以免费注册并登录。网站同时提供中文、英语、法语、德语、俄语、西班牙语、葡萄牙语、阿拉伯语和日语 9 种语言入口。检索首页中左侧分类导航即按照 IPC 分类法列出 A 至 H 部导航栏，如需查找上例"A23C 13/12 奶油配制品"组的专利，则单击 A 部，系统将转入导航检索界面，见图 5-12。

图 5-11　国家知识产权局专利检索及分析系统首页

图 5-12　专利检索及分析系统导航检索界面

常规检索可提供检索要素、申请号、公开(公告)号、申请(专利权)人、发明人、发明名称等字段,也可使用自动识别功能。自动识别功能支持二目逻辑运算符 AND/OR,能识别使用空格间隔的多个检索词。对于空格间隔系统默认二目逻辑运算符是 AND,如输入"智能 手机",则系统会按照"智能 AND 手机"进行检索。用户只需输入检索关键词,系统自动生成检索式,提高用户效率,见图 5-13。

图 5-13　检索结果示例

2. 中国知识产权网专利信息服务平台

中国知识产权网专利信息服务平台是国家知识产权局知识产权出版社为了方便用户检索阅览中国专利文献,于 1999 年创建的。中国知识产权网专利信息服务平台在原中外专利数据库服务平台的基础上,吸收国内外先进专利检索系统的优点,采用国内先进的全文检索引擎开发完成的。平台主要提供对中国专利(包括发明、实用新型、外观设计、中国发明授权、中国失效专利及中国香港、中国台湾专利)和国外专利(美国、日本、英国、德国、法国、加拿大、瑞士等 90 多个国家和组织)的检索。

平台检索功能包括中外专利混合检索、行业分类导航检索、IPC 分类导航检索、中国专利法律状态检索、中国药物专利检索。检索方式除了表格检索、逻辑检索,还提供二次检索、过滤检索、同义词检索等辅助检索方式。平台首页界面见图 5-14。

3. 中国知网的专利数据总库

中国知网专利数据总库包含中国专利全文数据库(知网版)和海外专利摘要数据库(知网版)。数据库收录的中国专利可追溯到 1985 年,国外专利可追溯到 1970 年。目前,该库收录了中国专利共计 1600 万条,国外专利共计 7400 万条。与通常的专利数据库相比,专利数据总库中每条专利的知网节集成了与该专利相关的最新文献、科技成果、标准等信息,可以完整地展现该专利产生的背景、最新发展动态、相关领域的发展趋势,可以浏览发明人与发明机构更多的论述及在各种出版物上发表的文献。用户可以通过申请号、申请日、公开号、公开日、专利名称、摘要、分类号、申请人、发明人、优先权等检索项进行检索。对于国内专利,用户可以一次性下载专利说明书全文;国外专利说明书全文,用户需链接到欧洲专利局网站。

图 5-14　中国知识产权网专利信息服务平台首页

4．万方数据知识服务平台的中外专利数据库

万方数据知识服务平台的中外专利数据库(WanFang Patent Database，WFPD)的收录始于 1985 年，累计收录 4500 余万项专利，年增 25 万条记录。目前收录了包括中国、美国、澳大利亚、加拿大、瑞士、德国、法国、英国、日本、韩国、俄罗斯及世界专利组织、欧洲专利局的专利文献。用户可选择导航检索、普通检索两种方式，导航检索按照《国际专利分类法》(IPC)分类，字段检索要提供题名、摘要、发明人、专利权人四个检索项。查看和下载全文需付费。

5．国家知识产权局专利检索咨询中心

国家知识产权局专利检索咨询中心是国家知识产权局直属事业单位，是目前国内科技及知识产权领域提供专利信息检索分析、专利事务咨询、专利及科技文献翻译、非专利文献数据加工等服务的权威机构。

中心提供的检索服务包括查新检索、专题检索、授权专利检索、香港短期专利检索、法律状态检索、同族专利检索、跟踪检索、国际联机检索和侵权分析。用户可通过电话和在网站注册登录两种方式提交检索委托，专利检索咨询中心受理后反馈检索结果。

5.3.3　国外专利检索网络信息资源

国外专利信息检索的主要途径包括专利文献通报、专利公报、WPI 等出版物及一些专业检索网站。

(1)专利文献通报：由中国知识产权局协同有关情报单位编辑出版，是系统的中文专利检索工具，以题录的形式报道国内收藏的世界主要国家和国际组织的专利信息。

(2)专利公报：各国的专利出版机构出版的专利公报是最权威、最系统的专利信息源，也是检索该国专利信息的主要工具。

(3)德温特公司出版的 WPI：德温特公司是世界上著名的专利信息服务机构，目前收录了世界上 27 个国家和 2 个国际组织出版的专利说明书，每周约 12 000 件。提供英文专利文摘、专利索引和联机检索服务，出售专利文献的复印件等。它的专利检索工具包括《化学专利索引》(CPI)、《一般机械专利索引》(GMPI)、《电气专利索引》(EPI)和分国专利文摘。

下面介绍一些国外专利检索网站资源。

1. USPTO 专利数据库

USPTO 专利数据库是美国专利商标局(The US Patent and Trademark Office，USPTO)提供的网上专利数据库。该数据库分为两部分：专利全文与图像数据库(Patent Full Text and Image Database，PatFT)和专利申请全文与图像数据库(Patent Application Full Text and Image Database，AppFT)。专利全文与图像数据库收录了 1790 年以来出版的所有授权的美国专利说明书扫描图像。其中，查阅 1790—1975 年的专利文献只能通过公开日期、专利号和美国当前的专利分类系统检索。自 1976 年起该库实现了全文文本说明(附图像链接)检索。专利申请全文与图像数据库收录了自 2001 年 3 月 15 日以来所有公开(未授权)的美国专利申请说明书扫描图像，每周二更新。

USPTO 提供快速检索(Quick Search)、高级检索(Advanced Search)和专利号检索(Patent Number Search)三种检索方式，默认方式为快速检索方式，见图 5-15。该方式提供 Term 1 和 Term 2 两个文本输入框、Field 1 和 Field 2 两个检索项下拉列表，两个检索项之间的逻辑关系分为 AND、OR 和 ANDNOT 三种。

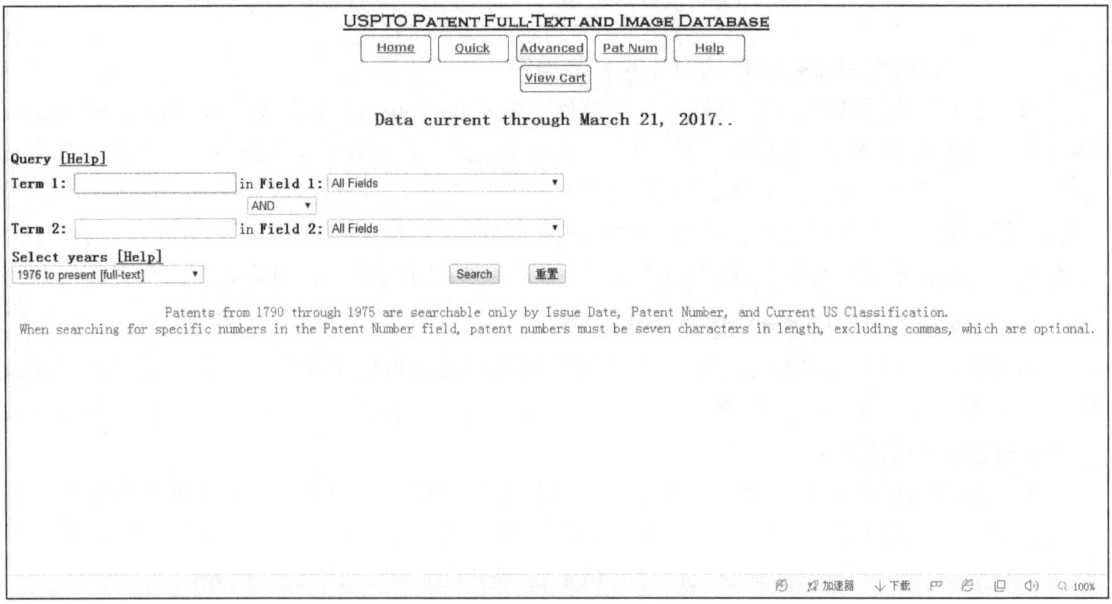

图 5-15　USPTO 专利数据库快速检索界面

USPTO 专利数据库提供的常用检索项见表 5-1。

表 5-1　USPTO 专利数据库常用检索项

字　段　名	含　　义	字　段　名	含　　义
All Fields	全部字段	Title	专利名称
Abstract	摘要	Issue Date	公开日
Patent Number	专利号	Application Date	申请日
Application Serial Number	申请号	Application Type	申请类型

续表

字　段　名	含　义	字　段　名	含　义
Applicant Name	申请人	Applicant Country	申请人国别
Assignee Name	委托人	Assignee Country	委托人国别
International Classification	国际分类号	Current CPC Classification	联合专利分类号
Current US Classification	美国分类号	Inventor Name	发明人
Inventor Country	发明人国别	Foreign Priority	国外优先权
Reissue Data	再公开日	Description/Specification	描述/说明书
Claim(s)	权利申明	Primary Examiner	主审员

在高级检索方式下，用户需要自行输入检索式进行检索。在专利号检索方式下，用户直接在文本框中输入 7 位专利号即可，检索页面有示例供用户参考。

2. 欧洲专利数据库专利检索

欧洲专利数据库专利检索(Espacenet)是欧洲专利局自1998年开始在网上建立的数据检索系统，称为 esp@cenet 数据检索系统。建立 esp@cenet 数据检索系统的主要目的是让用户便捷、有效地获取免费的专利信息资源，提高整个国际社会获取专利信息的意识。欧洲专利检索网站还提供一些专利信息，如专利公报、INPADOC 数据库信息及专利文献的修正等。欧洲专利局的检索界面可以使用英文、德文、法文和日文(注：日文仅在 esp@cenet 数据检索系统中使用)四种语言。

esp@cenet 数据检索系统中收录的每个国家的数据范围不同，数据类型也不同。数据类型包括：题录数据、文摘、文本式的说明书及权利要求，扫描图像存储的专利说明书的首页、附图、权利要求及全文。esp@cenet 数据检索系统包含以下三个数据库。

(1)WIPO-esp@cenet 专利数据库：收录了最近 24 个月公布的 PCT 申请的著录数据。

(2)EP-esp@cenet 专利数据库：收录了最近 24 个月公布的欧洲专利申请的著录数据。

(2)Worldwide 专利数据库：收录了 80 多个国家的 5600 多万件专利的著录项目。

目前，该系统累计收录了全世界各地超过 9000 万篇专利文献，其中大部分是递交的专利申请而非已授予的专利。

用户可以使用网址 http://www.***.org/espacenet，系统将直接转至 Worldwide 专利数据库的检索界面，见图 5-16。

在主界面右上角 Change Country 选择中国后，主界面会转至中文显示，但检索词不支持中文。系统提供智能检索(Smart Search)、高级检索(Advanced Search)和分类检索(Classification Search)三种检索方式，默认推荐智能检索方式。智能检索只需输入检索词即可，支持多个检索词联合检索，还可以是逻辑表达式，支持 AND、OR、NOT 等。高级检索支持较为复杂的检索，可选择数据库。高级检索可供选择的字段有专利名称(Title)、专利名称或摘要(Title or Abstract)、公开号(Publication Number)、申请号(Application Number)、优先权号(Priority Number)、公开日(Publication Date)、申请人[Applicant(s)]、发明人[Inventor(s)]、联合专利分类号(CPC)和国际专利分类号(IPC)十个检索项。分类检索使用的是 CPC 联合专利分类体系，共分为 9 个部，其中 A 部到 H 部分别对应《国际专利分类法》(IPC)的 8 个部，新增 Y 部。Y 部中一部分为新兴领域，例如，Y02 为改善气候变化的技术，Y04 为智能电网，以及加入来自 USPC 的跨领域-交叉引用现有技术集合和文摘。esp@cenet 数据检索系统分类检索界面见图 5-17。

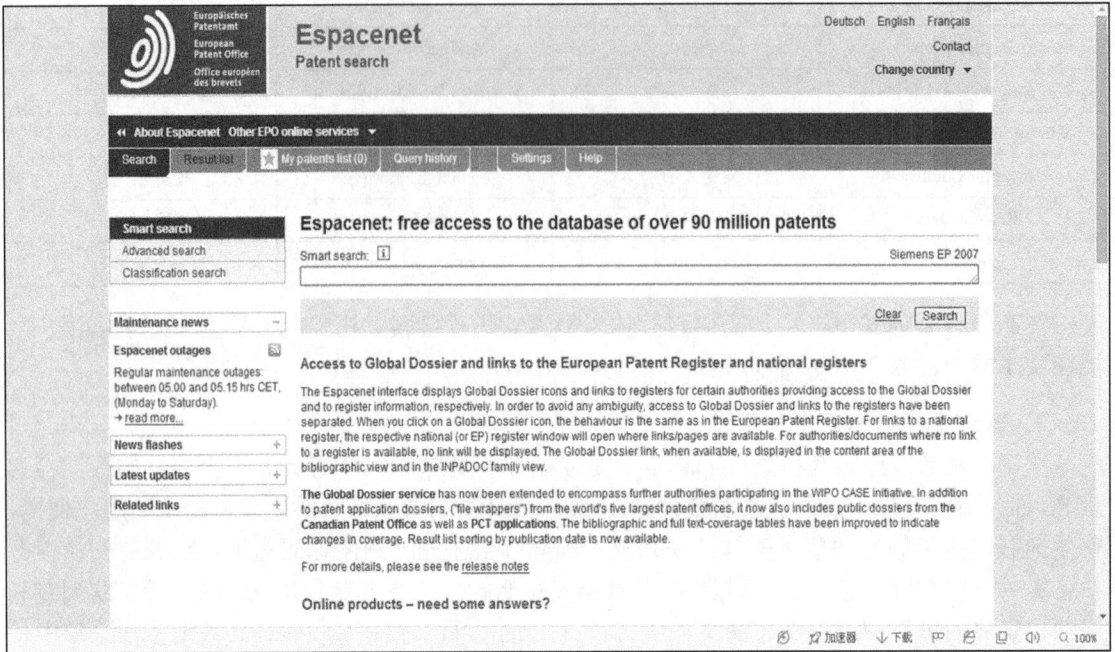

图 5-16　Worldwide 专利数据库的检索界面

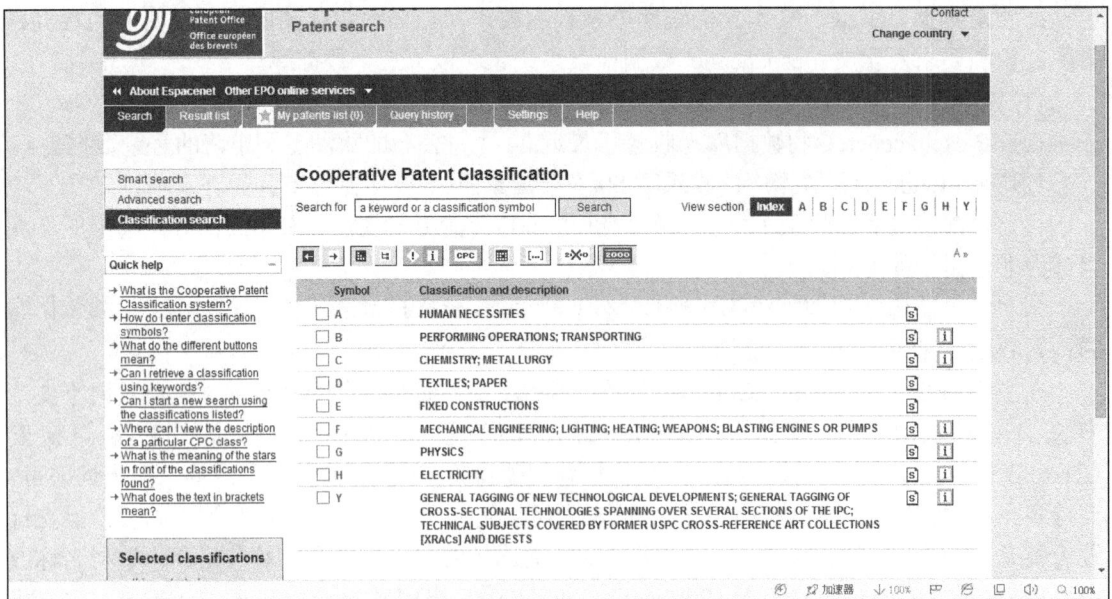

图 5-17　esp@cenet 数据检索系统分类检索界面

3．世界知识产权组织 PATENTSCOPE 数据库

世界知识产权组织 PATENTSCOPE 数据库是由世界知识产权组织(WIPO)创建的，提供《专利合作条约》(PCT)国际申请文献，从 PCT 国际申请公布之日起对其进行全文检索，也可

以对国家和地区知识产权局的专利文献进行查询。系统共收录了 37 个国家或组织的超过 5900
万项专利和 310 万项公布的 PCT 国际专利申请，收录范围因各个国家或组织而异。

　　检索信息时，可以用多种文字输入关键词、申请人名称、国际专利分类及其他检索条件。
PATENTSCOPE 可检索资源的语种包括中文、阿拉伯语、英语、西班牙语、法语、德语、希
伯来语、日语、韩语、葡萄牙语、俄语和越南语等，并提供德语、英语、西班牙语、法语、
日语、韩语、葡萄牙语、俄语、中文和阿拉伯语 10 种检索页面，见图 5-18。

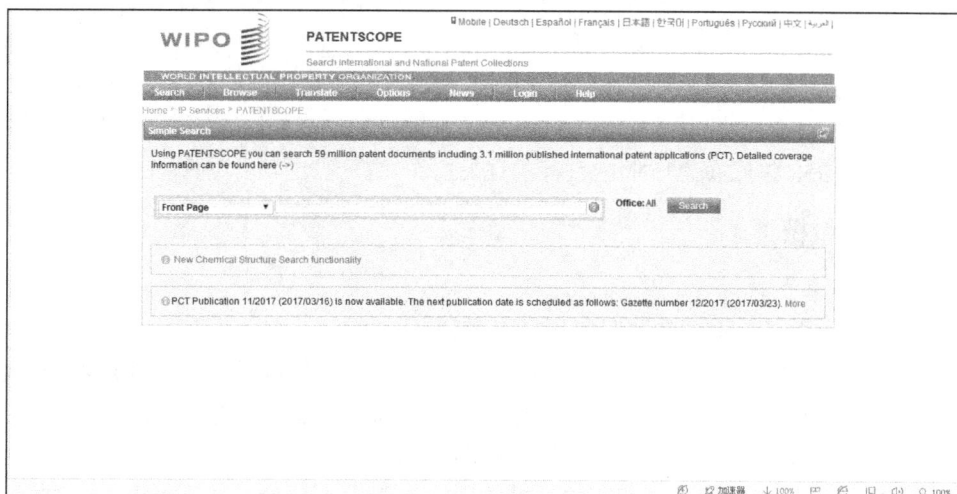

图 5-18　PATENTSCOPE 检索界面

　　PATENTSCOPE 可以进行简单检索，提供 8 个检索入口，分别是首页(Front Page)、任意字
段(Any Field)、全文(Full Text)、文本(根据检索语言不同显示不同的语言文本，如 English Text、
中文文本等)、号码(ID Number，如申请号、公开号等)、国际专利分类号[Int. Classification (IPC)]、
名称(Names，如发明人、申请人等)、日期(Dates，如公开日期、申请日期等)。检索结果可以选
择按公开日期或申请日期排序，显示视图可选择简单视图(Simple)、简单+图像视图(Simple+
Image)、全文视图(All)、全文+图像视图(All+Image)和图像视图(Image)，见图 5-19。

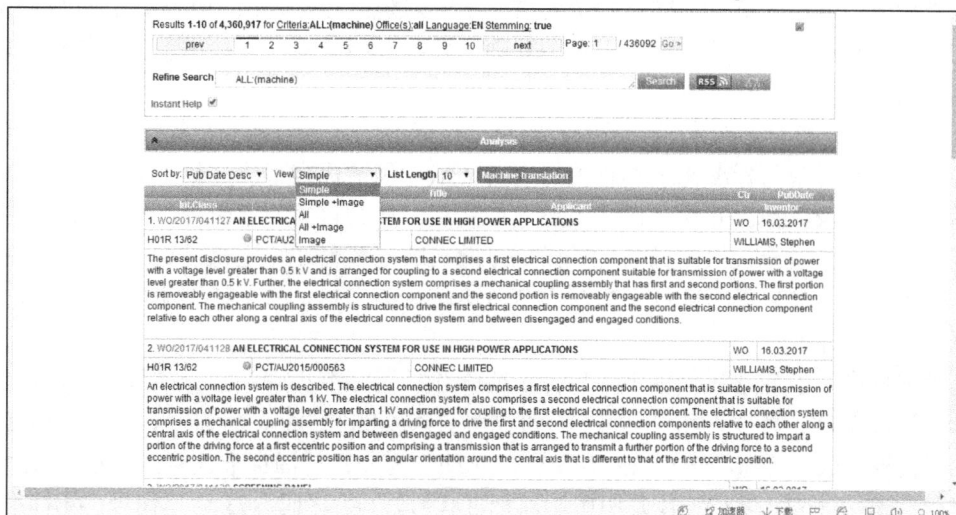

图 5-19　PATENTSCOPE 检索结果

4．Delphion 知识产权网

Delphion 知识产权网源于 IBM 公司开发的知识产权网络，现由 Internet Capital Group(ICG) 和 IBM 合办。用户通过 Delphion 可以检索到世界范围内的专利信息。

5.4　标准文献网络信息资源

现代标准文献产生于 20 世纪初。1901 年英国成立了第一个全国性标准化机构，同年世界上第一批国家标准问世。此后，美、法、德、日等国相继建立全国性标准化机构，出版各自的标准。国际标准化机构中最重要、影响最大的是 1947 年成立的国际标准化组织(ISO)和 1906 年成立的国际电工委员会(IEC)，它们制定或批准的标准具有广泛的国际影响。中国于 1957 年成立国家标准局，1958 年颁布第一批国家标准(GB)。

5.4.1　标准文献概述

1．标准和标准文献

对标准的基本定义，中国和国际组织有多种说法。

GB/T 3935.1—1983《标准化基本术语第一部分》定义："标准是对重复性事物和概念所做的统一规定，它以科学、技术和实践经验的综合为基础，经过有关方面协商一致，由主管机构批准，以特定的形式发布，作为共同遵守的准则和依据。"

GB/T 3935.1—1996《标准化和有关领域的通用术语第 1 部分：基本术语》中对标准的定义是：为在一定范围内获得最佳秩序，对活动或其结果规定共同的和重复使用的规则、导则或特性的文件。该文件经协商一致制定并经一个公认机构批准。它以科学、技术和实践经验的综合成果为基础，以促进最佳社会效益为目的。

GB/T 20000.1—2014《标准化工作指南第 1 部分：标准化和相关活动的通用术语》条目 5.3 中对标准的定义是：为了在一定范围内获得最佳秩序，经协商一致制定并由公认机构批准，共同使用的和重复使用的一种规范性文件。

国际标准化组织(ISO)的国家标准化管理委员会(STACO)一直致力于标准化概念的研究，先后以"指南"的形式给"标准"的定义给出统一规定：标准是由一个公认的机构制定和批准的文件。它对活动或活动的结果规定了规则、导则或特殊值，供共同和反复使用，以实现在预定领域内最佳秩序的效果。

总之，标准是科学、技术和实践经验的总结。标准文献是与标准相关的一系列文档资料。广义的标准文献是指与标准化工作有关的一切文献，包括标准形成过程中的各种档案、宣传推广标准的手册及其他出版物、揭示报道标准文献信息的目录、索引等。狭义的标准文献指按规定程序制定，经公认权威机构(主管机关)批准的一整套在特定范围(领域)内必须执行的规格、规则、技术要求等规范性文献。本节讨论的标准文献，若无特别说明，均指狭义的标准文献，并简称标准。

完整的标准一般应该包括以下各项标识或陈述：①标准级别；②分类号，通常是《国际十进分类法》(UDC)类号和各国自编的标准文献分类法的类号；③标准号，一般由标准代号、序号、年代号组成。例如，DIN-11911-79，其中 DIN 为联邦德国标准代号，11911 为序号，79 为年代号；GB 1—73，其中 GB 是中国国家标准代号，1 为序码，73 为年代号；④标准名称；⑤标准提出单位；⑥审批单位；⑦批准年月；⑧实施日期；⑨具体内容项目。

2．标准的特点和作用

标准一般有如下特点：

(1)每个国家对于标准的制定和审批程序都有专门的规定，并有固定的代号，标准格式整齐划一。

(2)标准是从事生产、设计、管理、产品检验、商品流通、科学研究的共同依据，在一定条件下具有某种法律效力，有一定的约束力。

(3)时效性强，它只以某时间阶段的科技发展水平为基础，随着经济发展和科学技术水平的提高，标准被不断地进行修订、补充、替代或废止。

(4)一个标准一般只解决一个问题，文字准确简练。

(5)不同种类和级别的标准在不同范围内贯彻执行。

(6)标准文献具有其自身的检索系统。

3．标准的分类体系

常用的分类体系有国际标准分类法、国际十进分类法和中国标准分类法。

国际标准分类法(International Classification for Standards，ICS)是由国际标准化组织编制的标准文献分类法。它主要用于国际标准、区域标准和国家标准及相关标准化文献的分类、编目、订购与建库，从而促进国际标准、区域标准、国家标准及其他标准化文献在世界范围传播。ICS 是一个等级分类法，包含三个级别。第一级包含 40 个标准化专业领域，各个专业又细分为 407 个组(二级类)，407 个二级类中的 134 个又被进一步细分为 896 个分组(三级类)。国际标准分类法采用数字编号。第一级和第三级采用双位数，第二级采用三位数表示，各级分类号之间以实圆点相隔，如"03.100.60"(会计)。

国际十进分类法(Universal Decimal Classification，UDC)又称为通用十进制分类法，是世界上规模最大、用户最多、影响最广泛的一部文献资料分类法。20 世纪 80 年代后期，全世界已有 50 多个国家使用 UDC，用户总数超过 10 万个。英国、匈牙利和西班牙把 UDC 定为国家标准。俄罗斯则规定 UDC 为类分科技文献的分类法。许多国家出版的期刊论文和特种技术资料都标有 UDC 类号。中国国家标准(GB)上也标有 UDC 的类号。

中国标准分类法(CCS)简称中标分类，类目设置以专业划分为主，适当结合学科分类。序列采取从总到分、从一般到具体的逻辑系统。本分类法采用二级类目，一级类目的设置主要以专业划分为主，二级类目设置采取非严格等级制的列类方法；一级类目由 24 个大类组成，每个大类有 100 个二级类目；一级类目由单个拉丁字母组成，二级类目由双数字组成，如"A17"(印刷技术)。

4．标准的种类

根据不同的划分原则，标准可分为不同种类。

(1)标准按性质可划分为技术标准和管理标准。

对企业标准化领域中需要协调统一的技术事项所制定的标准，称为技术标准。它是从事生产、建设及商品流通的一种共同遵守的技术依据。技术标准按内容又可分为基础标准、产品标准、方法标准、安全和环境保护标准等。

对企业标准化领域中需要协调统一的管理事项所制定的标准，称为管理标准。管理标准按内容分为技术管理标准、生产组织标准、经济管理标准、行政管理标准、管理业务标准、工作标准等。

(2)标准按使用范围可划分为国际标准、区域标准、国家标准、行业标准、地方标准和企业标准。

国际标准在世界范围内统一使用。例如，国际标准化组织(ISO)、国际电工委员会(IEC)和国际电信联盟(ITU)制定的标准，以及国际标准化组织确认并公布的其他国际组织制定的标准。对于国际标准，目前我国有三种采用方式：等同采用、等效采用和非等效采用。

区域标准又称为地区标准，泛指世界某一区域标准化团体所通过的标准。例如，欧洲标准委员会(CEN)、亚洲标准咨询委员会(ASAC)、非洲地区标准化组织(ARSO)等地区组织所制定和使用的标准。

国家标准是指由国家标准化主管机构批准的标准，如中国国家标准化管理委员会(SAC)、美国国家标准学会(ANSI)等国家机构批准通过的标准。

行业标准是指由各部委、行业协会、某一特定领域或某联盟制定和颁布的，在全国某个行业范围内统一的标准，如美国石油协会标准(API STD)。

地方标准对没有国家标准和行业标准而又需要在省、自治区、直辖市范围内统一的工业产品的安全、卫生要求，可以制定地方标准。我国地方标准由省、自治区、直辖市标准化行政主管部门制定，并报国务院标准化行政主管部门和国务院有关行政主管部门备案，在公布国家标准或行业标准之后，该地方标准即应废止。

企业标准是对企业范围内需要协调、统一的技术要求、管理要求和工作要求所制定的标准。企业标准由企业制定，由企业法人代表或法人代表授权的主管领导批准、发布。

(3)我国的标准分为国家标准、行业标准、地方标准和企业标准四级。其中，国家标准和行业标准分为强制性标准和推荐性标准。

强制性标准是指保障人体健康，人身、财产安全的标准和法律、行政法规规定强制执行的标准。

推荐性标准是指在生产、交换、使用等方面，通过经济手段或市场调节而自愿采用的一类标准。

其他的划分方法有：按成熟程度可划分为法定标准、推荐标准、试行标准和标准草案等；按对象可划分为产品标准、工程建设标准、工艺标准、环境保护标准、方法标准、服务标准、包装标准、文件格式标准等。

5. 标准的代号

常见的国际标准代号及含义见表 5-2。

表 5-2　常见的国际标准代号及含义

标 准 代 号	含　义	标 准 代 号	含　义
ISO	国际标准化组织标准	JSO/R	国际标准化组织建议
IIW	国际焊接协会标准	JCAO	国际民用航空组织标准
ICRP	国际射线防护委员会标准	ASA	美国国家标准
ANSI STD	美国国家标准学会标准	API STD	美国石油协会标准
ASTM STD	美国材料与试验协会标准	AREA STD	美国铁路工程协会标准
ASME STD	美国机械工程师协会标准	AIA STD	美国航空学会标准
FAA STD	美国联邦标准	NAS	美国国家航空航天标准

续表

标 准 代 号	含　义	标 准 代 号	含　义
NBS	美国国家标准局标准	AISI	美国钢铁协会标准
JIS	日本工业标准	CSA STD	加拿大国家标准
CAN CGSB	加拿大工业通用标准	IRS	加拿大标准化协会标准
BSI	英国标准协会标准	BS	英国国家标准
NF	法国国家标准	AFNOR	法国标准化协会标准
DIN	德国工业标准	UNI	意大利国家标准
EN	欧洲标准化工业标准	AS	澳大利亚国家标准

我国的各级标准代号采用两个大写汉语拼音的首字母来表示，国家强制性标准代号为 GB，国家推荐性标准代号为 GB/T。行业强制性标准代号有 57 个，如农业行业强制性标准代号为 NY，水产行业强制性标准代号为 SC。行业推荐性标准代号在相应行业强制性标准代号后加"/T"，如农业行业推荐性标准代号为 NY/T。强制性地方标准代号由 DB 加上省、自治区、直辖市行政区划代码的前两位数字组成，再加上"/T"组成推荐性地方标准。例如，强制性地方标准为 DB××，推荐性地方标准为 DB××／T。企业标准代号由 Q 加斜线再加企业代号组成，企业代号可用大写拼音字母或阿拉伯数字或两者混合所组成，如 Q／×××。企业代号按中央所属企业和地方企业分别由国务院有关行政主管部门或省、自治区、直辖市政府标准化行政主管部门会同同级有关行政主管部门加以规定。

5.4.2　国内标准文献信息的检索

我国技术标准检索的重要途径是网络技术标准信息检索，有以下几种重要的检索途径。

1. 万方数据知识服务平台标准数据库

万方数据知识服务平台标准数据库（WanFang Standards Database，WFSD）包括标准文摘数据库和标准全文数据库，目前已成为广大企业及科技工作者从事生产经营、科研工作不可或缺的宝贵信息资源。其中，标准全文数据库来源于国家指定出版单位，具有专有出版性质。目前收录了中国国家标准、建设标准、建材标准、行业标准和国际标准、国际电工标准、欧洲标准，以及美、英、德、法等国家标准和日本工业标准等各类标准题录逾 43 万项。

WFSD 检索页面见图 5-20，提供分类检索、简单检索和高级检索三种检索方式。分类检索分为综合、农业/林业、医药/卫生/劳动保护、矿业、石油、能源/核技术、化工、冶金、机械、电工、电子元器件与信息技术、通信广播、仪器/仪表、工程建设、建材、公路/水路运输、铁路、车辆、船舶、航空航天、纺织、食品、轻工文化与生活用品、环境保护 24 大类，每大类中还分若干小类，单击某类可进入该类别的标准检索结果页面。

简单检索直接输入关键词进行检索。高级检索提供主题、题名或关键词、作者单位、日期、标准编号、标准-发布单位、年限范围等检索字段，检索词可进行与、或、非逻辑运算，还可以选择精确或模糊匹配，也可以在专业检索框中输入检索式进行高级检索。用户可免费浏览文摘，获取全文需要付费。

2. 中国知网标准数据总库

中国知网标准数据总库是国内数据量最大、收录最完整的标准数据库，分为中国标准题录数据库（SCSD）、国外标准题录数据库（SOSD）、国家标准全文数据库和中国行业标准全文数据库。中国标准题录数据库(SCSD)收录了所有的中国国家标准(GB)、国家建设标准(GBJ)、中国行业标准的题录摘要数据，共计标准约 13 万条；国外标准题录数据库(SOSD)收录了世界范围内的重要标准，如 ISO 标准、IEC 标准、EN 标准、DIN 标准、BS 标准、NF 标准、日本 JIS 标准、ANSI 标准、美国部分协(学)会标准(如 ASTM，IEEE，UL，ASME)等及以上标准的题录摘要数据，共计标准约 31 万条。国家标准全文数据库收录了由中国标准出版社出版的、国家标准化管理委员会发布的所有国家标准，占国家标准总量的 90%以上。中国行业标准全文数据库收录了现行、废止、被代替及即将实施的行业标准，全部标准均获得权利人的合法授权。标准的内容来源于中国标准化研究院国家标准馆，相关的文献、专利、成果等信息来源于 CNKI 各大数据库。

图 5-20　WFSD 检索界面

该库提供简单检索(一框式检索)、高级检索和专业检索三种检索方式。高级检索可以通过标准号、中文标题、英文标题、中文关键词、英文关键词、发布单位、摘要、被代替标准、采用关系等检索项进行检索，检索式可进行与、或、非逻辑运算，见图 5-21。用户可免费浏览题录、摘要和知网节，阅读全文需付费。

3. 中国国家标准化管理委员会

中国国家标准化管理委员会(中华人民共和国国家标准化管理局)是国务院授权的履行行政管理职能，统一管理全国标准化工作的主管机构。各省、自治区、直辖市及市、县质量技术监督局统一管理本行政区域的标准化工作。各省、自治区、直辖市和市、县政府部门也设有标准化管理机构。国家标准化管理委员会对省、自治区、直辖市质量技术监督局的标准化工作实行业务领导。

在中国国家标准化管理委员会网站公众服务模块上可以进行标准查询、计划查询、公告查询、机构查询等服务，见图 5-22。

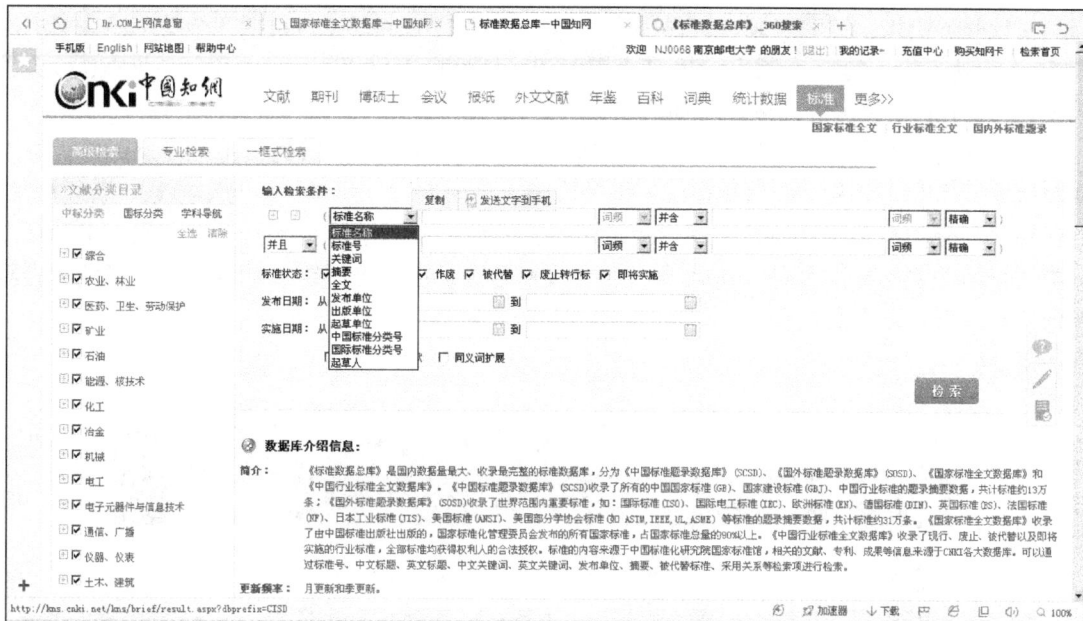

图 5-21 中国知网标准数据总库检索界面

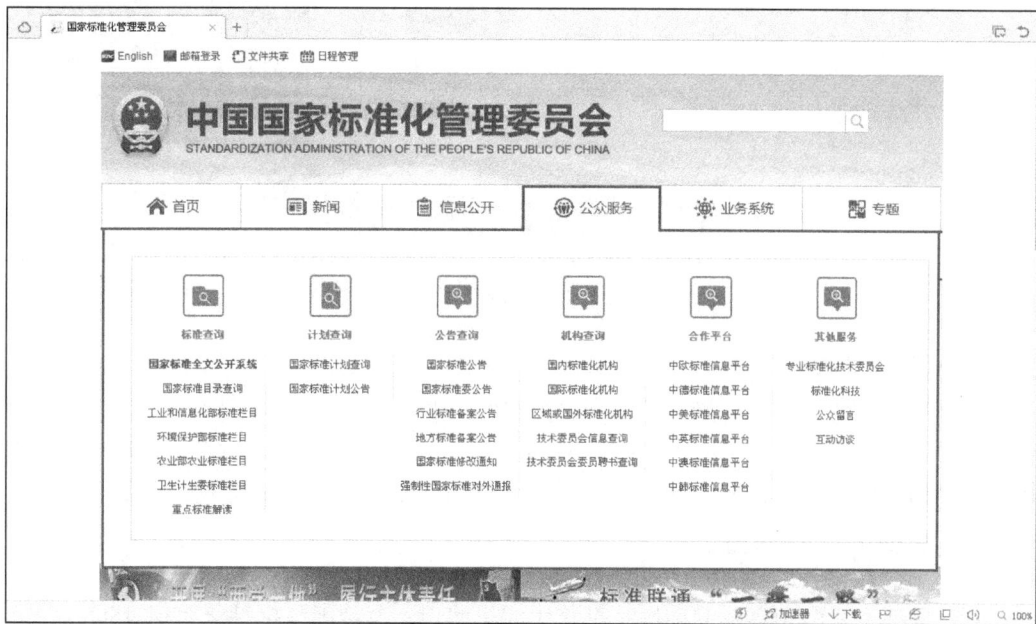

图 5-22 中国国家标准化管理委员会公众服务模块界面

其中，国家标准全文公开系统对部分国家标准实行全文免费下载。该系统收录了现行有效强制性国家标准约 2000 项，其中非采标(不采用国际标准)可在线阅读和下载，采标(采用国际标准或国外先进标准)只可在线阅读；收录了现行有效推荐性国家标准约 20 000 万项，其中非采标可在线阅读，采标只提供标准题录信息。

4. 国家标准馆——国家标准文献共享服务平台

国家标准馆成立于 1963 年，是我国历史最久、资源最全、服务最广、影响最大的权威性标准文献服务机构。馆藏资源有国内外各类标准文献 110 余万件，包括齐全的中国国家标准和 66 个行业标准，60 多个国家、70 多个国际和区域性标准化组织、450 多个专业协(学)会的成套标准，160 多种国内外标准化期刊及标准化专著。

通过其门户网站"国家标准文献共享服务平台"向社会开放，提供标准动态跟踪、标准文献检索、标准文献全文传递和在线咨询等服务，见图 5-23。网站提供简单检索、高级检索、专业检索和分类检索四种检索方式，用户可选择关键词、标准号、国际标准分类、中国标准分类、采用关系、标准品种、年代号、标准状态等检索字段进行组合检索。用户可免费查看题录信息，查看全文需订购。

图 5-23　国家标准文献共享服务平台首页

5．工业标准咨询网

工业标准咨询网简称工标网，成立于 2005 年 5 月。目前，工标网收录了包括国家标准、行业标准、国家军用标准及 ISO 标准、ASTM 标准、IEC 标准、DIN 标准、EN 标准、BS 标准等数十个国家的近百万条标准。该网站是商业性质的在线标准化信息服务平台。

5.4.3　国外标准文献信息的检索

目前，世界上有两个权威的国际标准化组织机构，一个是国际标准化组织(ISO)，另一个是国际电工委员会(IEC)。

1．ISO 标准文献的检索

国际标准化组织(International Organization for Standardization，ISO)成立于 1947 年 2 月23 日，隶属于联合国。ISO 是一个全球性的非政府组织，是国际标准化领域中一个十分重要的组织。ISO 总部设于瑞士日内瓦，目前已拥有 166 个成员国和 798 个技术机构。ISO 的宗旨是在世界范围内促进标准化工作的发展，以利于国际物资交流和互助，并扩大知识、科学、技术和经济方面的合作。其主要任务是：制定、发布和推广国际标准；协调世界范围内的标准化工作；组织各成员国和技术委员会进行信息交流；与其他国际组织共同研究有关标准化问题。ISO 已累积发布了 21 613 个国际标准，几乎覆盖了技术及商业的各个方面。中国于 1978 年加入 ISO，在 2008 年 10 月的第 31 届国际化标准组织大会上，中国正式成为 ISO 的常任理事国，代表中国的标准化组织是中国国家标准化管理委员会。

ISO 标准文献的检索途径有两种，一是利用 ISO 组织出版的印刷性检索工具，二是利用网络检索工具。

ISO 组织出版的印刷性检索工具有《国际标准化组织目录》(ISO Catalogue)，它是年刊，每年 2 月出版，每季度出一次补充目录，报道 ISO 颁布的现行标准。该目录用英语、法语对照出版，著录项目由五部分组成：分类目录、主题索引、标准号索引、作废标准目录和国际十进分类号与 ISO 分类号参照表。《国际标准草案目录》(ISO Draft International Standards)则主要用于检索标准草案。

ISO 标准的网络检索工具包括 ISO 网站(见图 5-24)及国内一些网站的链接，如国家标准文献共享服务平台中的国际标准正版销售系统。

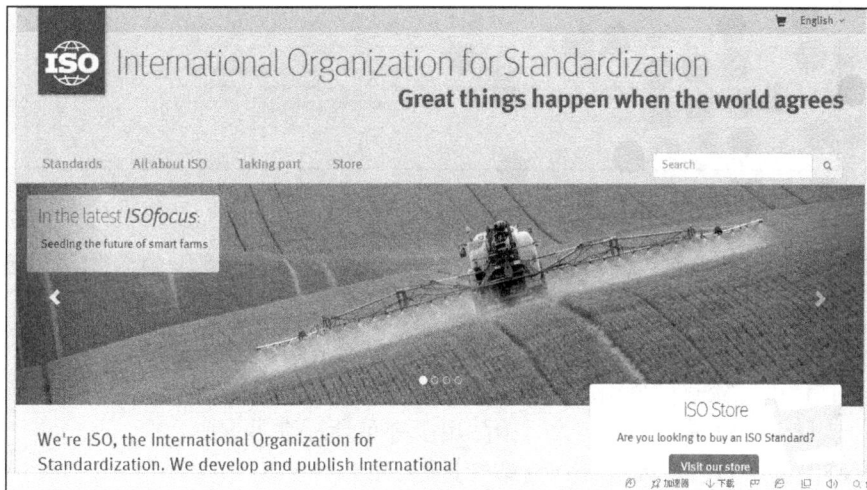

图 5-24　ISO 网站首页

ISO 网站首页提供了普通检索入口(见图 5-24)，单击 Search 按钮可进入普通检索页面。如在检索框内输入 "ISO 9001"，检索结果见图 5-25。在页面左侧可以选择检索范围，包括全部结果(All results)、标准(Standards)、出版物(Publications)、公告(News)和文档(Documents)，页面右侧则显示检索数量和检索结果。单击检索结果列表，可查看该标准简介；该标准的一般信息，包括当前状态(Current status)、出版日期(Publication date)、修订版日期(Corrected version)、版本(Edition)、页数(Number of pages)、ICS 分类号等信息及该标准的购买价格信息。

在普通检索页面下方提供高级检索页面链接，高级检索界面提供 ISO 代号(ISO Number)、关键词或短语(Keyword or phrase)、范围(Scope)、语言(Language)和 ICS 分类号等检索字段。

2. IEC 标准文献的检索

国际电工委员会(International Electro technical Commission，IEC)成立于 1906 年，是世界上成立最早的非政府性国际电工标准化机构，1947 年 ISO 成立后，曾作为电工部门并入 ISO，但在技术、财务上仍保持其独立性。根据 1976 年 ISO 与 IEC 的新协议，两组织都是法律上独立的组织，IEC 负责有关电工、电子领域的国际标准化工作，其他领域则由 ISO 负责。IEC 的宗旨是促进电工标准的国际统一，电气、电子工程领域中标准化及有关方面的国际合作，增进国际间的相互了解。IEC 工作领域包括电力、电子、电信和原子能方面的电工技术。IEC 成员国包括绝大多数的工业发达国家及一部分发展中国家，目前共有 88 个成员国(正式成员 62 个，注册成员 26 个)和 84 个加盟会员国。IEC 目前出版物总数为 10 992 篇，其中 7114 篇国际标准出版物、388 篇技术规格、651 篇技术报告、IEC 指南 14 篇。

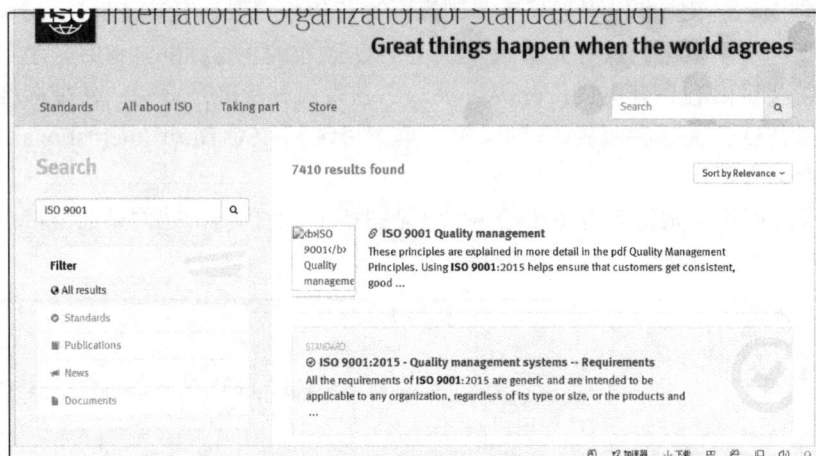

图 5-25　ISO 网站普通检索结果

　　IEC 标准文献的检索可以通过 IEC 的出版物《IEC 标准目录》进行，也可以通过 IEC 网站进行。

　　IEC 组织出版的印刷性检索工具《IEC 标准目录》(*Catalogue of IEC Publication*)为年刊，报道 IEC 现行标准。著录项目由三部分组成：标准号索引、主题索引、IEC/TC 和 IEC/SC 名称一览表。该目录有中译本，译名为《国际电工委员会标准目录》。

　　IEC 标准的网络检索工具是 IEC 网站，见图 5-26。

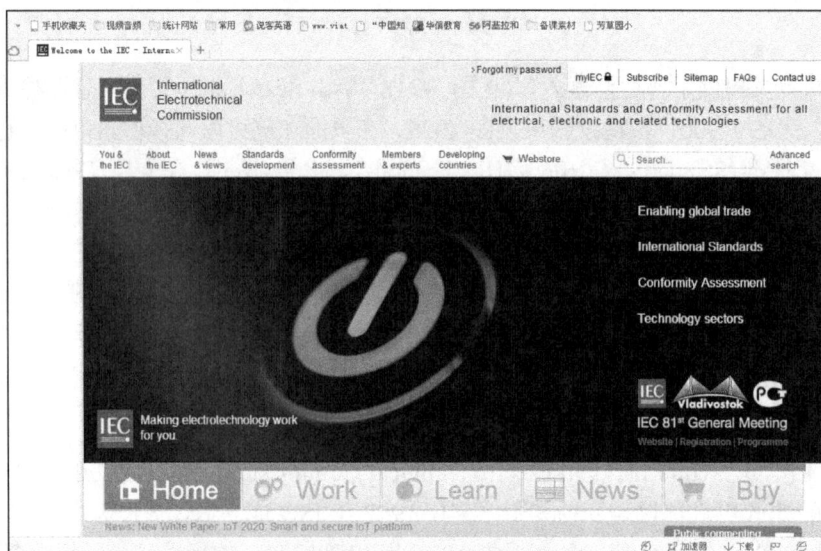

图 5-26　IEC 网站首页

在 IEC 网站首页导航栏右侧有检索框和高级检索页面的链接，单击可进入检索页面。高级检索又分为 Dashboard Finder（仪表仪盘）、Documents/Project/Work Programme（工作文档/项目文件/工作代码）、Publications/Work in Progress（出版物/即将出版信息）三种类型，见图 5-27。

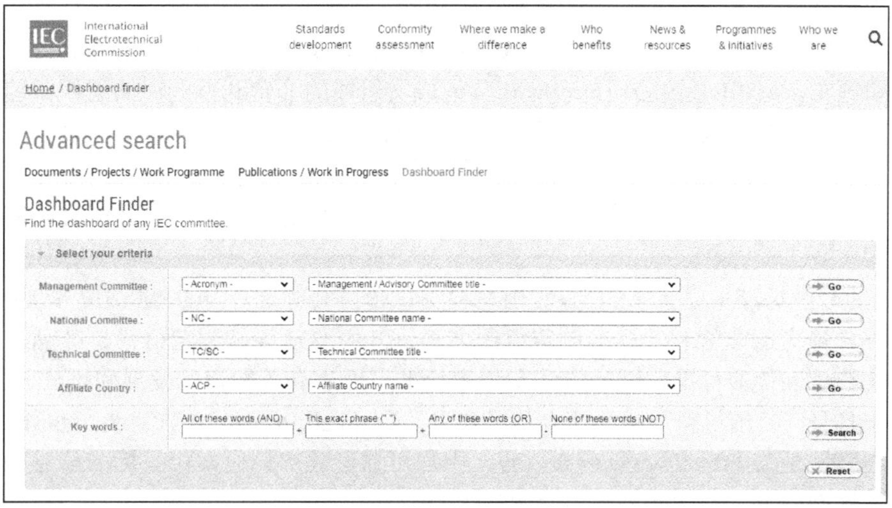

图 5-27　IEC 高级检索界面

Dashboard Finder 中提供的检索途径有管理委员会（Management Committee）、成员国国家委员会（National Committee）、技术委员会（Technical Committee）、加盟国会员（Affiliate Country）、关键词（Key words）5 种。

Documents/Project/Work Programme 中提供的检索途径有关键词（Key words）、工作文档（Working documents）、项目/出版物（Projects/Publications）、委员会（Committee）、日期范围（Data range）、工作领域（Work areas）6 种。

Publications/Work in Progress 中提供的检索途径有关键词（Key words）、出版物（Publications）、委员会（Committee）、日期范围（Data range）、工作领域（Work areas）5 种。

如选择 IEC/IEEE 在过去一年出版的标准，检索结果见图 5-28。

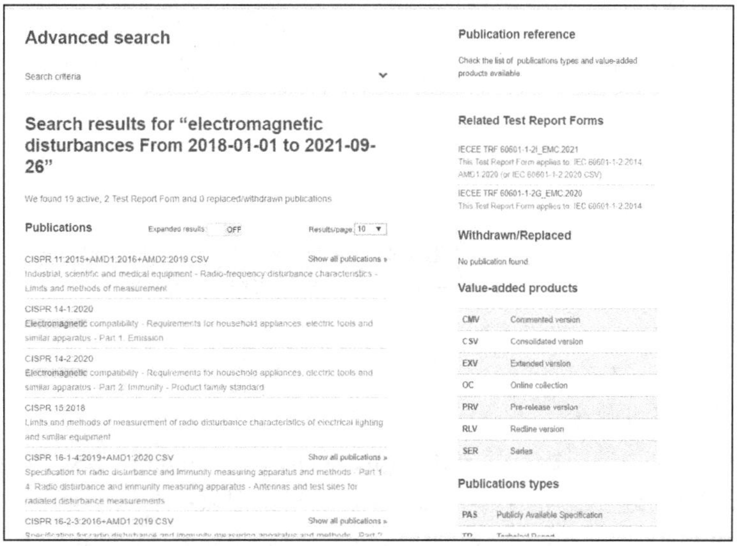

图 5-28　IEC 检索结果界面

单击标准编号则进入 Webstore（购物车），付费后可获取相关信息。

3. 其他国家的标准及其检索

1）美国国家标准及其检索

美国国家标准由美国国家标准学会（American National Standards Institute，ANSI）负责制定、批准和颁布。ANSI 是由公司、政府和其他成员组成的非营利性的民间组织，但它是一个准国家式的标准机构，为那些在特定领域建立标准的组织提供区域许可，如电气电子工程师协会（IEEE）。

ANSI 的主要检索工具是《美国国家标准目录》，该目录为年刊。也可登录 ANSI 网站进行付费检索。

ANSI 的专业标准主要有 ASTM（美国材料与试验协会标准）。ASTM 成立于 1898 年，是世界上最早、最大的非营利性标准制定组织之一，其主要任务是制定材料、产品、系统和服务等领域的特性和性能标准、试验方法和程序标准，促进有关知识的发展和推广。ASTM 标准的检索工具是《美国材料与试验协会标准年鉴》（Annual Book of ASTM Standards）。它的技术标准数据库地址为 https://www.****.org/，用户可通过关键词检索相关标准信息，也可以分类浏览检索标准信息。ASTM 网站首页见图 5-29。

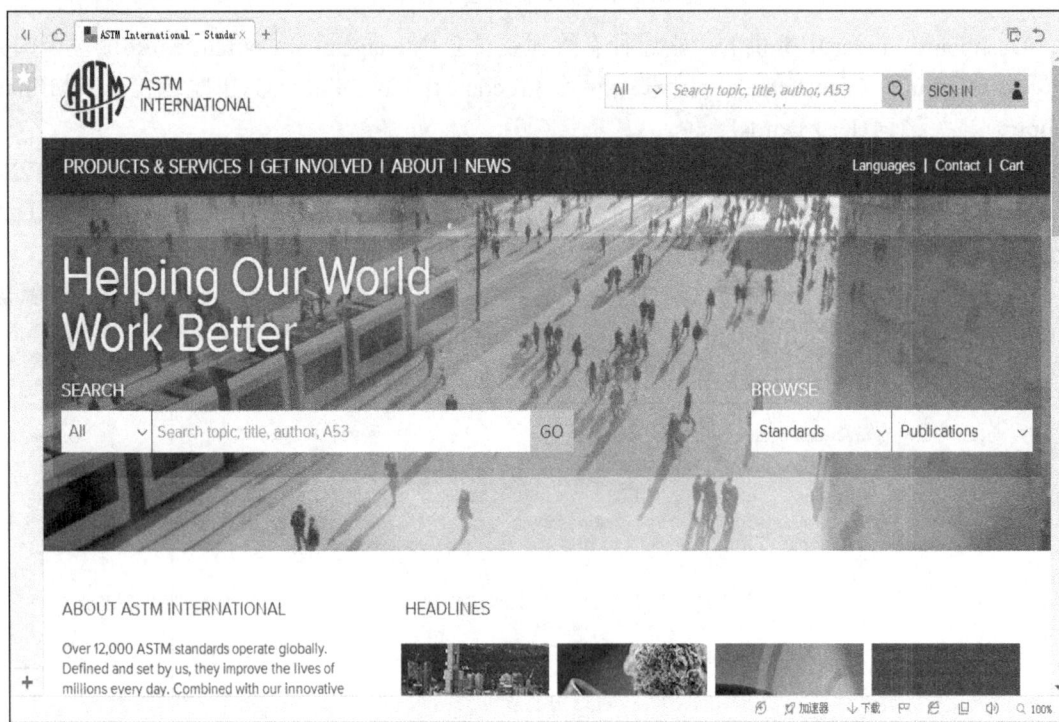

图 5-29　ASTM 网站首页

2）英国国家标准及其检索

英国的国家标准是由英国标准学会（British Standards Institution，BSI）制定、颁布的。BSI 创建于 1901 年，是世界上最早的国家标准化机构。英国国家标准的主要检索工具有《英国标准学会目录》（BSI Catalogue），该目录每年出版一次，当年出版的目录收集到上一年 9 月 30 日为止的所有现行英国标准及其他英国标准协会的出版物。其他检索工具有 BSI 编辑出版的《英国标准学会通报》（BSI News，月刊）、《英国标准学会年报》（The BSI Annual Report，年刊）、《英国标准年鉴》（British Standards Yearbook）和《英国标准目录》（中文版）。用户也可通过 BSI 的网站进行检索（见图 5-30），网站提供了标准目录、标准检索、英国标准在线、管理系统登记、产品实验和证明等服务，可以从标准号、关键词、题目等途径进行检索。

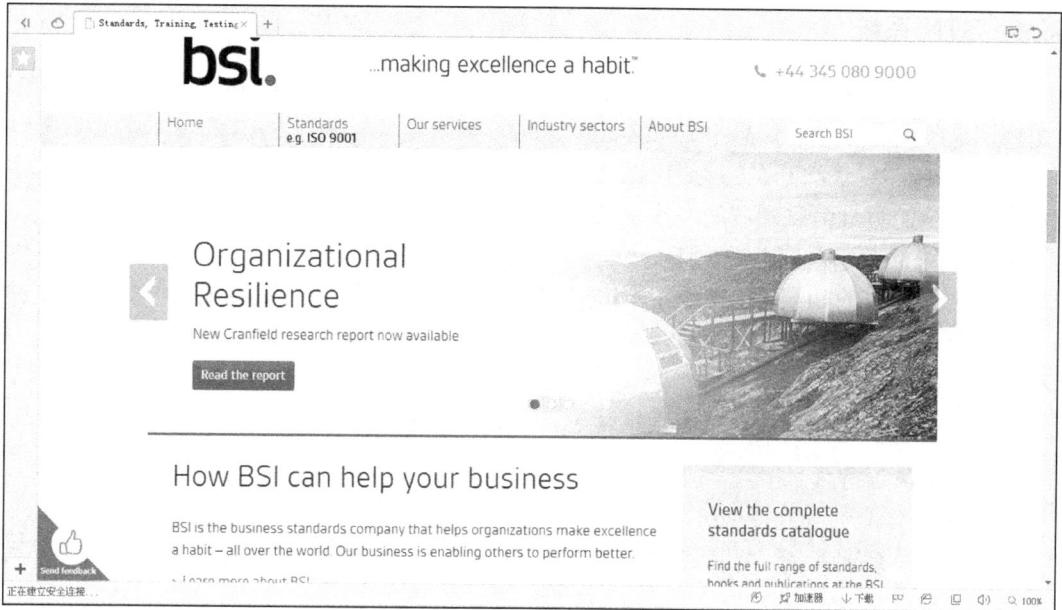

图 5-30　英国标准学会网站首页

3) 日本工业标准及其检索

日本工业标准（JIS）由日本工业标准调查会（Japanese Industrial Standards Committee，JISC）负责制定，是国家级标准。日本工业标准的主要检索工具是《JIS 总目录》，由日本标准协会编辑出版，每年出一版，目录收集到当年 3 月份为止的全部日本工业标准。该目录有日文版和英文版，英文版名称是 JIS Yearbook。中国不定期有其中译本——《日本工业标准目录》出版。日本工业标准也可以通过访问其网站进行检索。日本工业标准网站首页见图 5-31。

图 5-31　日本工业标准网站首页

5.5 大型检索系统

5.5.1 STN系统

STN系统(the Scientific and Technical Information Network International)创建于1983年，是由德国卡尔斯鲁厄专业信息中心FIZ-Karlsruhe、美国化学文摘社CAS和日本中心日本科技厅JST共同合作经营和开发的跨国网络数据库公司，目前是世界著名的国际联机检索系统之一，提供完全的科技信息领域的在线服务。

STN系统涵盖了全球权威出版商旗下的约130个数据库，在统一的平台上为用户提供全球范围内公开发表的期刊、专利、会议论文、技术报告、在线网络资源等多种类型的文献信息。专业范围涉及化学化工、生命科学、生物技术、医药、农业、食品科技、工程技术、材料科学、计算机科学、电子技术、环境科学、地质学、数学、物理、能源、航空航天、人文科学和专利技术等领域，此外也有商情信息，如化工产品、医疗和公司信息等。

1. STN系统特点

STN系统有两个显著特点：

(1) STN系统是唯一一个能同时检索CAS数据库、DWPISM专利索引和INPADOC系列数据库的平台。

(2) STN系统是世界上第一个实现图形检索的系统，能够实现化学物质的结构检索、Markush结构检索和化学反应检索，在化学物质结构图形检索功能方面具有显著优势。

2. STN系统检索功能

STN系统检索功能主要有以下五种类型。

(1) 主题词检索：STN系统提供多个数据库续词表，帮助用户获取完整、精准的检索结果。

(2) 化学物质检索：名称、结构、CAS登记号、分子式、元素符号、环系数据、理化性质数据等检索入口。

(3) 基因序列检索：STN系统提供名称、BLAST、Motif检索途径。

(4) 数值检索：可以从压力、温度、尺寸等方面进行检索。

(5) 机构名检索：提供机构名词库，以获取某一机构完整的文献信息。

3. STN系统检索界面

STN系统提供3种不同的检索界面：

(1) STNext，是最新推出的功能更为强大的检索平台；

(2) STN on the WebSM，为专业检索人员开发的、任何时间段都能检索的网页平台；

(3) STN Express，适用于专业检索人员的综合检索平台。

登录成功后，进入STNext检索界面(见图5-32)。

三种检索界面的特点和功能见表5-3。

STNext网站首页见图5-33。

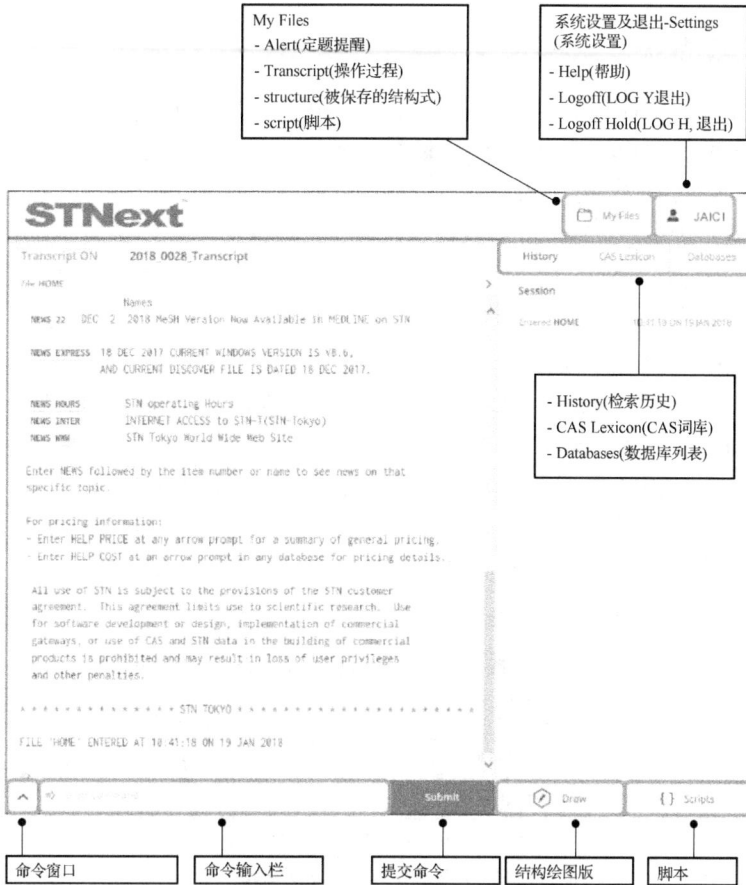

My Files
- Alert(定题提醒)
- Transcript(操作过程)
- structure(被保存的结构式)
- script(脚本)

系统设置及退出-Settings
(系统设置)
- Help(帮助)
- Logoff(LOG Y 退出)
- Logoff Hold(LOG H, 退出)

- History(检索历史)
- CAS Lexicon(CAS词库)
- Databases(数据库列表)

| 命令窗口 | 命令输入栏 | 提交命令 | 结构绘图版 | 脚本 |

图 5-32　STNext 检索界面

表 5-3　STN 系统检索界面对比

对比维度	STNext	STN on the Web SM	STN Express
数据库数量	约 130 个+ DWPIM	约 130 个	约 130 个
访问途径	网页	网页	客户端软件
结构检索	○	○(仅 IE)	○
生成表格文件	○	×	○
单库最大检索量	1 亿	2 千万	2 千万

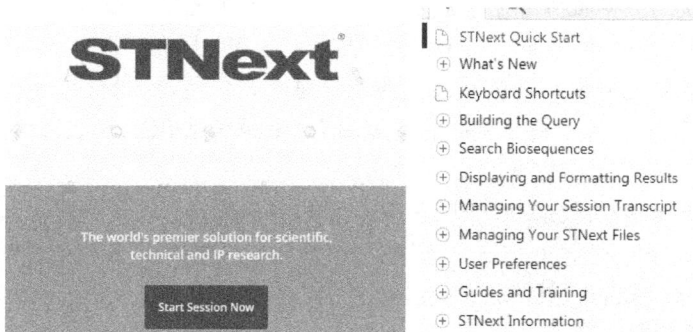

图 5-33　STNext 网站首页

5.5.2　DIALOG 系统

DIALOG 系统创建于 1964—1965 年，原为美国 Lockheed Missiles & Space Company Inc. 的一个信息科学研究实验室，1986 年被 Knight-Ridder 公司收购，2000 年被汤姆森公司(the Thomson Corporation)收购，2008 年并入 ProQuest。公司总部位于美国加利福尼亚州。DIALOG 系统是目前世界上规模最大的联机信息检索系统，几乎覆盖所有的学科领域，数据记录超过 3 亿条，占世界机读文献一半以上。

DIALOG 系统拥有 995 个大型数据库，常用的重要数据库就达 600 多种，数据记录超过 3 亿条。DIALOG 系统数据库包括书目数据库(Bibliographic Database)、全文数据库(Full-text Database)、指南数据库(Directory Database)、数值数据库(Numeric Database)和复合数据库 (Composite Database)等多种类型。

DIALOG 系统于 1972 年开始正式提供商用联机服务，是世界上最大、历史最悠久的联机检索系统，已有 30 多年的全球联机检索服务历史。内容涉及科学技术、专利与商标、法律法规、社会科学、新闻与传媒、商业与金融、参考信息等多个领域，是一个综合性的商业信息检索系统。收录的具体范围见表 5-4。

表 5-4　DIALOG 收录范围

资 源 类 型	收 录 范 围
科学工程	化学工程、机械与民用工程、航空技术、计算机科学等科学领域
知识产权	专利、商标和版权信息
能源与环境	石油、天然气、电能、原子能、环境保护
医学	生物医学研究、医疗仪器、药物和治疗方法
制药	追踪药物发展，包括正在研发的药物和新药、药物登记和临床试验等
化学	化学物质合成、最新发展及商业开发
食品与农业	食品科学、营养学、农业、包装技术、食品立法、食品与饮料市场
社会科学	教育、信息科学、心理学、社会学和政治学
政府和法规	立法和法规信息
商业和金融	市场份额、销售指标、竞争情报、公司财务、商业目录
新闻	报纸、时事通讯、杂志
参考信息	图书、书评、基金、标准、规范

DIALOG 系统的数据资源涵盖了众多领域，主要分布在以下领域：

(1)科技工程(Engineering and SciTech)：收录了生物、医学、医疗设备、化学、农业、食品、电子技术、计算机科学、航空航天、地质、海洋、交通、新材料、能源与环境、健康与卫生、机械与土木工程等各个科技领域的文献。信息来源包括 SCI、EI、NTIS、BIOSIS、Embase、Inspec、Pascal、CSA 等著名数据库。

(2)专利(Patents)：共收录 96 个国家或组织的专利数据，每周更新；31 个国家或组织提供可检索的英文翻译专利全文；65 个国家和组织提供文摘级别专利数据；还包括 Derwent World Patents Index，Patents Citation Index，INPADOC，Derwent Chemistry Resource，IMS Patent Focus，LitAlert 等数据资源。

(3)药学(Pharmaceuticals)：主要收录了全球医药企业名录、制药行业市场信息、生物制药、药品研发、药典、医疗实践、医疗设备、治疗与治疗的突破和药物相互作用等。药学常用的数据库包括 BIOSIS、IMS 系列、Adis 系列、Derwent 等。

（4）新闻与贸易（News and Trade）：主要收录了全球知名的新闻报纸、商业杂志和专业报道，提供优质的商业情报，涵盖了一些含金量非常高的市场研究报告，对于政府、企业、研究人员跟踪市场发展趋势、监控行业发展、进行新产品开发起着非常重要的作用。信息来源包括 ABI/INFORM® Professional、World News Connection® （WNC）、ProQuest Newsstand Professional、Chemical Business NewsBase、Gale Group 等。

DIALOG 系统信息资源按数据类型主要分为四种：

（1）题录文摘型数据（主要是科技、专利类信息）。

（2）名录手册型数据（主要是各种工商企业名录、专用手册、百科全书、药典等）。

（3）全文型数据（主要是市场行业报告、分析报告和工业报告、新闻报道、期刊、报纸）。DIALOG 系统有 100 多个数据库均含有全文记录，加上 10 多个纯全文数据库，囊括了几千种期刊和全球数百种报纸，据不完全统计，至少有 7000 多种期刊。

（4）数值类信息（主要是各种统计诸如价格、进出口数据、生产、销售数据等信息）。

DIALOG 系统面向的用户非常广泛，包括信息检索专业人员、科研人员、企业科研院校及图书馆人员、机构策划和管理人员、商业投资咨询专家、竞争情报专家、市场分析和拓展人员、专攻知识产权的专家和律师、化学制药医学专业人员、生物技术专业人员和工程行业人员。

DIALOG 系统通过 TYMNET、TELENET 等公用数据网和 DIALNET、VNINET 等专用数据网在美国、加拿大、日本等国家或地区建立了庞大的服务网络，拥有用户达 5 万个，遍布世界 120 多个国家或地区的 200 多个城市，拥有 10 余万个联机终端。

在 DIALOG 系统中每个数据库都有一个 ProSheet（蓝页），是详细介绍该数据库的说明书。每个数据库的 ProSheet 都包含了该数据库的描述、学科覆盖范围、回溯时间、更新频率和记录样本等内容。打开数据库 ProSheet 的网址，可单击在线阅读也可下载 PDF 查看。图 5-34 给出了一个数据库蓝页示例。

图 5-34　数据库蓝页示例

使用时，进入登录界面输入账号及密码，登录之后在检索过程中可以直接看到窗口顶部的蓝色条中显示当前正在检索的数据库的信息，单击可打开数据库列表，在数据库列表中选择需要检索的数据库进入检索，具体见图 5-35。

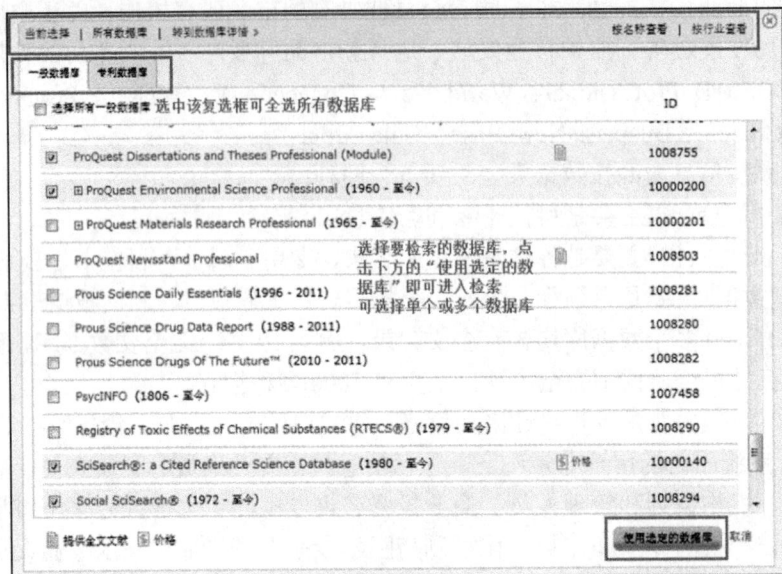

图 5-35　数据库列表

思　考　题

1．什么是特种文献？特种文献分为哪些种类？

2．如何获取学位论文的全文？试列举出三种不同的论文数据库检索方法。

3．简述 PQDT 博硕士论文数据库和 NDLTD 学位论文数据库检索途径及其检索方法的区别。

4．如何获取国内外会议预告信息？举例说明。

5．列举三个会议论文数据库，说明各自的特点及检索方法。

6．简述《国际专利分类法》（IPC）的作用和分类号格式。

7．列举国外的两个主要的专利文献检索系统。

8．简述我国标准的分类。

9．比较中国标准、美国标准、英国标准、日本标准检索方法的异同。

10．尝试从 STNext 和 DIALOG 系统中检索一条生物信息学方面的信息。

参　考　文　献

[1] 笪佐领，沈逸君. 网络信息检索实用教程. 南京：南京大学出版社，2016.

[2] 隋莉萍. 网络信息资源检索与利用（第 2 版）. 北京：清华大学出版社，2014.

第6章 网络免费学术资源检索

学习目标

通过本章的学习可以掌握以下内容：

(1) 了解各学科类别网络学术资源；

(2) 掌握学术搜索引擎的常用检索工具和检索方法；

(3) 了解开放存取资源获取路径；

(4) 了解常用网络开放存取学术资源。

本书前面各章介绍的网络学术资源大多是商业学术资源，由高校图书馆或科级单位图书馆等机构购买使用权或个人订购才能访问使用的资源。除此之外，网络上还有很多免费学术资源，它们的界面简洁，使用方法简单，深受广大学者欢迎。从数据类型看，有题录型、文摘型、全文型信息源；从出版类型看，有图书、期刊论文、学位论文、专利信息、标准信息、统计信息等。

6.1 网络学术资源导航

本节按照学科分类，选取具有一定代表性、影响力和功能性应用的部分网络免费学术资源建立导航列表，包括工学、理学、社会学、管理学、人文科学和考研就业六个大类的网络资源。

6.1.1 工学网络资源

1. 机械类资源

- 中国机械工程学会网
- 中国工程机械信息网
- 中国机械网
- 中国化工机械网
- 中国轻工机械协会
- 美国机械工程师学会网

2. 电气信息类资源

- 中国电器工业协会
- 中国工控网
- RFID 世界网
- 中国自动化网
- 21IC 中国电子网
- IEEE 通信协会会议预告
- 英国工程技术学会(IET)

➢ 通信世界网

➢ 网络空间智库(互联网实验室)

➢ eNet 硅谷动力

3. 能源动力类资源

➢ 中国新能源网

➢ 国际能源网

➢ 冷暖空调网

➢ 上海热处理网

4. 仪器仪表类资源

➢ 仪器信息网

➢ 中国仪器仪表网

➢ 中国仪器仪表学会

5. 生物工程类资源

➢ 生物医学大数据中心

➢ 北京大学生物信息中心

➢ 生物通

➢ 美国国家生物技术信息中心

6. 化学工程类资源

➢ 中国化工网

➢ 化工在线

➢ 中国聚合物网

➢ 中国日用化工技术网

7. 材料工程类资源

➢ 中国材料研究学会

➢ 中国功能材料网

➢ 中国硅酸盐学会

8. 食品工程类资源

➢ 食品质量信息网

➢ 中国食品科技网

➢ 中国食品科学技术学会

➢ 中国食品添加剂和配料协会

9. 环境工程类资源

➢ 联合国环境规划署

➢ 中国环境生态网

➢ 中国环保网

➢ 中国自然资源部

➢ 中国环境两山论坛

➢ 国际水协会(IWA)

6.1.2　理学网络资源

1．材料物理类资源
➢　中国科学院物理研究所
➢　国际物理学会（The Institute of Physics）网站
➢　挪威物理网站
➢　美国物理协会网站
➢　美国能源部开放档案
➢　欧洲物理学会网站

2．数学类资源
➢　中科院数学与系统科学研究院期刊学会部
➢　中国数学会
➢　康奈尔大学 ArXiv 数学预印本网库
➢　数学世界（"网络数学百科全书"）
➢　数学评论网络数据库

6.1.3　社会学网络资源

1．经济学类资源
➢　中国经济信息网
➢　中国宏观经济信息网
➢　中国经济网
➢　国务院发展研究中心信息网
➢　EconPapers 经济论文数据库
➢　世界银行公开数据
➢　经济和自由文库
➢　美国经济学会网

2．法学类资源
➢　中国法律信息网
➢　中国法学网
➢　中国保护知识产权网
➢　北大法律信息网
➢　中国法院网
➢　中国政府法制信息网
➢　法律资源指南
➢　发现法律网站
➢　英国法律在线

3．社会学类资源
➢　社会学视野网

> 中国社科院社会学研究所中国社会学网
> 社会学人类学中国网
> 中国社会工作联合会官网
> 英国社会学在线

6.1.4　管理学网络资源

1. 管理科学与工程类资源
> 中国管理研究国际学会
> 中国管理科学学会网

2. 工商管理类资源
> 中国营销传播网
> 中华企管培训网
> 网络营销第一门户——马甲网
> 中国会计网
> 中华会计网校
> 世界经理人网站
> HR 管理世界网站

3. 公共管理类资源
> 中科院马克思主义研究网
> 美国密歇根大学图书馆各国政府网站资源导航
> 哈佛大学肯尼迪政府学院

6.1.5　人文科学网络资源

1. 中国语言学类资源
> 语言文字网
> 国家语言文字工作委员会
> 汉语考试服务网
> 国学网
> 在线汉语字典
> 孔子学院总部/国家汉办

2. 外国语言学类资源
> Dictionary 词典数据库
> AllWords 在线词典
> 牛津英语大词典网络版
> 多国语言(包括英语、日语、韩语、德语、法语等)学习网

3. 艺术类资源
> 中国美术家网

> 中国艺术设计联盟
> 华夏艺术网
> 中国文艺网

6.1.6　考研就业网络资源

1．研究生考试网络资源
> 中国研究生招生信息网
> 中国考研网
> 轻舟考研帮
> 中国教育在线研究生信息服务平台
> 启航教育考研网

2．就业信息网络资源
> 中国国家人才网
> 南方人才网
> 中国高校就业网

6.2　学术搜索引擎

6.2.1　读秀学术搜索

　　读秀学术搜索将纸质图书、电子图书、期刊、论文等各种类型的资料整合于同一平台，集文献搜索、试读、传递为一体，突破了简单的元数据检索模式，实现了基于内容的检索，为用户提供深入到图书章节和内容的全文检索，可试读部分文献的原文。读秀学术搜索提供知识、图书、期刊、报纸、学位论文、会议论文六个主要搜索频道。其知识检索频道是将数百万各种类型的学术文献打散为 6 亿多页资料，再以相关知识内容为基础重新整合在一起，形成一本巨大的百科全书。读秀学术搜索还提供 100 万种超星电子图书的链接，为读者提供了一个获取知识资源的捷径。

　　下面就文献检索和文献获取两个功能进行简单介绍。

1．文献检索

1）检索图书

　　（1）图书分类导航见图 6-1。单击文本检索框右侧"分类导航"按钮，通过列表逐级对图书进行浏览。

　　（2）图书普通检索。在搜索框直接输入关键词，关键词可定位到全部字段、书名、作者或主题词，然后单击"中文搜索"按钮。如希望获得外文资源，可单击"外文搜索"按钮。

　　（3）图书高级检索。为更准确地定位到图书，高级搜索页面提供书名、作者、主题词、出版社、ISBN、中图分类号、年代等检索条件，可同时或输入图书的任一信息，然后单击"高级搜索"按钮。本页面还可设置搜索结果显示条数。

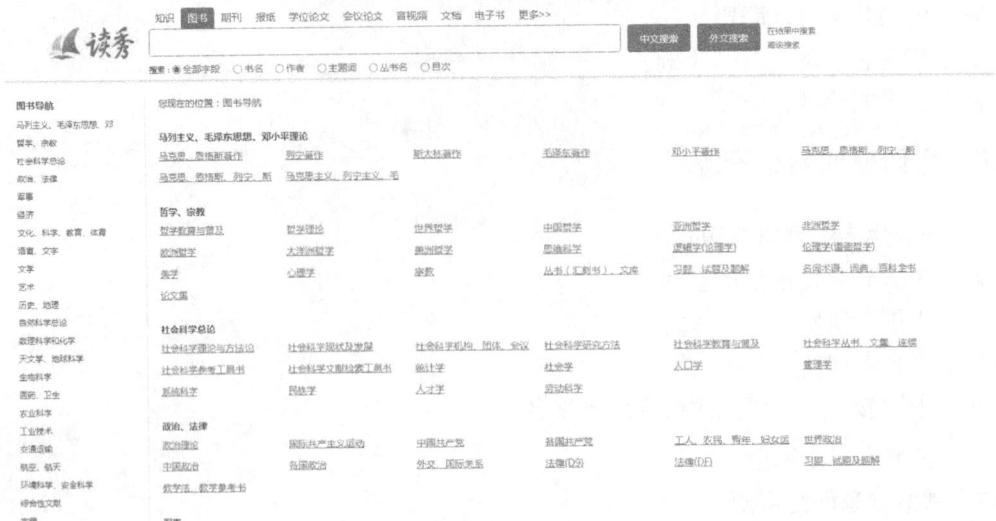

图 6-1　读秀学术搜索图书分类导航

(4)图书专业检索。读秀学术搜索支持在文本框中直接输入要查找的任意词的任意组合，搜索到的范围更精确。例如，要检索书名或关键词含有"数字"或"图书馆"方面的 2010—2020 年间出版的图书，可使用检索式：

(T=数字|T=图书馆|K=数字|K=图书馆)*(2010<Y<2020)

说明：T 为书名，A 为作者，K 为关键词，P 为出版社，Y 为出版年，S 为丛书名，R 为摘要，C=目录。英文半角符号"*"代表并且，"|"代表或者，"-"代表不包含，"( )"括号内的逻辑优先运算，"="后面为字段所包含的值。

2)检索知识

选择知识频道，在搜索框中输入关键词，将围绕该关键词深入到图书的每一页资料中进行信息深度查找。

(1)基本检索。使用多个关键词或较长的关键词进行检索。读秀针对用户输入的关键词提供一站式检索，同时检索所有的文献类型。一站式检索可以扩大搜索范围。在搜索结果很少的情况下，具有拓展搜索范围的功能。

(2)除去特定词搜索。英文半角符号减号"-"具有逻辑不包含功能，值得注意的是，前一个关键词和减号之间必须有空格，否则，减号会被当成连字符处理，而失去减号语法功能。

例如，查找"数字图书馆"，但不希望关于"主要特征"的结果出现，可以输入关键词"数字图书馆 -主要特征"。

还可以同时去除多个关键词。

例如，在上例检索结果中不希望关于"社会功能"的结果出现，可以输入关键词"数字图书馆 -主要特征 -社会功能"。

(3)特定年份内搜索。在关键词后加上"time:时间"，用于命中某一年出版的资料。例如，"数字图书馆 time:2010"，搜索结果为 2010 年的资料。

2. 文献获取

读秀提供多种文献获取方式。

1)PDF 下载

若文献标题右侧有 PDF 下载按钮，单击即可获取。

2)馆藏纸本和电子全文

针对固定 IP 登录的单位用户，如高等院校，如果在检索结果页面图书标题后有"馆藏纸本"按钮，或在图书的详细信息页面中有"本馆馆藏纸本"链接的，可单击该链接直接进入本单位图书馆系统。如果在检索结果标题后有"电子全文"按钮，或信息页面中有"电子全文"标记的，可单击该按钮或该链接直接在线阅读全文或下载。下载需安装超星浏览器。

3)文献传递

文献传递，就是图书馆参考咨询中心通过 E-mail 快速准确地将用户需要的资料发送到用户的邮箱，供用户全文阅读。以图书为例，用户在图书详细信息页面，单击"图书馆文献传递中心"选项，进入"图书馆参考咨询服务"页面，填写咨询范围(每本图书单次不超过 50 页，同一图书每周不超过全书的 20%)和电子邮箱后即可。

6.2.2　Google 学术搜索

2004 年 11 月，Google 第一次发布了 Google 学术搜索的试用版。它以"站在巨人的肩膀上"(Stand on the shoulders of giants)为服务理念，重点提供医学、物理、经济、计算机等学科文献的检索，还通过知识链接功能提供了文章的引用次数及链接，人们可以利用它查找文献的被引用情况，这是目前除 Web of Science 外的另一个可以检索英文文献被引情况的检索工具。

2006 年 1 月 11 日，Google 推出了 Google 中文学术搜索 Beta 版，用于搜索网上的中文学术文献，同时它还具有检索中文文献被引情况的功能，为科学研究与学术评价工作的开展提供了新的工具和途径。

Google 学术搜索提供了基本检索界面和高级检索界面，可以通过关键词、题名、作者、出版物等途径检索，具有较强的逻辑组配检索功能；Google 学术搜索提供了被引次数链接功能，可以进行引文检索；此外，Google 学术搜索还提供了较多的其他方面的链接功能，方便扩展检索。

链接说明：标题——链接到文章摘要或整篇文献(如果文章可在网上找到)；引用者——提供引用该组文章的其他论文；相关文章——查找与本组文章类似的其他论文；图书馆链接(在线)——通过已建立连属关系的图书馆资源找到该项成果的电子版本；图书馆链接——查找用户可以看到的连属这组学术研究成果的图书馆；同组文章——查找我们可能看到的同属这组学术研究成果的其他文章，可能是初始版本，其中有预印本、摘要、会议论文或其他改写本；网络搜索——Google 学术搜索中关于该研究成果的信息。

6.2.3　Bing 学术搜索

Bing 搜索集成了多个独特功能，包括每日首页美图，与 Windows 8.1 深度融合的超级搜索功能，以及崭新的搜索结果导航模式等。通过与 Windows 8.1 在操作系统层面的深度融合，Bing 搜索为用户带来了全新的沉浸式搜索体验——Bing 超级搜索功能(Bing Smart Search)。通过该功能，用户无需打开浏览器或单击任何按钮，直接在 Windows 8.1 搜索框中输入关键词，就能一键获得来自互联网、本机及应用商店的准确信息，从而颠覆了传统意义上依赖于浏览器的搜索习惯，实现搜索的"快捷直达"。

作为最贴近中国用户的全球搜索引擎，Bing 搜索一直致力于为中国用户提供美观、高质量、国际化的中英文搜索服务。凭借先进的搜索技术，以及多年服务于英语用户的丰富经验，Bing 搜索更好地满足了中国用户对全球搜索——特别是英文搜索的刚性需求。

Bing 学术搜索是由微软 Bing 团队联合研究院打造的免费学术搜索产品，旨在为广大研究人员提供海量的学术资源，并提供智能的语义搜索服务。Bing 学术搜索界面简洁，用户只要在文本框中输入关键词检索即可。Bing 学术搜索还提供了近期国际学术会议信息及最新学术成果链接（见图 6-2）。

图 6-2　Bing 学术搜索界面

6.3　开放存取资源

开放存取（Open Access，OA）或开放获取是国际学术界、出版界、图书情报界为了推动科研成果利用互联网自由传播而采取的行动。其目的是促进科学及人文信息的广泛交流，促进利用互联网进行科学交流与出版，提升科学研究的公共利用程度，保障科学信息的保存，提高科学研究的效率。

开放存取源于布达佩斯开放存取先导计划（Budapest Open Access Initiative，BOAI），该计划是开放存取道路上非常重要的里程碑。按照 BOAI 中的定义，OA 是指某文献在互联网公共领域里可以被免费获取，允许任何用户阅读、下载、复制、传递、打印、检索、超级链接该文献，并为之建立索引，用作软件的输入数据或其他任何合法用途。用户在使用该文献时不受财力、法律或技术的限制，而只需在存取时保持文献的完整性，对其复制和传递的唯一限制，或者说版权的唯一作用是使作者有权控制其作品的完整性及作品被准确接收和引用。目前，已有近 700 家机构签署了 BOAI 协议，包括 Springer、哈佛大学、NASA 等国际知名高校、科研机构、出版社，还包括很多来自中国的机构和高等院校，如国家图书馆、中国科学院、武汉大学等。

6.3.1　开放存取资源获取途径

开放存取数字资源是网络上重要的共享学术信息资源，提供期刊论文全文的免费阅读，是获取学术信息的一种新模式。国外的一些研究表明，在很多学科领域，开放存取的文章比非开放获取的文章具有更大的研究影响力。

布达佩斯开放存取先导计划提出了实现开放存取的两种途径：一是创办开放存取期刊（Open Access Journals，OAJ）；二是自我存档（Self-Archiving）。

（1）开放存取期刊，是出版提供信息开放存取的期刊，或将原有期刊改造为信息开放存取的期刊。开放存取期刊是论文在通过同行评议并达到发表水平的前提下，由期刊网站向外发布的一种期刊。该发布方式采用读者免费、作者付费的盈利模式，用户通过网络就可以不受限制地浏览期刊论文全文，突破了纸质期刊出版周期及版面的限制，大大加快了科研成果的传播速度。

（2）自我存档，建立开放存取仓储，也称 OA 文档库（Open Access Archive，OAA）。OAA 是一种基于网络的免费在线资源库，不仅存放预印本，还可以存放后印本（已经在期刊或其他出版物上公开发表的研究成果）。OAA 一般由一个机构（特别是大学）或一个学科组织建立，用户可以免费在库中检索和下载文章。OAA 有学科知识库（也称学科仓储）和机构知识库（也称机构仓储）两种类型，学科知识库是按照学科领域进行组织的开放存取仓储，原来主要限制在自然科学领域，现在社会科学领域也纷纷建立了学科知识库；机构知识库是由研究机构建立和管理的网上文档库，用来保存机构成员出版的论文，并向机构内外的成员提供所收藏内容的免费获取使用。

预印本是指科研工作者的研究成果还未在出版物上正式发表，而出于和同行交流的目的，作者自愿先在学术会议上或通过互联网发布的科研论文、科技报告等文章。预印本可以是原稿完成后送至期刊出版社等待发表的论文，或是已投稿但未被审核接受的文章，或是未投稿至任何期刊的论文。OA 的预印本信息资源，同行可以直接评论，在加快科学研究成果的交流与共享，帮助研究者追踪本学科的最新研究进展，避免研究工作的重复等方面都有重要作用。

一般来说，电子预印本有如下特点。

（1）作者自愿提交：作者按照一定的格式将论文进行排版后，通过网络、E-mail 等方式，按学科类别上传至相应的目录或数据库中。

（2）文责自负：送入预印本库中的论文是不经过任何审核的，也没有任何先决条件决定某一论文能否送入库中，只要作者所投论文遵守国家相关法律，有一定学术水平，符合系统的基本投稿要求即可。

（3）共享性：任何人在尊重作者版权的基础上都可合理利用。

（4）交互性：有些系统允许对论文进行评论和交流。

（5）多载体性：作者可发表到正式的刊物或其他载体形式上。

（6）时效性：交流速度快、利于学术争鸣、可靠性高。

6.3.2　开放存取主要资源

本节将重点介绍部分国际、国内开放存取的数字资源，主要有加州工学院开放数字文档收集项目、Directory of Open Access Journals、HighWire Press、arXiv 预印本文献库、e-Print Soton、人民日报理论版网站、Socolar 开放存取平台等开放存取数字资源。

1. 加州工学院开放数字文档收集项目

加州工学院开放数字文档收集项目由加州工学院图书馆创立和管理，目前开放项目包括战略加速计算机、计算机科技报告、图书馆工作人员编写的出版物、并行和分布式系统项目组的技术报告、航空流体力学实验室研究生的研究报告、地震工程研究实验室技术报告、控制与动力系统技术报告、口述历史文档在线等。

2. Directory of Open Access Journals

开放存取期刊目录(Directory of Open Access Journals，DOAJ)是由瑞典 Lund 大学图书馆于 2003 年创建的，最初有 300 份开放存取期刊，目前收录了 9509 份期刊，逾 251 万篇论文，涵盖科学、技术、医学、社会科学和人文科学的所有领域。

DOAJ 的检索页面(见图 6-3)提供多字段检索服务，包括标题、关键词、主题、出版商国别、出版商、作者、期刊名等。

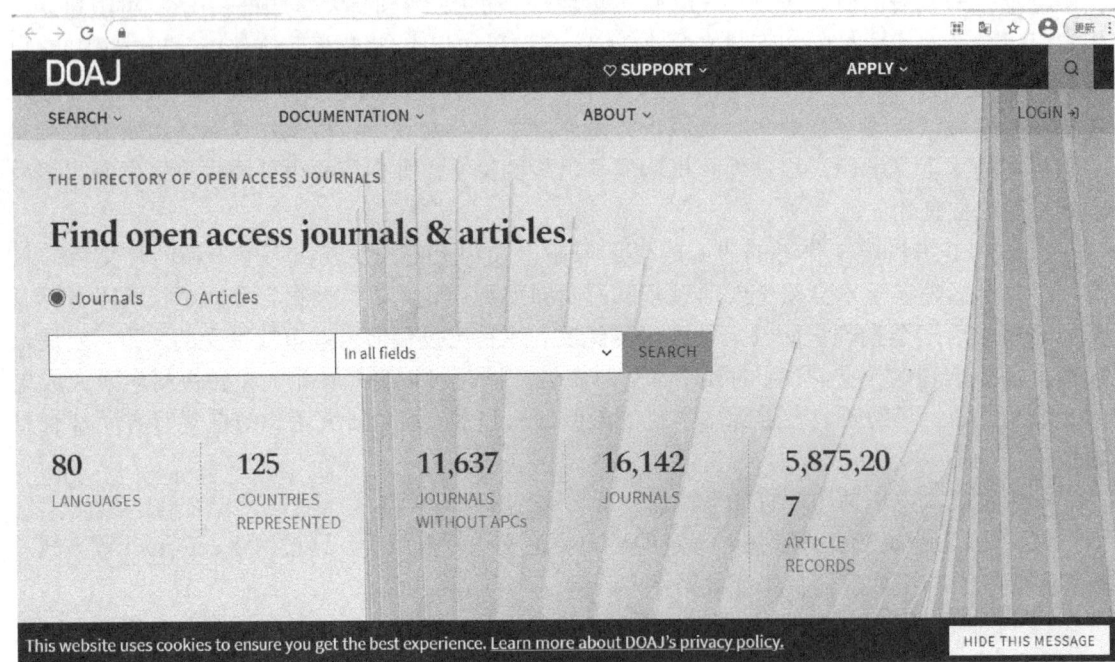

图 6-3　DOAJ 检索界面

3. HighWire Press

HighWire Press 是全球最大的三个提供免费全文的学术文献出版商之一，于 1995 年由美国斯坦福大学图书馆创立。最初仅出版著名的周刊 *Journal of Biological Chemistry*，收录了电子期刊 710 多种，文章总数已达 230 余万篇，其中超过 77 万篇文章可免费获得全文；这些数据仍在不断增加。HighWire Press 现在由 MPS Limited 提供支持，MPS Limited 是向一些世界顶级出版商、教育机构和公司提供内容、平台和学习解决方案的全球领先提供商。HighWire Press 收录的期刊涵盖生命科学、医学、物理学、社会科学等学科领域，其中生命科学和医学领域的免费全文数量多。其登录界面可显示出版商列表(见图 6-4)。

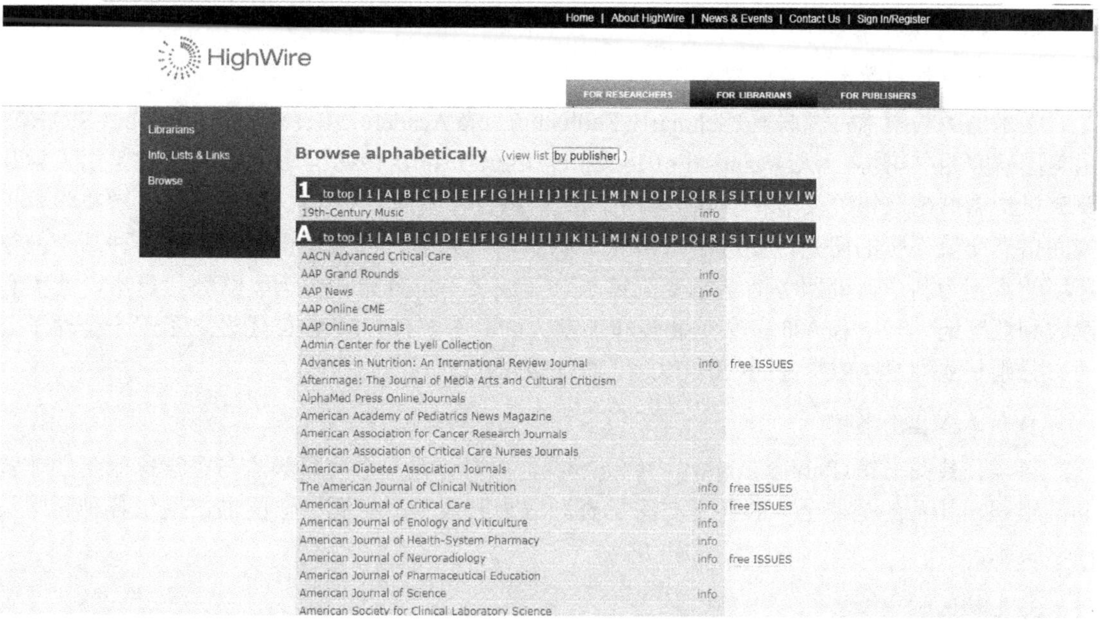

图 6-4　High Wire Press 出版商列表

4．开放存取仓储注册系统

开放存取仓储注册系统(Registry of Open Access Repositories，ROAR)，是一个 OA 机构知识库的注册网站，由英国南安普敦大学的 Tim Brody 编制维护，目前已收录各种类型的机构知识库 4367 个，是获取机构知识库资源的重要网站，用户可通过国家、内容类型、所使用软件的类型等来浏览所需要的机构知识库资源，该网站还提供快速检索功能，方便用户检索。每一个开放资源均列有资源数量。

5．电子预印本

与刊物发表及网页发布的文章相比，预印本具有交流速度快、利于学术争鸣、可靠性高的特点。

1)arXiv 电子预印本文献库

arXiv 是由美国国家科学基金会和美国能源部资助，在美国洛斯阿拉莫斯(Los Alamos)国家实验室建立的电子预印本文献库，始建于 1991 年 8 月。2001 年后转由康奈尔大学(Cornell University)进行维护和管理。该预印本文献库由 Dr. Ginsparg 发起，旨在促进科学研究成果的交流与共享。该预印本文献库开放了包含物理、数学、计算机科学、计量生物学、计量金融学和统计学等多个学科共计 128 余万篇电子预印本文献，提供了分类检索服务，该站点的全文文献有多种格式(如 PS、PDF、DVI 等)，需要安装相应的全文浏览器才能阅读。

2)e-Prints Soton

e-Prints Soton 是英国南安普顿大学 TARDis 项目的成果，该项目受到英国联合信息系统委员会(JISC)的资助，目的是促进学术成果的存储与发表。目前，e-Prints Soton 收录了自 20 世纪 70 年代以来，该校科研人员撰写的学术文献，并不断有新的内容加入。

6. 其他开放存取资源

1) 学术出版与学术资源联盟

学术出版与学术资源联盟(Scholarly Publishing and Academic Resources Coalition,SPARC)由美国研究图书馆协会(Association of Research Libraries)于 1998 年 6 月创建。它是由大学和研究机构图书馆及相关教学和学术机构组成的信息合作组织。SPARC 的宗旨在于解决学术机构间信息交流不畅的问题,促进学术信息资源获取与共享,致力于推动和创建一种基于网络环境的真正为科学研究服务的学术交流体系。其成员单位分布在中国、欧洲、日本、北美和澳大利亚等地,其中有 200 多家是北美和加拿大的高等院校。SPARC 还设立了三个全球子公司,分别是欧洲 SPARC、日本 SPARC 和非洲 SPARC。

2) 科学公共图书馆

科学公共图书馆(Public Library Of Science,PLOS)是一个为科学家与医学家服务的非营利性组织,其目的是使全球的科学与医学资源成为开放存取资源,该图书馆提供各种科学与医学文献。

3) 生物医学中心

生物医学中心(BioMed Central,BMC),设立于 1999 年,后被 Springer Nature 出版公司收购。其提供了 300 多种同行评审的期刊,主要涉及自然科学、技术、工程和医学领域。

4) 日本电子科学与技术信息集成平台

日本电子科学与技术信息集成平台(Japan Science and Technology Information Aggregator,Electronic,J-STAGE),是日本开放存取期刊的主要平台,用户可免费获取各类已出版学术期刊的电子全文。

5) 巴西网上科技在线图书馆

巴西网上科技在线图书馆(Scientific Electronic Library Online,SciELO),是最早为科学文献提供开放访问的机构之一,主要收录拉丁美洲、葡萄牙、西班牙及南非等国在自然科学、社会科学、艺术和人文领域的公开访问及在前沿期刊中发表的权威学术文献。

6) 美国学术出版社

美国学术出版社(The National Academies Press,NAP),由美国国家科学院创建,每年出版约 200 本有关科学、工程、健康及其相关政策等方面的书籍,提供 2500 多种可以免费网上阅览的电子图书。

7) 人民日报理论版网站

人民日报理论版网站是学者及行政官员表达思想见解的窗口,其网站可全文免费浏览学者发表的论著。

8) Socolar 开放存取平台

Socolar 开放存取平台是由中国教育图书进出口公司创立的。为满足用户日益增长变化的学术需求,新版 Socolar 平台在数据支持、技术架构、功能服务等多方面进行了全新升级。在完善原有的开放存取学术资源服务的前提下,新增付费文献单篇的及时获取服务,从而提升机构的服务能力,实现机构管理员随时调配、实时监控资源使用情况等全新功能,真正实现学术文献资源集成一站式服务。

思　考　题

1．结合所学专业，请列举出三个本专业学科门户网站。

2．试通过读秀学术搜索获取"网络免费学术资源"相关的文献和书籍。

3．开放存取资源的获取途径有哪些？

4．试通过开放存取资源获取"图书情报学"研究方向的开放存取论文 2 篇(中、英文各 1 篇)，给出相应的下载链接，并写出各自的摘要内容。

参　考　文　献

[1]　蔡丽萍.文献信息检索教程(第 2 版)[M].北京：北京邮电大学出版社，2017.

[2]　Bing 网站.

[3]　OA 学术资源.南京邮电大学图书馆.

第7章　网络信息资源检索基本知识

学习目标

通过本章的学习可以掌握以下内容：

(1) 了解并掌握信息检索与网络信息检索的基本原理；

(2) 了解检索语言中的分类，分类检索语言与主题检索语言的基本概念、特点；

(3) 了解并能灵活运用主要的检索技术，提高检索效率；

(4) 了解并掌握网络信息检索的全部过程，提高检准率与检全率。

通过前面的学习，我们对搜索引擎、各类馆藏信息工具、图书馆资源、综合性期刊数据库、特种文献及开放存取资源等信息有了一定的认识，接下来学习使用这些信息资源的方法、原理、技术和步骤。

7.1　信息检索原理

1. 信息检索的定义

20 世纪 50 年代，信息检索(Information Retrieval，IR)由美国计算机学家穆尔斯(C.W.Mooers)首次提出，从 1961 年开始在学术界和实践领域得到广泛的应用。

《决策科学辞典》中定义了"信息检索"的含义，即从存储的信息库中寻找查阅所需要的信息。从广义方面理解，信息检索包括文献检索、数据检索及其他资料检索等；从狭义方面理解，信息检索指通过电子计算机查找并提供信息的过程。电子计算机检索由硬件(计算机系统和通信网络)、软件(系统软件和应用软件)、信息库、系统管理者与信息用户五个要素构成。信息检索的基本程序为：通过比较系统规定的处理形式所表示的提问标志与存储于信息库的各种信息标志，查找出所需的信息提供给用户。以上过程由检索程序自动完成，它涉及提问的表达式和判读、信息库的查找方法、索引词之间的比较方法等技术。因此，信息检索的内容包括信息检索方法、信息检索评价、信息的提供与分发等。根据信息库的不同种类，信息检索的方法分为顺排文件检索、倒排文件检索、混合检索等。

《科技编辑大辞典》中"信息检索"的定义是：从大量被存储的信息中加工、检索出需要的信息，以及向计算机用户提供一整套信息的工作。信息检索通常有广义和狭义之分：广义的信息检索包括文献检索、数据检索和事实检索三个方面；狭义的信息检索仅指计算机化的文献检索。信息的内容分析、信息存储与检索结构、信息检索评价是信息检索的核心。

综上所述，从广义的角度理解，信息检索包括了信息的存储和检索两个过程，而从狭义的角度理解，信息检索仅包括检索的过程。信息的存储就是将搜集到的一次信息，经过著录其特征(如题名、作者、主题词、分类号等)而形成款目，并将这些款目组织起来成为二次信息的过程。信息的检索是针对已存储的二次信息库进行的，是存储的逆过程。为了快速而有效地检索，就必须存储。这是存储与检索相辅相成、相互依存的辩证关系。

　　然而，由于职业、知识水平、个人素质甚至习惯等因素的差异，信息存储人员(标引者)与信息检索用户(检索者)对同一信息的分析、理解也会存在不同。例如，《计算机在生物化学中的应用》一文，标引者可能将其归入"生物化学"类，而检索者则可能在"计算机"类查找该文。这样，标引者与检索者之间产生了错位，存储的信息就无法检索到。怎样才能保证信息存得进又取得出呢？那就是存储与检索所依据的规则必须一致，也就是说，标引者与检索者必须遵守相同的标引规则。这样，无论什么样的标引者，对同一篇文献的标引结果一致，不论是谁来检索，都能查到该文献。

　　信息存储与检索共同遵循的规则称为信息检索语言(详见 7.2 节)。只要标引者和检索者用同一种检索语言来标引要存入的信息特征和要查找的检索提问，信息的存储过程与检索过程就具备了相符性，信息检索正是以信息的存储与检索之间的相符性为基础的，其过程见图 7-1。

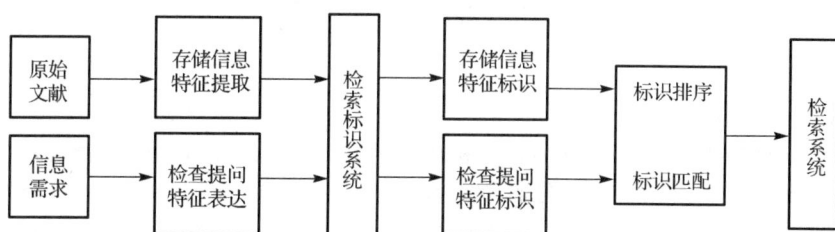

图 7-1　信息存储与检索过程

　　由上可见，检索语言的工作原理可以从两个方面理解：一方面是存储，存储是检索系统对文献内容进行分析，概括出若干能代表文献内容的语词，并赋予一定的标识，如题名、作者、主题词等作为存储与检索的依据，然后纳入数据库中；另一方面是检索，检索者首先要对检索课题进行分析，同样形成若干能代表信息需求的语词，然后通过检索系统在数据库中匹配具有同样语词和标识的文献，找到自己所需的信息。

2. 网络信息检索的原理

　　典型的信息检索系统从互联网上抓取网页，建立索引数据库，在索引数据库中搜索排序。利用能够从互联网上自动收集网页的系统程序，自动访问互联网，并将所有相关网页收集回来。由分析索引系统程序对收集回来的网页进行分析，提取相关网页信息包括网页所在、编码类型、页面内容包含的关键词、关键词位置、生成时间、大小、与其他网页的链接关系等，根据一定的相关度算法进行大量复杂计算，得到每一个网页针对页面内容及链接中涉及到的每一个关键词的相关度或重要性，然后用这些相关信息建立网页索引数据库。当用户输入关键词搜索后，由搜索系统程序从网页索引数据库中找到符合该关键词的所有相关网页。因为所有相关网页针对该关键词的相关度已经排好，故只需按照现成的相关度数值排序，相关度越高，排名越靠前。由页面生成系统将搜索结果的链接地址和页面内容摘要等组织起来返回给用户。搜索引擎一般要定期重新访问所有网页，各搜索引擎的更新周期不同，可能是几天、几周或几个月，也可能对不同重要性的网页有不同的更新频率。更新网页索引数据库，增加新的网页信息，去除死链接，并根据网页内容和链接关系的变化重新排序。这样，网页的具体内容和变化情况就会反映在用户查询的结果中(见图 7-2)。

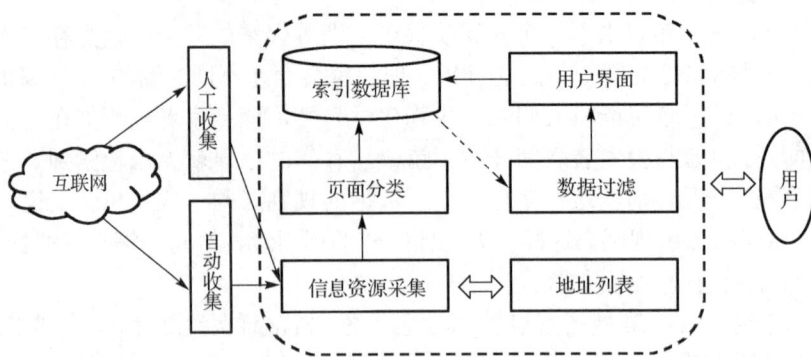

图 7-2 网络信息检索系统结构

7.2 检 索 语 言

1. 检索语言的概念

检索语言又称情报语言、文献语言、标引符号、标识系统，是根据文献检索的需要而创制的专用人工语言，是表达一系列概括文献内容的概念及其相互关系的概念标识系统，专门用于各种手工的、电子化的文献情报存储检索系统。目前，世界上有上千种检索语言，如《中国图书馆分类法》《汉语主题词表》《国际十进分类法》《杜威十进分类法》《NASA 叙词表》等。检索语言由词汇和语法组成。词汇是指登录在分类表、词表中的全部标识，一个标识(分类号、检索词、代码)就是它的一个语词，如分类法、主题词表，分类表、词表则是它的词典；语法是指如何创造和运用那些标识(单个标识或几个标识的组合)来正确表达文献内容和情报需要，以有效地执行情报检索的一整套规则。检索语言的作用主要有：对文献的内容(及其外表特征)加以标引；对内容相同及相关的文献加以集中或揭示其相关性；对大量文献加以系统化或组织化，便于将标引用语和检索用语进行相符性比较。检索语言的特点是：能简单明白又比较专指地表达文献及检索课题的主题概念，容易将概念进行系统排列；语词与概念一一对应，排除了多词一义、一词多义和词义含糊的现象，并能显示出概念之间的相互关系，帮助情报检索人员全、准、快地检索到含有所需情报的文献。把自然语言表达的内容转换或翻译成检索语言，需要一种词典式的工具，称为检索词典。检索语言，按构成原理，可分为分类检索语言、主题检索语言和代码检索语言三大类型(目前用于文献检索的，主要是前两种类型)；按标识的组合方法，可分为先组式检索语言和后组式检索语言。

如果没有检索语言作为标引者和检索者的共同语言，标引者对文献信息内容的表达和检索者对相同文献内容信息需求就难以取得一致，信息检索也就不可能顺利实现。

2. 两种常用的检索语言划分方法及其类型

1)表达文献外部特征的检索语言

表达文献外部特征的检索语言主要是指文献的题名(篇名)、作者名、出版者、报告号、专利号等，是将不同的文献按照题名、作者名的字序进行排列，或者按照报告号、专利号的数序进行排列，所形成的以题名、作者及号码的检索途径来满足用户需求的检索语言。

表达文献外表特征的检索语言可简要概述为题名、作者、文献编号等索引。

2) 表达文献内部特征的检索语言

（1）分类语言。分类语言是指以数字、字母或字母与数字结合作为基本字符，采用字符直接连接并以圆点（或其他符号）作为分隔符的书写法，以基本类目作为基本词汇，以类目的从属关系来表达复杂概念的检索语言。

（2）主题语言。主题语言是指以自然语言的字符为字符，以名词术语为基本词汇，用一组名词术语作为检索标识的检索语言。以主题语言来描述和表达信息内容的信息处理方法称为主题法。主题语言又可分为标题词、单元词、叙词、关键词。

（3）代码语言。代码语言是指用某种代码系统来表示事物某方面的特征和排列事物概念，从而用来检索的检索语言。例如，根据化合物的分子式这种代码语言，可以构成分子式索引系统，允许用户从分子式出发，检索相应的化合物及其相关的文献信息。

3) 检索标识规范化的角度

从检索标识规范化的角度来看，检索语言可分为自然语言检索标识和规范语言检索标识。前者包括作者、题名、会议名称、机构号、标牌号、专利号和关键词，是非专业检索人员常用的检索方式。后者则指语言是存取文献信息的依据，在编制检索工具时，标引人员要对各种文献进行内容分析，找出它们所包含的内容要点，使之形成若干能代表文献内容的概念，并把这些概念转换成系统能接收的语言，然后用户才能比较准确地从系统中得到用这些规范化语言所标引的文献。

7.2.1　分类检索语言

分类检索语言是检索语言的一种类型，是指将各种知识领域（学科及其研究问题）的类目按知识分类原理进行系统排列并以代表类目的数字、字母符号（分类号）作为文献主题标识的信息检索语言。文献信息内容属于某个类目，就用该类目的分类号进行标引，并被放置在与分类体系一致的序列中的特定位置。

分类检索语言是按分类组织信息，按分类检索途径检索信息的基本工具和重要依据。它所使用的标识是有次序的号码，系统性很强。它的具体表现形式是分类表及分类规则。分类检索语言包括等级体系型分类检索语言和组配（分析-综合）型分类检索语言，可统称为分类法系统。

1. 体系分类法

体系分类法是一种直接体现知识分类的等级制概念标识系统。它是由对概括文献内容及某些外部特征的概念进行逻辑分类（划分与概括）和系统排列而构成的。体系分类法的主要特点是按学科、专业集中文献，并从知识分类角度揭示各类文献在内容上的区别和联系，提供从学科分类检索文献的途径。

所谓"类"，是指具有共同属性的事物的集合。一类事物除了具有共同属性，还有许多不同的属性，可进行多次划分。一个概念经过一次划分后形成的一系列知识概念就是种概念，又称子位或下位类，被划分的类称为母类或上位类，即属概念；由同一上位类划分出的各个下位类互称为同位类，也即并列概念。一个概念每划分一次，就产生许多类目，逐级划分，就产生许多不同等级的类目，这些类目层层隶属，就形成一个严格有序的知识门类体系。用规范化的人工符号——字母、数字和语词表示这类类目，就构成分类表，类号和类名就是分类检索语言。从分类角度查阅文献，应使用体系分类表。例如，查阅特色皮鞋市场的文章，至少要进行经济、贸易经济、商品学、轻工业产品这样四次概念划分，才有可能找到有关的类目。体系分类法具有按学科或专业集中、系统地向人们揭示文献资料内容的功能，这对于希望系统掌握和利用某一专业范围的文献而言，是十分有效的。目前，我国通用的主要分类法是《中国图书馆分类法》(中图法)，类号采用汉语拼音字母与阿拉伯数字的混合号码，用一个字母代表一个大类，以字母的顺序反映大类的序列，在字母后用数字表示大类下类目的划分，数字的设置尽可能代表类的级位，并基本上遵从层累制的原则。

下面以《中图法》为例说明体系分类法的结构与功能。《中图法》是体系分类法的典型代表，是现今国内图书情报部门普遍使用的一部分类法。《中图法》的类目表由基本大类、简表、详表和复分表组成。

1) 基本大类

基本大类是分类法中的第一级类目，是对学科领域的基本划分。《中图法》共有 22 个基本大类，每个大类都用一个英文字母表示。基本大类如下所示：

A 马克思主义、列宁主义、毛泽东思想、邓小平理论

B 哲学、宗教

C 社会科学总论

D 政治、法律

E 军事

F 经济

G 文化、科学、教育、体育

H 语言、文字

I 文学

J 艺术

K 历史、地理

N 自然科学总论

O 数理科学和化学

P 天文学、地球科学

Q 生物科学

R 医药、卫生

S 农业科学

T 工业技术

U 交通运输

V 航空、航天

X 环境科学、安全科学

Z 综合性图书

2) 简表

简表又称为基本类目表，是分别对每个基本大类，依据它的某些属性，做进一步划分后而形成的二、三级类目表。简表如下所示：

Q 生物科学

　　Q1 普通生物学

　　Q2 细胞生物学

　　Q3 遗传学

Q4 生理学

Q5 生物化学

......

3）详表

详表又称主表或正表，是由简表进一步细分而成的最小概念性分类表。如下所示：

I 文学

　I0 文学理论

　I1 世界文学

　I2 中国文学

　　　I20 评论与研究

　　　I21 作品集

　　　I22 诗歌、韵文

　　　I23 戏剧文学

　　　I24 小说

　　　　　I242 古代至近代作品

　　　　　I246 现代作品

　　　　　I247 当代作品

　　　　　　　I247.4 章回小说

　　　　　　　I247.5 新体长篇、中篇小说

　　　　　　　I247.7 新体短篇小说

　　　　　　　I247.8 故事、微型小说

　　　I25 报告文学

　　　I26 散文

　　　......

　I3/7 各国文学

4）复分表

复分表是供主表中某些类目共同细分而从主表中抽出的一部分类目表。

使用体系分类检索语言编制的分类表按学科或专业集中文献信息，以学科概念的上下左右关系反映事物的派生、隶属、平行的关系，较好地体现了学科的系统性，能较好地满足族性检索的要求。

体系分类法用字母和数字表示类目，便于组织文献排架及目录系统，又适于文献信息的收集和编制手工检索工具。

在局限性方面，由于体系分类法使用的是号码式语言作检索标识，一方面不直观，另一方面在检索文献信息时，必须将文字主题转换成分类标识，在转换过程中容易产生差错，造成误检或漏检，影响检索效率。此外，体系分类法采用的是先组式检索语言，增补新概念困难，修改不及时，不适用新兴学科和边缘学科的检索。

2．组配分类法

组配分类法是根据概念的分析和综合原理编制的文献分类法，又称分面分类法、分面组配分类法、分析-综合分类法。它将主题概念分解为简单概念（或概念因素），按照它们所属的方面或范畴，分别编列成表。标引时用两个或多个简单概念的分类号的组合来表达一个复杂的主题概念。

组配分类法可分为全分面分类法和半分面分类法两种。

(1)全分面分类法是纯粹的组配分类法,一般仅在较小的学科或专业范围内使用。它的主体是分面类表,此外还有编制及使用说明、大纲、索引等。分面类表由若干组面构成。组面是用某一单一系列的分类标准对一个主题领域进行划分而产生的一组类目,即表示某一类事物、某一方面属性的一组简单概念。例如,图书馆学组配分类法就可用图书馆类型、资料、操作、学科、地区、时代等特征进行划分,从而产生 6 组类目,即 6 个组面。每一组面还可用同一系列的更细的标准进行划分,分为两个或多个亚面。图书馆类型组面可以再划分为以下几个亚面:

〔按上属机构分〕

公共图书馆

高等学校图书馆

……

〔按用户分〕

儿童图书馆

盲人图书馆

……

〔按规模分〕

大型图书馆

中型图书馆

小型图书馆

……

组面或亚面之下可根据需要设立细分的类目。经过系统排列,就形成一个由组面、亚面、类目等构成的分面分类体系。

例如,检索"网络安全方面的一些文献"。

左框中显示出学科分类的浏览途径:信息技术——互联网技术——网络安全(打√类目)。

右框为"网络安全"类目下的全部文献列表,这一领域研究文献高达 98 594 篇,见图 7-3。

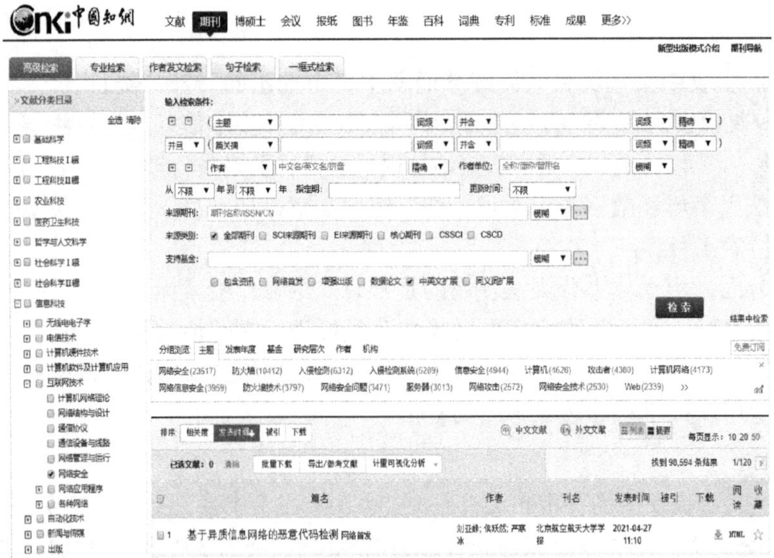

图 7-3　检索示例

图 7-3　检索示例(续)

(2)半分面分类法是一种列举式分类法。《冒号分类法》属于这一类型。它的主体是基本类表和分面列表。

7.2.2　主题检索语言

主题检索语言是使用语词标识的一类检索语言，也称主题法。其特点是：自然语言中的名词术语经过规范化后直接作为文献主题标识，直观性好；按字顺序列排列标识，检索者较易使用；具有按文献主题(文献所论述的事物)集中文献情报的功能，对有关某一事物的检索效率较高；用参照系统及其他方法间接显示文献主题概念之间的关系；其系统性不及分类检索语言，对某学科或专业文献做全面、系统的检索比较困难；较接近自然语言，所以较易与自然语言结合使用。主题词表示例见图 7-4。

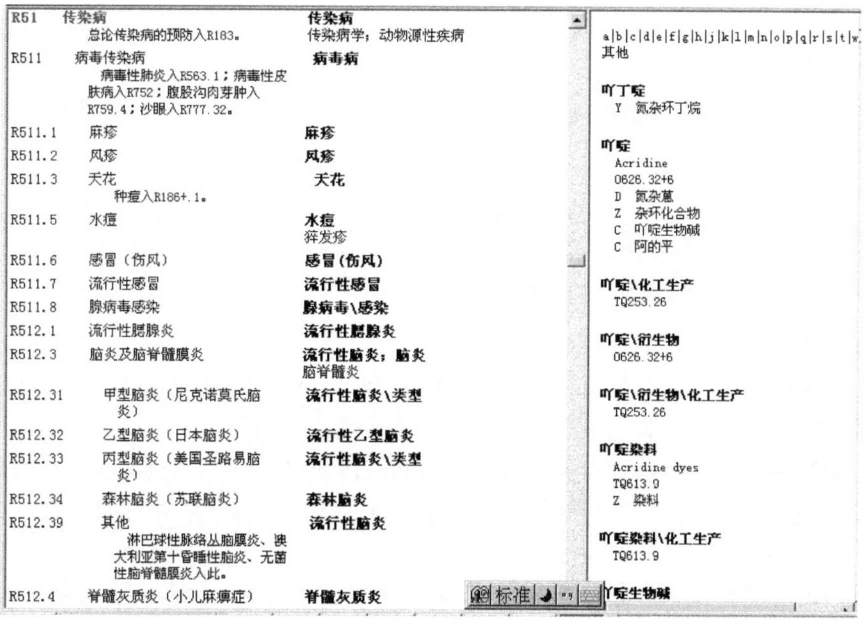

图 7-4　主题词表示例

　　主题检索语言可分为标题词语言(标题法)、单元词语言(元词法)、叙词语言(叙词法)及关键词语言(键词法)。标题词语言属于先组式语言,单元词语言和叙词语言属于后组式语言。关键词语言因其性能与上述几种语言相似,通常也归入主题检索语言一类,实质上它是一种在文献检索中直接使用自然语言的方法,对取自文献本身的语词只作极少的规范化处理,也不显示文献主题概念之间的关系,是一种准情报检索语言。

　　(1)标题词是指从自然语言中选取并经过规范化处理,表示事物概念的词、词组或短语。标题法是主题检索语言系统中最早的一种类型,它通过主标题词和副标题词固定组配来构成检索标识,只能选用"定型"标题词进行标引和检索,反映文献主题概念必然受到限制,不适应时代发展的需要,目前已较少使用。常用的标题词表有《美国国会标题词表》(*Library of Congress Subject*)、《医学主题词表》(*Medical Subject Headings*)。

　　(2)单元词是指能够用以描述信息所论及主题的最小、最基本的词汇单位。经过规范化能表达信息主题的单元词集合构成单元词语言。元词法是通过若干单元词的组配来表达复杂的主题概念的方法。单元词语言多用于机械检索,适于用简单的标识和检索手段(如穿孔卡片等)来标识信息。

　　(3)叙词是指以概念为基础、经过规范化和优选处理的、具有组配功能并能显示词间语义关系的动态性的词或词组。一般来讲,所选的叙词具有概念性、描述性、组配性。经过规范化处理后,还具有语义的关联性、动态性、直观性。叙词法综合了多种信息检索语言的原理和方法,具有多种优越性,适用于计算机和手工检索系统,是目前应用较广的一种语言。CA、EI 等著名检索工具都采用了叙词法进行编排。由叙词组成的词表叫叙词表(Thesaurus)。

　　(4)关键词是指出现在文献标题、文摘、正文中,用来揭示和描述文献主题内容的语词。键词法主要用于计算机信息加工抽词编制索引,因而称这种索引为关键词索引。在检索中文医学文献时使用频率较高的 CMCC 数据库就是采用关键词索引方法建立的。

7.3　检索方法与技术

7.3.1　信息检索方法

　　常用的信息检索方法有浏览法,查询法,引文法,时序法及排除、限定和合取法。

1．浏览法

　　浏览法是最基本的一种信息检索的方法。浏览不是匆匆翻阅,浅尝辄止。不能因为初查失败就急于更换方案,而应该前后多查几个页面,往往有用的线索就在其中。浏览法适用于不了解某一专题信息的具体网址的情况。

2．查询法

　　(1)基于关键词的查询,如单词查询、词组查询、近似查询、布尔查询、自然语言查询。

　　(2)模式匹配,基于模式的概念,允许对某种特性的文本片段进行检索。

　　(3)结构查询。有的信息线索不是包含在文档的内容之中,而是包含在结构之中,如邮件的发送者、接收者、日期、标题等构成一组固定的"域",用户可以针对这些域进行搜索,这是固定结构查询。

　　(4)基于内容的查询,包括一般属性查询(如媒体描述信息)、感知特征查询(如颜色、纹理、形状)、概念查询、时空结构查询等。

3．引文法

文献之间的引证和被引证关系揭示了文献之间存在的某种内在联系。引文法(也称为跟踪法)就是利用文献后所附的参考文献、相关书目、推荐文章和引文注释查找相关文献的方法。这些所附材料不仅提供了与读者需求最密切的文献线索，而且包含了相似的观点、思路、方法，具有启发意义。

引文法分为两种：一种是由远及近地搜寻，即找到一篇有价值的论文后进一步查找该论文被哪些其他文献引用过，以便了解后人对该论文的评论、是否有人对此进行进一步研究、实践结果如何、最新的进展怎样等。另一种较为普遍的查法是由近及远地追溯，这样由一变十、由十变百地获取更多相关文献，直到满足要求为止。这种方法适合于历史研究或对背景资料的查询，其缺点是越查材料越旧，追溯得到的文献与现在的研究专题越来越疏远。图 7-5 是一篇从中国知网中检索出的文献《基于引文网络重叠社团发现的图书馆情报领域学科主题结构分析》，数据库自带功能显示了此篇文献的引文网络(参考文献中的 13 条)，如果想要进一步深入了解，可以利用引文网络关系对相关文献进行一次全面的认识。

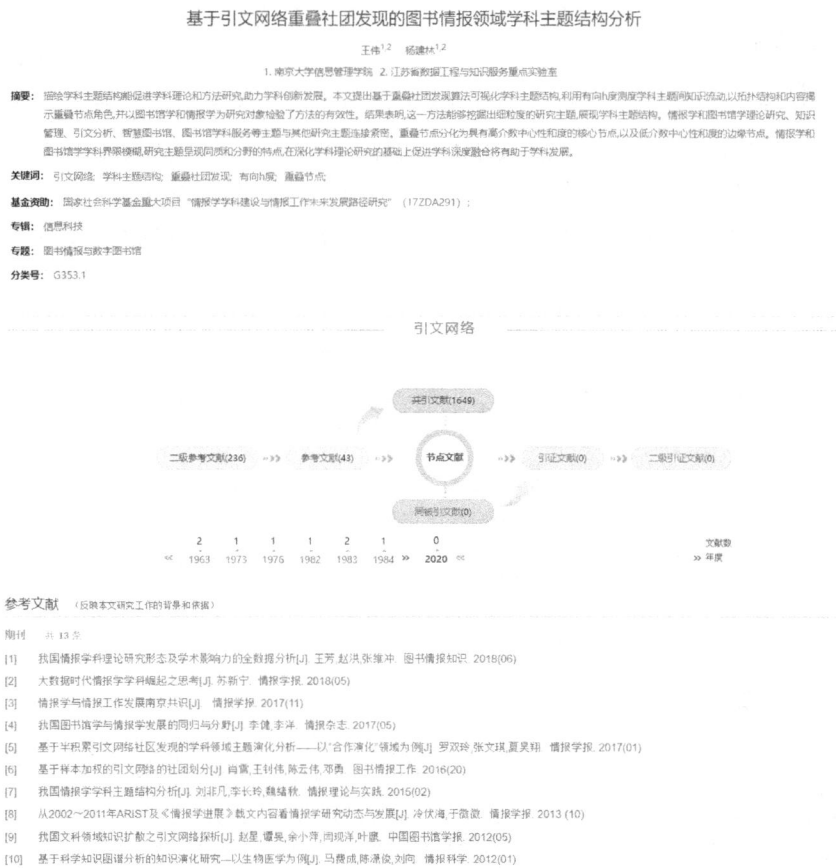

图 7-5　中国知网检索出的文献引文结果示例

4．时序法

时序法是指利用常规检索工具按照时间顺序查找文献的方法。可以用顺查法、逆查法和抽查法查找所需信息。

顺查法是以课题研究的起始年代为出发点，利用选定的检索工具如书目、索引、文摘由远及近地逐年查找。

逆查法则相反，是由近及远地查找，起点是从最近发表的文献开始，直到设定终止的年代或查到所需资料为止。

抽查法是基于这样一个规律来查文献的，即任何一门学科的专题研究发展趋势大体都像波浪起伏般，时而高潮，时而低潮。兴旺时期发表的文献量大，各种学术观点较为集中，若查找兴旺时期的相关文献，花费较少的时间和精力可获得较为满意的检索结果。

5. 排除、限定和合取法

排除法：移植到检索中就是在时间或空间上极大地缩小检索范围。

限定法：是相对于排除法而言的，排除的结果必然是限定，即指对查找内容在时间和空间上加以内在的肯定。

合取法：把不同资料中涉及所需信息的记载都截取下来，汇集在一起，再经过去粗取精、去伪存真的加工，即可得到检索结果。

7.3.2　信息检索技术

1. 布尔逻辑

（1）逻辑"与"：逻辑"与"可用"AND"或"*"表示，检索词用"AND"或"*"相连，含义是检出的记录中同时含有所有检索词。逻辑"与"运算符的基本作用是对检索词加以限定，逐步缩小检索范围，减少命中文献量，提高检索结果的查准率，适用于不同概念组面之间及同一组面内不同含义的词之间的组配。

（2）逻辑"或"：逻辑"或"可用"OR"或"|"表示，检索词用"OR"或"|"相连，含义是检出的记录中至少含有检索词中的一个。逻辑"或"运算符的基本作用是扩大检索范围，增加命中文献量，防止漏检，提高检索结果的查全率，适用于同义词或同族概念的组配，如同义词、近义词等。

（3）逻辑"非"：逻辑"非"可用"NOT"或"-"表示，检索词用"NOT"或"-"相连，表示排除"NOT"或"-"运算符后的词语，检出含有运算符前检索词的所有记录。逻辑"非"运算符的基本作用是缩小检索范围，减少文献输出量，但不一定能提高文献命中的准确率。同时应注意，在有两个以上运算符的复杂逻辑式中，"NOT"出现次数不能太多，否则检出结果极少，影响检出效果。

2. 优先处理算符

优先处理算符用"()"表示，含义是优先对()内的算符进行逻辑运算。在实际检索中，有时要调整逻辑运算符的运算顺序，使某些算符优先进行逻辑匹配或简化逻辑算式，在这些情况下，可使用算符"()"。

3. 邻接算符

邻接算符又称词位置逻辑检索符、全文查找逻辑算符、相邻度检索算符、原文检索符。

1）（W）

W 的含义是"With"，其用法为 A（W）B，表示（W）前后所连接的 A、B 两个检索词在检出结果中必须紧密相邻，且词序不能颠倒。

2）（nW）

W 的含义是"Word"，n 代表单词个数，用法为 A（nW）B，表示 A、B 两词之间允许插入最多为 n 个的其他词语，插入词可以是实词或系统禁用词，同时 A、B 两词的前后顺序保持不变。

3）（N）

N 的含义是"Near"，用法为 A（N）B，表示在检出结果中 A、B 两词必须紧密相邻，并允许词序发生颠倒。

4）（nN）

N 的含义仍是"Near"，用法为 A（nN）B，表示 A、B 两词之间允许插入最多为 n 个的其他词语，插入词可以是实词或系统禁用词，两词的前后顺序可以颠倒。

5）（X）

X 是无间隔有序检索符，检索式为 A（X）B，表示这个算符两边的检索词必须完全一致，并以指定的顺序相邻，中间不允许插入任何单词或字母。

6）（nX）

nX 是有间隔有序检索符，检索式为 A（nX）B，表示两个检索词之间最多可以插入 n 个单元词，两边的检索词必须完全一致。

7）（F）

F 表示"Field"，要求此算符两侧的检索词必须在同一字段（如同在题目字段或文摘字段）中出现，词序不限，中间可插入任意检索词项。

8）（S）

S 是"Sub-field/sentence"的缩写，表示在此运算符两侧的检索词只要出现在记录的同一个子字段内（如在文摘中的一个句子就是一个子字段），此信息即被命中。要求被连接的检索词必须同时出现在记录的同一句子（同一字段）中，不限制它们在此子字段中的相对次序，中间插入词的数量不限。

strength（S）steel，在同一个句子中检索出含有"strength"和"steel"形式的均为命中记录。

4．字段限制

在联机数据库或光盘数据库检索系统中，都提供字段限制的检索功能，其作用是将检索范围限定在某一字段内，如题名、作者等。以 DIALOG 检索系统为例，基本字段限制为四个：题名（TI）、叙词（DE）、标引词（ID）、文摘（AB）。

除了基本字段，检索系统中的其他字段都可称为辅助字段，其表达方式与基本字段有所不同，它是在检索词前面加上字段代码和运算符。

搜索引擎常用的字段有 title/t、subject、text、host（主机）、URL/u、domain（域名）、link（链接）等。

"title（或 t：）"表示查找标题中包含检索词的页面。

"URL（或 u：）"表示查找 URL 中包含检索词的页面。

"link："表示查找含有链接至 URL 的页面。

"host："表示在指定的服务器上查找页面。

"domain："表示查找指定域名的各页面。

"subject："表示查找主题中包含检索词的页面。

"text："表示文本中包含检索提问式的页面。

5. 截词检索

截词检索是利用检索词的词干或不完整的词形查找信息的一种检索方法。用户可以用截词符号(如"*"、"?"或"$"等)表示检索词的某一部分，允许有一定的词形变化，而不必输入完整的检索词。

(1)按截断的字符数量划分，截词检索可以分为有限截词和无限截词。

有限截词，又称有限截断，指对词干以外可以出现的字母数量进行限定。

无限截词，又称无限截断，指对词干前后出现的字母数量不进行限定，一切与输入的词干相匹配的字符串，不论词干后或词干前是什么字符串、有多少字符串，都属于要检索的信息。

(2)按截断的位置划分，截词检索可以分为前截词、后截词、前后截词和中间截词。

前截词，又称左截词、前截断，允许检索词的前端有一定形式的变化。这是一种后方一致的检索，对汉语中复合词组的检索非常方便。

后截词，又称右截词、后截断，允许检索词的尾部有若干形式的变化。这是一种前方一致的检索。

前后截词，又称前后截断，检索词中间一致、任意一致，检索词中只要出现指定的词干即为合法检索词，这实际上是一种比较宽的模糊检索。

中间截词，又称嵌入式截词、中间截断、嵌入式截断，指在检索词中间嵌入截断符号(有的系统用"?"，有的用"*")，前后一致，允许检索词中间有若干形式的变化。

6. 词组或短语检索

词组或短语检索是一般数据库中最常用的方法。在网络信息检索工具中，在检索框中输入两个或两个以上的检索词，这两个检索词之间不加任何符号，那么检索工具会将这两个检索词之间的关系设为默认值(有的默认值为 AND，有的默认值为 OR)。若要将这两个或多个检索词作为一个词组或短语进行检索，中间不允许插入任何字符，就必须使用一定的符号来表明这是词组或短语，最常用的符号是双引号""或括号()。

7. 加权检索

加权检索的基本方法是：在每个检索词后面给定一个数值，表示其重要性程度，这个数值称为权值。加权明确了各检索词的重要程度，使检索更有针对性，并且能依据权值的大小，对命中记录的重要性进行排序。检索时，先查找这些检索词在数据库记录中是否存在，然后计算存在的检索词的权值之和，只有当权值之和达到或超过预先给定的阈值时，该记录才算被命中。

8. 区分大小写检索

如果同时检索两个或两个以上的人名或机构名称，需要用逗号将其隔开。区分大小写检索主要是针对检索词中含有人名、地名等专有名词的，大写检索词能被当作专有名词看待。而在不区分大小写的情况下，则无法区分该检索词是专有名词还是普通词，在一定程度上会影响检索结果的准确性。

9. 加/减号检索

加/减号检索是搜索引擎支持的常规功能，即在检索词前置"+"/"-"，其作用相当于布尔逻辑"与"/"非"运算。

10. 概念检索

概念检索是指使用某一检索词进行检索时，能同时对该词的同义词、近义词、广义词、狭义词进行检索，以达到扩大检索范围及避免漏检的目的。

11. 过滤检索

过滤检索是在检索时自动将一些不良网站信息过滤掉。

12. 多媒体检索

多媒体检索包括基于描述的多媒体检索和基于内容的多媒体检索。

基于描述的多媒体检索是用一个关键词来描述所要查找的图片或音乐，如可以用"classroom"这个词来查找教室的图片，用"spring"这个词在 Lycos 的 MP3 搜索引擎中查找相关音乐。

基于内容的多媒体检索是用一些视觉特征来查找多媒体信息，这些视觉特征包括颜色、形状、纹理等。

7.4　检　索　过　程

在一个检索系统中，用户无法知道是否存在与自己文献需求相关的信息集，以及信息集的大小，只能根据检索需求，制定相应的检索策略，从系统中检出满足检索需求的相关信息。当检索结果不能满足检索需要时，要不断调整检索策略，直到有满意的结果。

7.4.1　分析信息需求

对检索课题进行分析，是用户下一步制定检索策略的前提和基础。分析信息要求需弄清以下几个方面的问题。

(1)明确检索目的。一般来说，用户的信息需求和检索目的包括以下几类。

第一类是需要关于某个课题系统详尽的信息，包括其历史、现状和发展，如撰写学位论文、申请研究课题、进行科技成果查新、鉴定专利、编写教材等。这类需求要求信息检索全面、彻底，查找的资源多，涉及的时间年限长。

第二类是需要关于某个课题的最新信息。这类需求的用户通常一直对某个课题进行跟踪研究，或从事管理决策、工程工艺的最新设计等工作。如果是这样的检索目的，需要检索的资源必须是更新速度较快的，如联机数据库、网络数据库、搜索引擎的检索等，时间跨度比较短。

第三类是需要了解一些片断信息，解决一些具体问题。带有这类需求的用户通常比较多，如写一般论文时，针对某个问题查找一些相关参考资料；进行工程设计施工时，需要一些具体的数字、图表、事实数据等；找某个人的传记、介绍，某个政府机关或商业公司的网页，某个术语的解释等。这类需求不需要查找大量资源，但必须针对性很强，结果必须准确，搜索速度要快。解决这类需求，除数据库外，网上搜索引擎、专题 BBS 都是可供使用的资源。

(2)明确课题的主题或主要内容。要形成若干个既能代表信息需求又具有检索意义的主题概念，包括所需的主题概念有几个、概念的专指度是否合适，哪些是主要的、哪些是次要的，概念之间的关系如何。

(3)课题涉及的学科范围。搞清楚课题所涉及的学科领域，是否属于跨学科研究，以便按学科选择信息资源。

(4)所需信息的数量、语种、年代范围、类型等具体指标。

7.4.2 选择与使用检索工具

根据信息需求分析的结果确定了检索目的和需查找的内容之后,下一步就是选择检索工具了。对检索工具的正确选择必须建立在对网络可利用资源全面了解的基础上,同时充分认识各种参考资源的类型、内容、意义和功能。

选择检索工具的原则如下。

(1)一般来讲,学科属性是决定检索工具是否合适的首选因素。首先,要保证选择的检索工具与检索课题的学科一致;其次,应考虑所选资源在该学科领域的权威性,尽量使用权威性的专业数据库。

(2)了解检索工具收编的范围和特色收藏,包括资源收录的资料跨越的历史年代,覆盖的地理范围,是单语种还是包括多种语言,所属类型等。

(3)清楚检索工具的检索方法和系统功能。

(4)了解并有效地利用检索系统的手段和辅助工具,如(Help,About us)检索帮助、培训课程等。

(5)信息需求的检索范围包括时间范围、地理范围、文献形式和资料类型的范围。在实际检索过程中,课题检索的范围受两个因素的制约:一是检索课题本身的要求;二是利用资源的数量。用户可以参照课题类型、检索课题的信息量、深度及时间要求来决定。

目前,较常用的检索工具的类型有:网络数据库、搜索引擎、网络指南、学科导航、网站、印刷本检索工具(原始文献和作者)。

国内综合类网络数据库可以分为五种类型。

(1)公共图书馆及情报所服务的数据库资源,如中国国家图书馆、中国科学技术信息研究所、上海图书馆(上海科技情报研究所)。公共图书馆及情报所服务的数据库资源的检索界面示例见图 7-6～图 7-8。

图 7-6 中国国家图书馆检索界面

图 7-7　中国科学技术信息研究所检索界面

图 7-8　上海图书馆(上海科技情报研究所)检索界面

(2)中科院提供的网络信息资源,如国家科技图书文献中心、中国科学院数据库、中国科学文献服务系统。中科院提供的网络信息资源的检索界面示例见图 7-9～图 7-11。

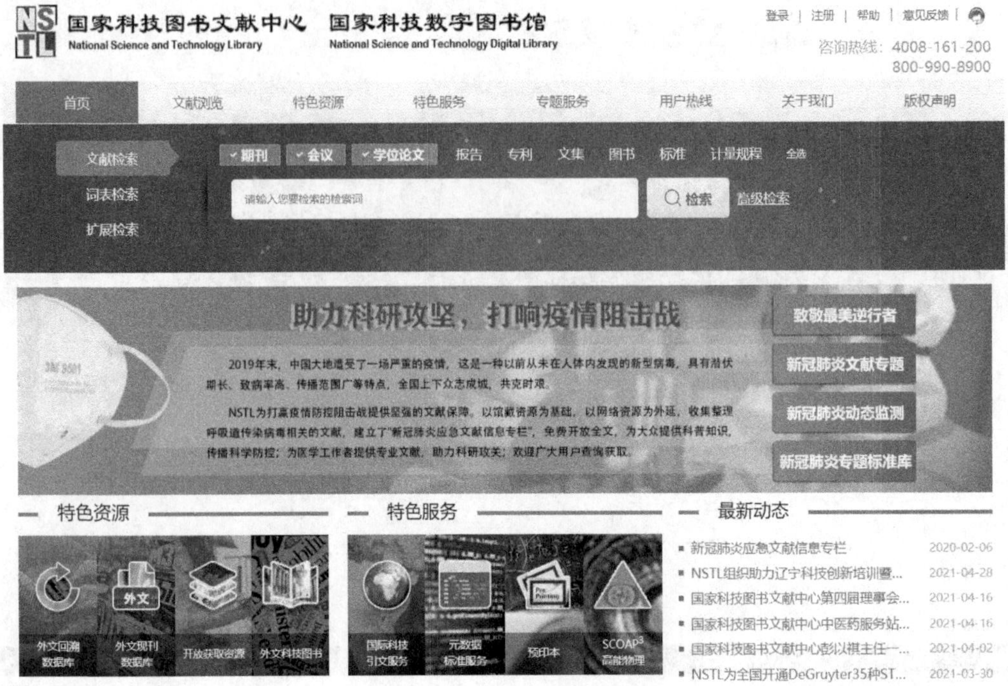

图 7-9　国家科技图书文献中心检索界面

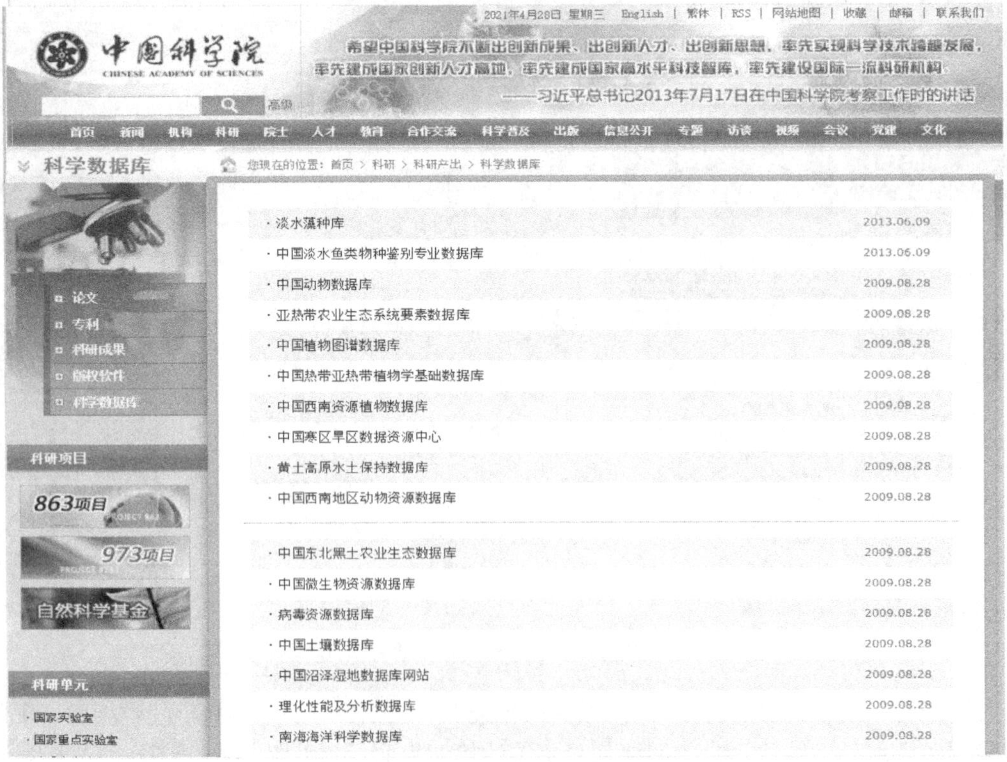

图 7-10　中国科学院数据库检索界面

图 7-11　中国科学文献服务系统检索界面

(3)高校系统，如中国高等教育文献数字图书馆(CALIS)、中国高校人文社会科学文献中心(CASHL)、大学数字图书馆国际合作计划(CADAL)，高校系统检索界面示例见图 7-12～图 7-14。

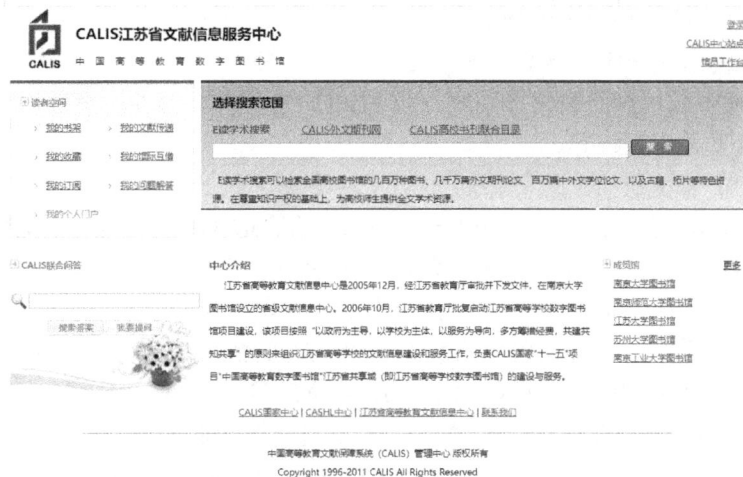

图 7-12　中国高等教育文献数字图书馆(CALIS)江苏省文献信息服务中心检索界面

图 7-13　中国高校人文社会科学文献中心(CASHL)检索界面

图 7-14　大学数字图书馆国际合作计划（CADAL）检索界面

（4）国内主要数据库生产商，如中国知网（CNKI）、维普中文期刊服务平台、万方数据知识服务平台等。

（5）其他专业系统，如中国生物学文摘数据库。

国外综合类网络数据库主要有以下五类：

（1）数据库服务商提供的数据库系统，如 EBSCO 数据库、商业信息数据库、DIALOG 系统、Lexis-Nexis 数据库系统等。

（2）数据库生产商提供的数据库系统，如 STN 系统、ProQuest 博硕士论文全文数据库、ProQuest 博硕士论文文摘索引数据库、ISI Web of Knowledge 平台、JSTOR 西文过刊全文数据库等。

（3）期刊出版商提供的数据库系统，如 Kluwer 期刊全文数据库、Elsevier ScienceDirect 全文数据库、Wiley Online Library-Wiley 出版社全文电子期刊图书等。

（4）工具书出版商提供的数据库系统，如 CSA 剑桥科技文摘数据库、Gale-Literature Resource Center 文学资源中心、H.W.wilson 书目数据库等。

（5）公共图书馆提供的数据库系统，如 OCLC 联机计算机图书馆中心（WorldCat 数据库）。

当检索工具确定以后，下一步应考虑如何从中找到所需要的资源。检索途径往往不止一种：用户应根据"已知"信息特征确定检索入口。一般来说，所有文献的特征可以分为两大类，文献的外表特征（文献题名、作者名、机构名、地址、号码等）；文献的内容特征（关键词、分类号、主题、文摘）。因此，文献检索的入口途径也有两方面的依据：

（1）以所需文献的外表特征为依据。无论是使用传统的书目工具还是目录，题名和作者是从文献外表特征检索书刊资料的主要途径。按国际标准和西文工具书的要求，题名款目只是附加款目，以题名为检索点的查全率是较低的。但是，我国书目索引的特色是按题名排列文献的，因此题名仍是主要检索途径。

（2）以所需文献的内容特征为依据。以文献内容特征为依据的检索包括分类法、主题法和关键词法。

分类法是以科学分类的观点，运用概念划分与归纳的方法，在有学科逻辑的、内在联系的知识体系中搜寻所需文献的方法。按分类查找文献信息的优点是：按照学科的系统性，从事物的派生隶属与平行关系的把握中获取所需资料。按分类查找文献信息的缺点是：不适合边缘学科、交叉学科，不利于查找细小知识单元的"微观"检索。

主题法是通过分析所需文献信息的内容，找出能代表这些内容的概括性强、专指度高的规范化名词或词组(主题词)，并按其字母顺序或笔画、音序来查找文献。其优点有两方面：一方面检索直接、方便、快捷，因为接近于自然语言，避免了分门别类查找资料的弊病；另一方面由于主题词表达概念准确、专指性强，可用来检索较为专深细小的知识单元。其缺点是：由于缺少学科系统的整体与层次概念，使分类法中紧密相邻、互有关联的知识在主题法中被分割，虽然得到了较高的查准率，但查全率较低。

关键词法是利用题名关键词(或全文关键词)为检索入口查找文献的方法，具有主题词法的部分功能，能在一定程度上提示文献的内容特征。关键词法的优点在于作为检索标识容易被掌握；缺点在于由于是自然语言所产生的同义词、近义词、多义词，因此容易造成歧义和误差，给选用检索点带来困难。

7.4.3　制定检索策略

检索策略就是为实现检索目标而制定的全盘计划和方案，是对整个检索过程的谋划和指导。检索策略的质量是检索质量的决定性因素，也直接影响文献检索的查全率和查准率。

制定检索策略的第一步是根据检索需求，形成若干既能代表信息需求又具有检索意义的主题概念，包括所需的主题概念有几个，概念的专指度如何，哪些是主要的，哪些是次要的，力求使分析的主题概念能反映检索的需要。在此基础上，尽量列举反映这些主题概念的语词，供确定检索用词时参考。规范词和自由词是检索常用的语词。对于规范词而言，表达同一主题概念的语词，在任何情况下其字面形式都是一致的。自由语词对同一主题概念的表达，在不同情况下有不同的字面形式。

1．检索词的确定

在确定检索用词时，人们一般遵循优先使用规范词，其次选用关键词，最后再根据实际情况恰当使用自由词的原则。随着学科的发展，新词汇不断产生，叙词、规范词等词表难以及时更新，原有的规范词不能满足检索的需要，关键词在信息检索中逐步普及。

选词时需要注意词语的分析，不是仅仅从字面拆分开来。举例来说，"垃圾处理"这个概念还隐含着垃圾回收、垃圾再生等。"石质文物的保护"分析可得三个概念——文物、石质、保护，检索式为"文物 * 石质 * 保护"。而相关知识告诉我们，一般对于石质文物的保护是采用在文物表面涂层的方法，现在常用的涂层有两类，一类是有机硅涂层，一类是聚酯涂层，所以可将涂层、薄膜这样的隐含概念选出，还可以将硅、有机硅或聚酯作为概念提出。同样，石质文物也有不少的下位概念，如石楼、石碑、纪念碑、金字塔等。因此，检索式可依据具体要求进行灵活的调整，通过上下位概念的替换来调整检索。

选词时要排除重复的和不必要的那些概念检索词中已经含有的某些概念。例如，玻璃纤维增强石膏制品，从字面上看，这个课题可划分为三个概念，即玻璃纤维、增强、石膏制品。但石膏制品中加入玻璃纤维，其目的就是为了使石膏制品增强，因此这一课题可提出两个核心概念，即玻璃纤维和石膏制品。一些意义比较泛泛的词也是需要排除的，如发展、进展、技术、工艺等。

对于有词表的数据库，检索词应尽可能使用规范词。例如，关于癌症方面的文献，如果单选"癌""癌症""肉瘤"等检索都不可能检全所需癌症的内容，若选用了规范词"肿瘤"检索，则可将上述内容都包括在其中。对于中英检索词，在翻译时不能简单地将中文与英文字面对译。如果有代码的，或进行代码检索的，一定要使用准确的代码。

2. 评估检索结果

检索结果的评价应该包括五个方面：查全率、查准率、检索时间、检索成本及用户满意度。若发现检索记录与研究课题不相关的太多，而相关的太少或没有与课题相关的记录，则必须重新思考并建立检索命题，对检索策略进行优化，进行缩检或扩检。

3. 检索策略的优化

检索策略的优化包括检索的细化与检索的扩展两个方面，即当显现太多与研究课题不相关的记录时，就需要将检索细化，缩小检索范围；当显现太少与研究课题相关的记录时，就需要扩大检索范围。

检索细化也就是缩小检索范围，有几种细化方式：主题细化，在相关主题下根据不同的次主题细分，使资料更为精确；用主题词表、索引词表选择更专指的主题词或关键词；通过浏览结果选择更专指的词；使用运算符 AND、WITH、NEAR、NOT 等加以限制或排除；指定检索字段；从年代、地理、语言和文献类型上限制。

检索扩展也就是扩大检索范围，大致有以下几种扩展方式：对已确定的检索词进行其同义词、同义的相关词、缩写和全称检索，可保证文献的检全率，防止漏检；利用系统的助检手段和功能，有的系统提供树形词表浏览，用户可以用规范词、相关词、更广义的上位词进行扩展；利用论文所征引的参考文献，当找到和课题相关的论文时，可参考其所征引的参考文献；同样可以利用引文数据库，由找到一篇相关的文献开始，从文献引用与被引用的关系入手，采用"滚雪球"的方式找到更多的相关的参考资料；使用运算符 OR 或截词符"*"(或"？")。

7.4.4　获取原始文献

1. 后续整理服务

一般来说，在数据库中检索到相关结果之后，检索系统会提供以下后续整理服务。

(1) 检索结果排序：按相关度或时间顺序排列。

(2) 标记记录：对选中的记录进行多选，并自动记录下来，便于用户最后集中查看。

(3) 检索结果显示的调整：包括调整元数据格式(如是简单格式还是详细格式)，以及调整每页显示的检索结果数量等。

(4) 可以保存、打印、通过 E-mail 发送检索结果。

(5) 提供通用的文件格式：如 DOC、PDF、HTML、JPEG、MP3 等格式。一般情况下，不鼓励采用安装非通用客户端阅读文献的方式。

(6) 提供相似、相关文献列表，供用户查看。

(7) 引文统计服务：如果是期刊论文或图书，还提供在本数据库内该文献被其他人引用的情况。

2. 获取全文

用户在二次文献(文摘、索引)数据库中检索到所需文献的书目或目次后，希望进一步得到全文，或直接获得文献后某篇参考引文的全文，全文链接服务因此而产生，即在书目引文和信息全文之间建立链接，用户可以直接单击获得全文。

全文链接的服务方式可以分为两类。一类是从索引、文献到全文的链接，这种链接基于某种元数据标准，如 OpenLink，通过在元数据中建立一对一的全文链接获取全文。二次文献数据库的检索系统，如 ISI Web of Knowledge 系统，通常采用此类解决方案。另一类全文链接服务称为基于 CrossRef 的引文链接。该服务始于 1999 年，由出版商国际链接协会创建，目前正逐渐成为全文链接的主流。在该方式中，首先，使每一篇文献都有一个唯一的标识 DOI，由数字和代码组成，通常是嵌在文献的 URL 中一起使用的；其次，由出版商将论文的元数据和 DOI 存放在 CrossRef 数据库中，当用户单击引文链接时，检索系统会将请求发送到 CrossRef 数据库中，由系统解析器对其解析，找到对应的 URL；最后，将参数转发到相应的数字资源系统中，找到全文。

思　考　题

1．什么是信息检索全过程？

2．简述是网络信息检索原理。

3．如何认识信息检索语言？它由哪几部分组成？

4．简述检索语言按检索标识规范化的分类。

5．简述检索语言按结构原理的分类。

6．常用的信息查找方法有哪些？试举例说明。

7．主要的信息检索技术有哪几种？

8．试述检索策略的制定和实施过程。

9．如何确定检索词？试举例说明。

10．从哪些方面可以评估检索结果？

11．如何获取全文？

参　考　文　献

[1] 萧浩辉. 决策科学辞典[M]. 北京：人民出版社，1995.

[2] 王春林. 科技编辑大辞典[M]. 上海：第二军医大学出版社，2001.

[3] 信息检索的概念，原理，检索语言的分类.

[4] 吴宝康，冯子直. 档案学词典[M]. 上海：上海辞书出版社，1994.

[5] 马国泉，张品兴，高聚成. 新时期新名词大辞典[M]. 北京：中国广播电视出版社，1992.

[6] 刘建明. 宣传舆论学大辞典[M]. 北京：经济日报出版社，1993.

[7] 肖珑. 数字信息资源的检索与利用(第二版)[M]. 北京：北京大学出版社，2013.

[8] 沈固朝，储荷婷，华薇娜. 信息检索(多媒体)教程(第二版)[M]. 北京：高等教育出版社，2009.

[9] 王芳芳. 基于 Agent 的网络信息检索[D]. 沈阳：沈阳工业大学学报，2011.

第8章　科技论文写作

学习目标

通过本章的学习可以掌握以下内容：

(1) 了解并掌握科技文献标准著录格式，规范学术文献的写作；

(2) 了解并掌握学术论文的分类、格式及科技论文编排结构，明确不同种类学术论文的写作要求；

(3) 了解并掌握综述的分类、结构、编写，熟练掌握综述的写作技巧；

(4) 了解并掌握学术论文的发表与评审要求、过程，为今后投稿做好准备。

随着互联网通信技术的高速发展，信息在全球范围内实现了更广泛的流动与传播。科技文献作为一种重要的生产资源，它在社会与经济发展进程中体现出的重要作用，使人类对科技信息的依赖和需求与日俱增。

8.1　科技文献标准著录格式

GB/T7714—2015《信息与文献　参考文献著录规则》是专门供作者和编辑著录参考文献使用的国家标准，本标准规定了各个学科、各种类型信息资源的参考文献的著录项目、著录顺序、著录用符号、著录用文字、各个著录项目的著录方法及参考文献在正文中的标注法。

1. 相关术语和定义

1) 参考文献(reference)

对一个信息资源或其中一部分进行准确和详细著录的数据，位于文末或文中的信息源。

2) 主要责任者(creator)

主要负责创建信息资源的实体，即对信息资源的知识内容或艺术内容负主要责任的个人或团体。主要责任者包括作者、编者、学位论文撰写者、专利申请者或专利权人、报告撰写者、标准提出者、析出文献的作者等。

3) 专著(monograph)

以单行本或多卷册(在限定时间内出齐)形式出版的印刷型或非印刷型出版物，包括普通图书、古籍、学位论文、会议文集、汇编、标准、报告、多卷书、丛书等。

4) 连续出版物(serial)

通常载有年卷期号或年月日顺序号，并计划无限期连续出版发行的印刷或非印刷形式的出版物。

5) 析出文献(contribution)

从整个信息资源中析出的具有独立篇名的文献。

6) 电子资源 (electronic resource)

以数字方式将图、文、声、像等信息存储在磁、光、电介质上，通过计算机、网络或相关设备使用的记录有知识内容或艺术内容的信息资源，包括电子公告、电子图书、电子期刊、数据库等。

7) 顺序编码制 (numeric references method)

一种引文参考文献的标注体系，即引文采用序号标注，参考文献表按引文的序号排序。

8) 著者-出版年制 (first element and date method)

一种引文参考文献的标注体系，即引文采用著者-出版年标注，参考文献表按作者字顺和出版年排序。

9) 合订题名 (title of the individual works)

由两种或两种以上的著作汇编而成的无总题名的文献中各部著作的题名。

10) 阅读型参考文献 (reading reference)

作者为撰写或编辑论著而阅读过的信息资源，或供读者进一步阅读的信息资源。

11) 引文参考文献 (cited reference)

作者为撰写或编辑论著而引用的信息资源。

12) 数字对象唯一标识符 (digital object identifier，DOI)

针对数字资源的全球唯一永久性标识符，具有对资源进行永久命名标志、动态解析链接的特性。

2. 著录格式

1) 专著

(1) 著录格式：

主要责任者. 题名：其他题名信息[文献类型标识/文献载体标识]. 其他责任者. 版本项. 出版地：出版者，出版年：引文页码[引用日期]. 获取和访问路径. 数字对象唯一标识符.

(2) 示例：

[1] 余敏. 出版集团研究[M]. 北京：中国书籍出版社，2001：179-193.

[2] 昂温 G，昂温 PS. 外国出版史[M]. 陈生铮译. 北京：中国书籍出版社，1988.

[3] 全国文献工作标准化技术委员会第七分委员会. GB/T 5795—1986，中国标准书号[S]. 北京：中国标准出版社，1986.

[4] 辛希孟. 信息技术与信息服务国际研讨会论文集：A 集[C]. 北京：中国社会科学出版社，1994.

[5] 孙玉文. 汉语变调构词研究[D]. 北京：北京大学出版社，2000.

[6] 顾炎武. 昌平山水记：京东考古录[M]. 北京：北京古籍出版社，1982.

[7] 工夫之. 宋论[M]. 刻本. 金陵：湘乡曾国荃，1865 (清同治四年).

[8] PIGGOT T M. The cataloguer's way through AACR2：from document receipt to document retrieval[M].London：The Library Association，1990.

[9] PEEBLESPZ，Jr. Probability，random variable，and random signal principles[M].4th ed. New York：McGraw Hill，2001.

[l0]YUFIN S A. Geoecology and computers: proceedings of the Third International Conference on Advances of Computer Methods in Geotechnical and Geoenvironmental Engineering，Moscow，Russia，February1-4，2000[C]. Rotterdam：A. A. Balkema，2000.

2）专著中的析出文献

（1）著录格式：

析出文献主要责任者. 析出文献题名[文献类型标识/文献载体标识]. 析出文献其他责任者//专著主要责任者. 专著题名：其他题名信息. 版本项. 出版地：出版者，出版年：析出文献的页码[引用日期]. 获取和访问路径. 数字对象唯一标识符.

（2）示例：

[1]程根伟. 1998 年长江洪水的成因与减灾对策[M]//许厚泽，赵其国. 长江流域洪涝灾害与科技对策. 北京：科学出版社，1999：32-36.

[2]陈晋镳，张惠民，朱士兴，等. 蓟县震旦亚界研究[M]//中国地质科学院天津地质矿产研究所. 中国震旦亚界. 天津：天津科学技术出版社，1980：56-114.

[3]白书农. 植物开花研究[M]//李承森. 植物科学进展. 北京：高等教育出版社，1998：146-163.

[4]马克思. 关于《工资、价格和利润》的报告札记[M]//马克思，恩格斯. 马克思恩格斯全集：第 44 卷. 北京：人民出版社，1982：505.

[5]钟文发. 非线性规划在可燃毒物配置中的应用[C]//赵玮. 运筹学的理论与应用中国运筹学会第五届大会论文集. 西安：西安电子科技大学出版社，1996：468-471.

[6]WEINSTEINL，SWERTZ M N. Pathogenic properties of invading microorganism[M]// SODEMANW A，Jr.，SODEMAN W A. Pathologic physiology: mechanisms of disease. Philadelphia: Saunders，1974：745-772.

3）连续出版物

（1）著录格式：

主要责任者. 题名：其他题名信息[文献类型标识/文献载体标识]. 年，卷（期）-年，卷（期）. 出版地：出版者，出版年[引用日期]. 获取和访问路径. 数字对象唯一标识符.

（2）示例：

[1]中国地质学会. 地质论评[J]. 1936，1（1）-. 北京：地质出版社，1936-.

[2]中国图书馆学会. 图书馆学通讯[J]. 1957（1）-1990（4）. 北京：北京图书馆，1957-1990.

4）连续出版物中的析出文献

（1）著录格式：

析出文献主要责任者. 析出文献题名[文献类型标识/文献载体标识]. 连续出版物题名：其他题名信息，年，卷（期）：页码[引用日期]. 获取和访问路径. 数字对象唯一标识符.

（2）示例：

[1]李晓东，张庆红，叶瑾琳. 气候学研究的若干理论问题[J]. 北京大学学报：自然科学版，1999，35（1）：101-106.

[2]刘武，郑良，姜础. 元谋古猿牙齿测量数据的统计分析及其在分类研究上的意义[J]. 科学通报，1999，44（23）：2481-2488.

[3]KANAMORI H. Shaking without quaking[J]. Science，1998，279（5359）：2063-2064.

[4]CAPLAN P. Cataloging internet resources [J]. The Public Access Computer Systems Review，1993，4（2）：61-66.

5）专利文献

（1）著录格式：

专利申请者或所有者. 专利题名：专利号[文献类型标识/文献载体标识]. 公告日期或公开日期[引用日期]. 获取和访问路径. 数字对象唯一标识符.

（2）示例：

[1]姜锡洲. 一种温热外敷药制备方案：88105607.3[P]. 1989-07-26.

6）电子资源

凡属电子专著、电子专著中的析出文献、电子连续出版物、电子连续出版物中的析出文献及电子专利的著录项目与著录格式分别按 1）～5）中的有关规则处理，除此之外的电子资源根据本规划著录。

著录格式：

主要责任者. 题名：其他题名信息[文献类型标识/文献载体标识]. 出版地：出版者，出版年：引文页码(更新或修改日期)[引用日期]. 获取和访问路径. 数字对象唯一标识符.

3. 著录信息源

参考文献的著录信息源是被著录的信息资源本身。专著、论文集、学位论文、报告、专利文献等可依据题名页、版本页、封面等主要信息源著录各个著录项目；专著、论文集中析出的篇章与报刊上的文章依据参考文献本身著录析出文献的信息，并依据主要信息源著录析出文献的出处；电子资源依据特定网址中的信息著录。

4. 著录用文字

（1）参考文献原则上要求用文献本身的语种著录。必要时，可采用双语著录，用双语著录参考文献时，首先应用信息资源的原语种著录，然后再用其他语种著录。

（2）著录数字时，须保持信息资源原有的形式，但卷期号、页码、出版年、版次 、更新或修改日期、引用日期、顺序编码制的参考文献序号等用阿拉伯数字表示。外文书的版次用序数词的缩写形式表示。

（3）个人作者，其姓全部著录，字母全大写，名可以缩写为首字母；若用首字母无法识别该人名时，则用全名。

（4）出版项中附在出版地之后的省名、州名、国名等以及作为限定语的机关团体名称可按国际公认的方法缩写。

（5）西文期刊刊名的缩写可参照 ISO4《信息与文献——出版物题名和标题缩写规则》的规定。

（6）著录西文文献时，大写字母的使用要符合信息资源本身文种的习惯用法。

5. 著录用符号

（1）著录标准中的著录用符号为前置符。按著者-出版年制组织的参考文献表中的第一个著录项目，如主要责任者、析出文献主要责任者、专利申请者或所有者前不适用任何标识符号。按顺序编码制组织的参考文献表中的各篇文献序号用方括号，如[1]、[2]……。

(2) 参考文献使用下列规定的标识符号：

.——用于题名项、析出文献题名项、其他责任者、析出文献其他责任者、连续出版物的"年卷期或其他标识"项、版本项、出版项、出处项、连续出版物中析出文献的出处项、获取和访问路径以及数字对象唯一标识符前。每一条参考文献的结尾可用"."。

:——用于其他题名信息、出版者、引文页码、析出文献的页码、专利号前。

,——用于同一著作方式的责任者、"等""译"字样、出版年、期刊年卷期标识中的年或卷号前。

;——用于期刊后续的年卷期标识中的年和卷号以及同一责任者的合订题名前。

//——用于专著中的析出文献的出处项前。

( )——用于期刊年卷期标识中的期号、报纸的版次、电子资源更新或修改日期以及非公元纪年的出版年。

[]——用于文献序号、文献类型标识、电子资源的引用日期及自拟的信息。

/——用于合期的期号间以及文献载体标识前。

空格——用于起讫序号和起讫页码间。

6. 参考文献标注法

正文中引用的文献的标注方法可以采用顺序编码制，也可以采用著者-出版年制。

1) 顺序编码制

(1) 顺序编码制是按正文中引用的文献出现的先后顺序连续编码，并将序号置于有关论述的右上角，外加方括号。如果顺序编码制用脚注方式时，序号可由计算机自动生成编码。

示例：引用单篇文献，序号置于方括号中

德国学者 N. 克罗斯研究了瑞士巴塞尔市附近侏罗山中老第三纪断裂对第三系褶皱的控制[7]；之后，他又描述了西里西亚第三条大型的近南北向构造带，并提出地槽是在不均一的块体的基底上发展的思想。

(2) 同一处引用多篇文献时，只需将各篇文献的序号在方括号内全部列出，各序号间用","。如遇连续序号，起讫序号间用短横线连接。此规则不适用于计算机自动编码的序号。

示例：引用多篇文献

裴伟[570, 83]提出……

莫拉德对稳定区的节理格式的研究[255-256]

(3) 多次引用同一作者的同一文献时，在正文中标注首次引用的文献序号，并在序号的"[]"外著录引文页码。如果用计算机自动编序号时，应重复著录参考文献，但参考文献表中的著录项目可简化为文献序号及引文页码。

示例：多次引用同一作者的同一文献的序号

主编依靠编辑思想指挥全局已是编辑界的共识[1]，然而对编辑思想至今没有一个明确的界定，故不妨提出一个构架……参与讨论。由于"思想"的内涵是"客观存在反映在人的意识中经过思维活动而产生的结果"[2]1194，所以"编辑思想"的内涵就是编辑实践反映在编辑工作者的意识中，"经过思维活动而产生的结果"。……《中国青年》杂志创办人追求的高格调——理性的成熟与热点的凝聚，表明其读者群的文化品位的高层次……"方针"指"引导事业前进的方向和目标"[3]354。……对编辑方针，1981 年中国科协副主席裴丽生曾有过科学的论断——"自然科学学术期刊必须坚持以马列主义、毛泽东思想为指导，贯彻为国民经济发展服务，理论与实践相结合，普及与提高相结合，'百花齐放，百家争鸣'的方针。"[4]它完整地回答了为谁服务，怎样服务，如何服务得更好的问题。

......

参考文献：

[1]张忠智. 科技书刊的总编（主编）的角色要求[C]//中国科学技术期刊编辑学会建会十周年学术研讨会论文汇编. 北京：中国科学技术期刊编辑学会学术委员会，1997：33-34.

[2]中国社会科学院语言研究所词典编辑室.现代汉语词典[M]. 修订本. 北京：商务印书馆，1996.

[3]裴丽生. 在中国科协学术期刊编辑工作经验交流会上的讲话[C]//中国科协学术期刊编辑工作经验交流会资料选. 北京：中国科学技术协会学会工作部，1981：2-10.

2) 著者-出版年制

（1）正文引用的文献采用著者-出版年制时，各篇文献的标注内容由作者姓氏与出版年构成，并置于"（ ）"内。倘若只标注作者姓氏无法识别该人名时，可标注作者姓名，如中国人、朝鲜人、日本人用汉字书写的姓名等。集体作者著述的文献可标注机关团体名称。倘若正文中已提及作者姓名，则在其后的"（ ）"内只需著录出版年。

示例：引用单篇文献

The notion of an invisible college has been explored in the sciences（Crane, 1972）. Its absence among historians is notes by Stieg（1981）...

参考文献：

Crane. 1972.Invisible college[M].Chicago：Univ. of Chicago Press.

Stieg, M. F. 1981. The information needs of historians[J]. College and Research Libraries，42（6）：549-560.

（2）正文中引用多作者文献时，对欧美作者只需标注第一个作者的姓，其后附"et al."；对中国作者应标注第一作者的姓名，其后附"等"字，姓氏与"et al.""等"之间留适当空隙。

（3）在参考文献表中著录同一作者在同一年出版的多篇文献时，出版年后应用小写字母 a，b，c······区别。

示例：引用同一作者同年出版的多篇文献

KENNEDY W J，GARRISON R E. 1975a. Morphology and genesis of nodular chalks and hardgrounds in the Upper Cretaceous of southern England[J].Sedimentology，22：311-386.

KENNEDY W J，GARRISONR E. 1975b. Morphology and genesis of nodular phosphates in the Cenomanian of South-east England[J].Lethaia，8：339-360.

（4）多次引用同一作者的同一文献，在正文中标注作者与出版年，并在"（ ）"外以角标的形式著录引文页码。

示例：多次引用同一作者的同一文献

主编依靠编辑思想指挥全局已是编辑界的共识（张忠智，1997），然而对编辑思想至今没有一个明确的界定，故不妨提出一个构架······参与讨论。由于"思想"的内涵是"客观存在反映在人的意识中经过思维活动而产生的结果（中国社会科学院语言研究所词典编辑室，1996)[1194]，所以"编辑思想"的内涵就是编辑实践反映在编辑工作者的意识中，"经过思维活动而产生的结果"……《中国青年》杂志创办人追求的高格调——理性的成熟与热点的凝聚（刘彻东，1998），表明其读者群的文化品位的高层次……"方针"指"引导事业前进的方向和目标"（中国社会科学院语言研究所词典编辑室，1996)[354]。…… 对编辑方针，1981 年中国科协副主席裴丽生曾有过科学的论断——"自然科学学术期刊必须坚持以马列主义、毛泽东思想为指导，贯彻为国民经济发展服务，理论与实践相结合，普及与提高相结合，'百花齐放，百家争鸣'的方针。"（裴丽生，1981)它完整地回答了为谁服务，怎样服务，如何服务得更好的问题。

……

参考文献：

裴丽生. 1981. 在中国科协学术期刊编辑工作经验交流会上的讲话[C]//中国科协学术期刊编辑工作经验交流会资料选. 北京：中国科学技术协会学会工作部：2-10.

刘彻东. 1998. 中国的青年刊物：个性特色为本[J]. 中国出版(5)：38-39.

张忠智. 1997. 科技书刊的总编(主编)的角色要求[C]//中国科学技术期刊编辑学会建会十周年学术研讨会论文汇编. 北京：中国科学技术期刊编辑学会学术委员会：33-34.

中国社会科学院语言研究所词典编辑室.1996. 现代汉语词典[M]. 修订本. 北京：商务印书馆.

……

8.2　学术论文及分类

8.2.1　学术论文分类与格式

1. 科技论文概述

科技论文通常简称论文，是用来讨论、研究科学技术领域中的问题和表达科学技术研究成果的一种议论文。因此，它具有一般议论文的特点，有鲜明的论点，充足的论据和严密的逻辑论证。在情报学中科技论文又称为原始论文或一次文献，是科学技术人员或其他研究人员在科学实(试)验的基础上，对自然科学、工程技术科学及人文艺术研究领域的现象(或问题)进行科学分析、综合研究和阐述，总结和创新另外一些结果和结论，并按照各个科技期刊的要求进行电子和书面文字的表达。

科学论文按其涉及的科学领域，可分为社会科学论文和自然科学论文。

科技论文属于自然科学论文类，按其写作目的可分为专业论文和学位论文(如学士论文、硕士论文、博士论文等)；按其表达形式可分为立论文和驳论文。

科技论文按其作用可分为学术性论文、技术性论文和学位论文。学术性论文指研究人员提供给学术性期刊发表或向学术会议提交的论文，它以报道学术研究成果为主要内容，一般反映了该学科领域最新的、最前沿的科学水平和发展动向，对科学技术事业的发展起着重要的推动作用。这类论文应具有新的观点、新的分析方法和新的数据或结论，并具有科学性。技术性论文指工程技术人员为报道工程技术研究成果而提交的论文，这种研究成果主要是应用已有的理论来解决设计、技术、工艺、设备、材料等具体技术问题而取得的。技术性论文对技术进步和提高生产力起着直接的推动作用。这类论文应具有技术的先进性、实用性和科学性。学位论文指学位申请者提交的论文。

科技论文按其研究方法可分为理论型论文、实(试)验型论文和描述型论文。理论型论文运用的研究方法是理论证明、理论分析、数学推理，用这些研究方法获得科研成果。实(试)验型论文运用实(试)验方法，进行实(试)验研究获得科研成果。描述型论文运用描述、比较、说明方法，对新发现的事物或现象进行研究而获得科研成果。

在我国，科技论文一般泛指 SCI、EI、ISTP 论文等。

科技论文具有以下特点：

一是学术性。学术性是科技论文的主要特征，它以学术成果为表述对象，以学术见解为论文核心，在科学实(试)验的前提下揭示事物发展、变化的客观规律，探索科技领域中的客观真理，推动科学技术的发展。学术性是否强是衡量科技论文价值的标准。

二是创新性。科技论文必须是作者本人研究的，并在科学理论、方法或实践上获得新的进展或突破，应体现与前人不同的新思维、新方法、新成果即做到"有所发现、有所发明、有所创造、有所前进"。

三是科学性。论文的内容必须客观、真实，定性和定量准确，不允许丝毫虚假，要经得起实践检验，论文的表达形式也应具有科学性，论述应清楚明白，不能模棱两可，语言准确、规范。论文的结构必须符合逻辑推理、论证反驳等思维规律。

四是可读性。

2. 学术论文概念

学术论文的写作，在我国已有两千多年的历史。先秦时代，随着经济制度的变革与百家争鸣局面的出现，这种文体便应运而生。荀况的《天论》、庄周的《齐物论》、韩非的《五蠹》《显学》等篇，均可视为滥觞。对其进行理论研究，则是在魏晋以后。陆机《文赋》已提出"论"体；刘勰《文心雕龙·论说》则是对论说文体的初步总结，其中包括了对学术论文写作的见解。他主张写作论文要"师心独见，锋颖精密"，如"言不持正"，则不如不写。学术论文是对科学研究中所获得的新发现、新成果的记载。

《科技编辑大辞典》的释义是：某一学术课题在实验性、理论性或观测性上具有新的科学研究成果或创新见解和知识的科学记录；或是某种已知原理应用于实际应用中取得新进展的科学总结，用以提供学术会议上宣读、交流或讨论；或在学术刊物上发表；或作其他用途的书面文件。它提供新的科技信息。其内容应有所发现、有所发明、有所创造、有所前进，而不是重复、模仿前人的工作，或抄袭前人的作品。

《中国文体学辞典》的释义是：议论文的一种，简称论文，是对科学领域中的问题进行探讨、研究，表述科学研究成果的议论性文章。它包括科学论文、研究论文，还包括高等学校学生写的学年论文、毕业论文及研究生的学位论文。学术论文除了具有一般议论文的特点外，还要求具有科学性、客观性、创造性和可读性。

《写作艺术大辞典》的释义是：用来进行科学研究和描述科研成果的文章，有广义与狭义两种。广义指表述科学研究成果和阐述创新性学术观点的书面文章，又称"科学论文"，包括各学科领域的专业人员撰写的描述其科研成果的文章、学年论文、毕业论文及学位论文等。狭义专指专业人员撰写的旨在向有关部门提交或于报刊上发表的描述其科研成果的文章，又称"杂志论文"。学术论文是探讨科学问题、进行学术研究的一种手段，又是描述科研成果、进行学术交流的一种工具。

《写作艺术大辞典》中提到学术论文的内容是某些实验性、理论性或观测性的新知识的科学记录，或是某种已知原理在实际应用中的科学总结。

科学性、创造性、可读性是学术论文的必备条件。能否揭示事物发展的客观规律，探求客观真理，是衡量学术论文有无科学性的依据。为了使论文具有科学性，写作者应经过周密的观察、调查、实(试)验，尽量多参考资料，以最充分、确实的论据作为立论的依据；论证也应严谨而富有逻辑效果。创造性与推动科学文化的发展有直接关系；作者要能提出新问题，解决新问题，或填补学科空白，或对传统观点提出新看法、新认识，对问题应有自己的独立见解。

3.学术论文分类

学术论文的具体体裁很多，依选题类型的不同区分，有专题研究论文、综合论述论文、提出假说论文与批驳谬误论文等。

从内容上一般可以分为以下类型。

(1)实(试)验研究报告。这类论文不同于一般的实(试)验报告，其写作重点应放在"研究"上。它追求的是可靠的理论依据，先进的实(试)验设计方案，先进、适用的测试手段，合理、准确的数据处理及科学、严密的分析与论证。

(2)理论推导。这类论文主要是对提出的新的假说通过数学推导和逻辑推理，从而得到新的理论，包括定理、定律和法则。其写作要求是数学推导要科学、准确，逻辑推理要严密，并准确地使用定义和概念，力求得到无懈可击的结论。

(3)理论分析。这类论文主要是对新的设想、原理、模型、机构、材料、工艺、样品等进行理论分析，对过去的理论分析加以完善、补充或修正。其论证分析要严谨，数学运算要正确，资料数据要可靠，结论除了要准确，一般还须经实(试)验验证。

(4)设计计算。它一般是指为解决某些工程问题、技术问题和管理问题而进行的计算机程序设计；某些系统、工程方案、机构、产品的计算机辅助设计和优化设计，以及某些过程的计算机模拟；某些产品(包括整机、部件或零件)或物质(材料、原料等)的设计或调、配制等。对这类论文总的要求是相对要"新"，数学模型的建立和参数的选择要合理，编制的程序要能正常运行，计算结果要合理、准确；设计的产品或调、配制的物质要经试验证实或经生产、使用考核。

(5)专题论述。这类论文是指对某些事业(产业)、某一领域、某一学科、某项工作发表议论(包括立论和驳论)，通过分析论证，对它们的发展战略决策、发展方向、路线及方针政策等提出新的独到的见解。

(6)综合论述。这类论文应是在作者博览群书的基础上，综合介绍、分析、评述该学科(专业)领域里国内外的研究新成果及发展新趋势，并表明作者自己的观点，作出科学的预测，提出比较中肯的建设性意见和建议。好的综合论述，对于学科发展的探讨，产品、设计、工艺材料改进的研究，科学技术研究的选题，以及研究生学位论文的选题和青年科技人员及教师进修方向的选择等的指导作用都是很大的。对这类论文的基本要求是：资料新而全，作者立足点高、眼光远，问题综合恰当、分析在理，意见和建议比较中肯。

综上所述，可以将学术论文划分为理论型、理论应用型、实验型、观测型、综述型。

管理学科的学术论文多数为理论应用型论文，也就是描述用某个理论去解决某个问题的学术论文。从理论和问题的角度上，管理学科的学术论文可以分为四类：新理论、新方法解决新问题；新理论、新方法解决老问题；老理论、老方法解决新问题；老理论、老方法解决老问题。

4．学术论文格式

学术论文的编写格式一般分前导部分、正文部分和附录。前导部分主要包括题名、摘要、前言、目录等；正文部分由绪论、本论、结论构成；附录则主要收录文中不便收载的研究资料、数据图表及修订说明等。正式提交的学术论文，要加添封面与封底，并予装订。

8.2.2　科技论文格式编排

为了统一科技报告、学术论文和学位论文的撰写和编辑的格式，便于信息系统的收集、存储、处理、加工、检索、利用、交流和传播，中国国家标准化委员会颁布了相关的国家标准。现行实施的有 GB7713.1—2006《学位论文编写规则》，GB7713.1—2014《科技报告编写规则》，GB7714—2015《信息与文献　参考文献著录规则》等。这些标准规定了科技论文的编写格式、编写要求及内容框架构成。

1．科技报告、学位论文的组成结构

科技报告和学位论文(以下称报告、论文)一般包括前置部分、主体部分、附录部分。

1)前置部分

(1)封面

封面是报告、论文的外表，提供应有的信息，并起保护作用。封面上可包括下列内容：

① 分类号。在左上角注明分类号，便于信息交换和处理。一般标注的是《中国图书资料分类法》的类号，同时应尽可能注明《国际十进分类法 UDC》的类号。

② 本单位编号，一般标注在右上角。

③ 密级。视报告、论文的内容，按国家规定的保密条例，在右上角注明密级。如属于公开发行，则不注密级。

④ 题名和副题名或分册题名，用大号字标注于明显位置。题名用词应反映科技报告的最主要内容，并应考虑选定关键词和编制题录、索引等二次文献所需的实用信息，应尽量避免使用不常用缩略词、首字母缩写字、字符、代号和公式等。如题名内容层次很多，难以简化时，可用副题名补充阐明或引申说明科技报告的特定内容。题名和副题名宜中外文对照。

⑤ 卷、分册、篇的序号和名称。如属于全一册，则无需此项。

⑥ 版本，如草案、初稿、修订版等。如属于初版，则无需此项。

⑦ 责任者姓名。责任者包括报告、论文的作者，学位论文的导师、评阅人、答辩委员会主席及学位授予单位等。必要时可注明个人责任者的职务、职称、学位、所在单位名称及地址；如责任者属于单位、团体或小组，应写明全称和地址；如责任者姓名有必要附注汉语拼音时，必须遵照国家规定，即姓在名前，名连成一词，不加连字符，不缩写。

⑧ 申请学位，包括申请的学位类别和级别。学位类别参照《中华人民共和国学位条例暂行实施办法》所规定的名称进行标注，包括以下门类：哲学、经济学、法学、教育学、文学、历史学、理学、工学、农学、医学、军事学、管理学。学位级别参照《中华人民共和国学位条例暂行实施办法》的规定标注，包括学士、硕士、博士。

⑨ 学科专业，是指学位论文作者主修专业的名称。参照国务院学位委员会颁布的《授予博士、硕士学位和培养研究生的学科、专业目录》进行标注。

⑩ 论文提交日期/完成日期，包括报告、论文提交日期，学位论文的答辩日期，学位的授予日期，出版部门收到日期(必要时)。

⑪ 出版项。出版地及出版者名称，出版年、月、日(必要时)。出版日期宜遵照 YYYY-MM-DD 的格式著录。

(2)封二

学位论文可有封二，包括学位论文使用声明和版权声明及作者和导师签名等，其内容应符合我国著作权相关法律的规定。科技报告应有封二，封二一般标注特别声明、版权声明及其他应注明事项。

(3)题名页

题名页是对报告、论文进行著录的依据。题名页置于封二和衬页之后。报告、论文如分装两册以上，每一分册均应各有其题名页。在题名页上注明分册名称和序号。题名页除规定封面应有的内容并与其一致外，还应包括下列各项：单位名称和地址，在封面上未列出的责任者的职务、职称、学位、单位名称和地址，参加部分工作的合作者姓名。

(4)英文题名页

英文题名页是题名页的延伸，必要时可单独成页。

(5)勘误页、辑要页

学位论文如有勘误页，应在题名页后另起页。

在勘误页顶部应放置下列信息：

——题名；

——副标题(如有)；

——作者名。

科技报告应有辑要页。辑要页集中描述科技报告的基本特征，提供加工、检索科技报告所需要的所有相关书目数据。

(6)序或前言

序，并非必要。报告、论文的序，一般是作者或他人对本篇论文基本特征的简介，如说明研究工作缘起、背景、主旨、目的、意义、编写体例，以及资助、支持、协作经过等；也可以评述和对相关问题研究进行阐发。这些内容也可以在正文部分引言(绪论)中说明。

序或前言宜另起一页，置于勘误页、辑要页之后。

(7)致谢

致谢的对象包括：

——国家科学基金，资助研究工作的奖学金基金，合同单位，资助或支持的企业、组织或个人。

——协助完成研究工作和提供更多便利条件的组织或个人。

——在研究工作中提出建议和提供帮助的人。

——给予转载和引用权的资料、图片、文献、研究思想和设想的所有者。

——其他应感谢的组织和个人。

科技报告中的致谢部分可放在序或前言中，也可另起一页，单独列出，放置在摘要页前。

(8)摘要页

① 摘要是报告、论文的内容不加注释和评论的简短陈述。报告、论文一般均应有摘要，为了国际交流，还应有外文(多用英文)摘要。摘要应具有独立性和自含性，即不阅读报告、论文的全文，就能获得必要的信息。摘要中有数据、有结论，是一篇完整的短文，可以独立使用，也可以引用或用于推广。摘要的内容应包含与报告、论文同等量的主要信息，供读者

确定有无必要阅读全文，也供文摘等二次文献采用。摘要一般应说明研究工作的目的、实(试)验方法、结果和最终结论等，而重点是结果和结论。摘要的编写应符合 GB/T 6447—1986《文摘编写规则》的规定。

中文摘要一般为 300～600 字；外文摘要的实词应在 300 个左右。如遇特殊情况字数可以略多。除了实在无变通办法，摘要中不用图、表、化学结构式、非公知公用的符号和术语。科技报告的摘要可以用另页置于目次页之前。

② 关键词，是为了文献标引工作而从报告、论文中选取出来用以表示全文主题内容信息款目的单词或术语。每篇报告、论文选取 3～8 个词作为关键词，以显著的字符另起一行，排在摘要的下方。如有可能，尽量用《汉语主题词表》词表或各专业主题词提供的规范词。为了国际交流，应标注与中文对应的英文关键词。关键词在报告或论文中应有明确的出处，反映科技报告的研究对象、学科范围、研究方法、研究结果等，应体现论文特色，具有语义性。

(9)目次页

长篇报告、论文可以有目次页，短文无须目次页。目次页由报告、论文的篇、章、条、附录、题录等的序号、名称和页码组成。整套报告、论文分卷编制时，每一分卷均应有全部报告、论文内容的目次页。

科技报告分卷(册、篇)编写时，最后一卷(册、篇)应列出全部科技报告的目次页，其余卷(册、篇)可只列出本卷(册、篇)的目次页，并宜列出其他各卷(册、篇)的题名。

目次页一般列至正文的第二层级或第三层级的章节。若目次页中列出了某一层级的章节，则应列出该层级所有章节的编号、标题和页码。

目次页宜另起一页，置于摘要页之后。

(10)插图和附表清单

报告、论文中如图表较多，可以分别列出清单置于目次页之后。图的清单应有序号、图题和页码，表的清单应有序号、表题和页码。

插图较多而附表较少，或者插图较少而附表较多，可将插图和附表合在一起列出图标清单，插图在前、附表在后。

插图和附表清单宜另起一页，置于目次页之后。

(11)符号、标志、缩略词、首字母缩写、计量单位、名词、术语等的注释表

符号、标志、缩略词、首字母缩写、计量单位、名词、术语等的注释说明，如需汇集，可置于图表清单之后。

前置部分的构成见图 8-1。

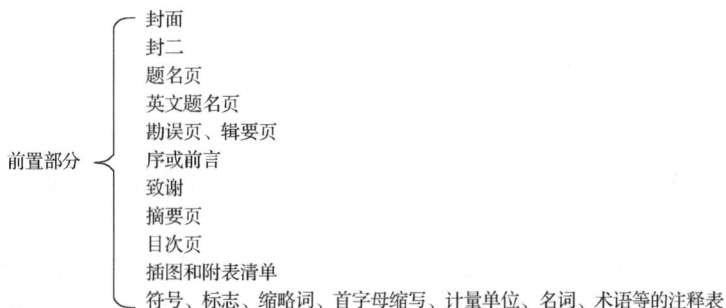

前置部分 {
封面
封二
题名页
英文题名页
勘误页、辑要页
序或前言
致谢
摘要页
目次页
插图和附表清单
符号、标志、缩略词、首字母缩写、计量单位、名词、术语等的注释表
}

图 8-1　前置部分

2) 主体部分

(1) 一般要求

主体部分的编写格式可由作者自定，但一般由引言(或绪论)开始，以结论或讨论结束。主体部分必须由另页右页开始。每一篇(或部分)必须另页起。如报告、论文印成书刊等出版物，则按书刊编排格式的规定。全部报告、论文的每一章、条的格式和版面安排，要求划一，层次清楚。

引言(或绪论)应包括论文的研究目的、流程和方法等。

论文研究领域的历史回顾、文献回溯、理论分析等内容，应独立成章，用足够的文字叙述。

主体部分由于涉及的学科、选题、研究方法、结果表达方式等有很大的差异，不能作统一的规定，但必须实事求是、客观真实、准备完备、合乎逻辑、层次分明、简练可读。

(2) 序号

报告、论文在一个总题下装为两卷(或分册)以上，或分为两篇(或部分)以上，各卷或篇应有序号。可以写成：第一卷、第二分册；第一篇、第二部分等。用外文撰写的报告、论文，其卷(或分册)和篇(或部分)的序号，用罗马数字编码。

报告、论文中的图、表、附注、参考文献、公式、算式等，一律用阿拉伯数字分别依序连续编排序号。序号可以就全篇报告、论文统一按出现先后顺序编码；对长篇报告、论文也可以分章依序编码。其标注形式应便于互相区别，可以分别为：图 1、图 2.1；表 2、表 3.2；附注 1)；文献[4]；式(5)、式(3.5)等。

报告、论文的正文和结尾部分一律用阿拉伯数字连续编页码。页码由书写、打字或印刷的首页开始，作为第 1 页，并为右页另页。封面、封二、封三和封底不编入页码。可以将题名页、序、目次页等前置部分单独编排页码。页码必须标注在每页的相同位置，便于识别。力求不出空白页，如有，仍应以右页作为单页页码。

报告、论文的附录依序用大写正体 A，B，C，……编序号，如附录 A。

附录中的图、表、式、参考文献等另行编序号，与正文分开，也一律用阿拉伯数字编码，但在数码前冠以附录序码。例如，图 A1；表 B2；式(B3)；文献[A5]等。

(3) 引言(或绪论)

引言(或绪论)简要说明研究工作的目的、范围、相关领域的前人工作和知识空白、理论基础和分析、研究设想、研究方法和实(试)验设计、预期结果和意义等。应言简意赅，不要与摘要雷同，不要成为摘要的注释。一般教科书中有的知识，在引言中不必赘述。

学位论文需要反映出作者确已掌握了坚实的基础理论和系统的专门知识，具有开阔的科学视野，对研究方案进行了充分论证。因此，有关历史回顾和前人工作的综合评述及理论分析等，可以单独成章，用足够的文字叙述。

(4) 正文

报告、论文的正文是核心部分，占主要篇幅，可以包括调查对象、实(试)验和观测方法、仪器设备、材料原料、实(试)验和观测结果、计算方法和编程原理、数据资料、经过加工整理的图表、形成的论点和导出的结论等。

① 图包括曲线图、构造图、示意图、框图、流程图、记录图、地图、照片等。图应具有"自明性"，即只看图、图题和图例，不阅读正文，就可理解图意。图应编排序号。图的编号由"图"和从"1"开始的阿拉伯数字组成，图较多时，可分章编号。每一图应有简短

确切的名称，连同图号置于图下方。必要时，应将图上的符号、标记、代码及实(试)验条件等，用最简练的文字，横排于图题下方，作为图例说明。曲线图的纵横坐标必须标注"量、标准规定符号、单位"。此三者只有在不必要标明(如无量纲等)的情况下方可省略。坐标上标注的量的符号和缩略词必须与正文中的一致。照片图要求主题和主要显示部分的轮廓鲜明，便于制版。如用放大缩小的复制品，必须清晰，反差适中。照片上应该有表示目的物尺寸的标度。

② 表的编排，一般是内容和测试项目由左至右横读，数据依序竖读排。表应有自明性。表应有编排序号。表的编号由"表"和从"1"开始的阿拉伯数字组成，如果表较多，可分章编号。每一表应有简短确切的表题，连同表号置于表上方。必要时应将表中的符号、标记、代码及需要说明事项，以最简练的文字，横排于表题下，也可以附注于表下方，作为表注。附注序号的编排：表内附注的序号宜用小号阿拉伯数字并加圆括号置于被标注对象的右上角，如：$×××^{1)}$，不宜用星号"*"，以免与数学上共轭和物质转移的符号相混。表的各栏均应标明"量或测试项目、标准规定符号、单位"。只有在无必要标注的情况下才可省略。表中的缩略词和符号，必须与正文中一致。表内同一栏的数字必须上下对齐。表内不宜用"同上""同左""，，"和类似词，一律填入具体数字或文字。表内"空白"代表未测或无此项，"…"代表未发现，"0"代表实测结果确为零。如数据已绘成曲线图，可不再列表。表的编排建议采用国际通行的三线表。若某个表需要转页接排，在随后的各页上应重复表的编号。编号后跟表题(可省略)和"(续)"，置于表的上方。续表均应重复表头。

③ 数学、物理和化学式。

小数点用"."表示。大于 999 的整数和多于三位数的小数，一律用半个阿拉伯数字符的小间隔分开，不用千位撇。对于纯小数应将 0 列于小数点之前。例如，应该写成 94 652.023 567；0.314 325 不应写成 94，652.023，567；.314，325。论文中的公式应另起行，并缩格书写，与周围文字留足够的空间区分开。如有两个以上的公式，应从"1"开始的阿拉伯数字进行编号，并将编号置于括号内。公式的编号右端对齐，公式与编号之间可用"…"连接。公式较多时，可分章编号。较长的公式需要转行时，应尽可能在"="处回行，或者在"+""-""×""/"等运算符之前回行。公式中分数线的横线，其长度应等于或略大于分子和分母中较长的一方。

如正文中书写分数，应尽量将其高度降低为一行。可将分数线书写为"/"，将根号改为负指数。

应注意区别各种字符，如拉丁文、希腊文、俄文、德文花体、草体；罗马数字和阿拉伯数字；字符的正斜体、黑白体、大小写、上下角标(特别是多层次，如"三踏步")、上下偏差等。示例：I，i；C，c；K，k，κ；0，o，(°)；S，s，5；Z，z，2；B，β；W，w，ω。

④ 计量单位。报告、论文中必须采用国务院颁布的《中华人民共和国法定计量单位》，并按照《中华人民共和国法定计量单位使用方法》执行。使用各种量、单位和符号，必须遵循国家标准的规定执行。单位名称和符号的书写方式一律采用国际通用符号。

⑤ 符号和缩略词应遵照国家标准的有关规定执行。如无标准可循，可采纳本学科或本专业的权威性机构或学术团体所公布的规定；也可以采用全国自然科学名词审定委员会编印的各学科词汇的用词。如不得不引用某些不是公知公用的，且又不易为同行读者所理解的，或系作者自定的符号、记号、缩略词、首字母缩写等，均应在第一次出现时一一加以说明，给予明确的定义。

(5)结论

报告、论文的结论是最终的、总体的结论，不是正文中各段小结的简单重复。结论应包括论文的核心观点，交代研究工作的结果或局限，提出未来工作的意见或建议。结论应该准确、完整、明确、精炼。如果不能导出应有的结论，也可以没有结论而进行必要的讨论。可以在结论或讨论中提出建议、研究设想、仪器设备改进意见、尚待解决的问题等。

(6)参考文献表按照 GB/T 7714—2015《信息与文献 参考文献著录规则》的规定执行。参考文献表应置于正文后，并另起一页。所有被引用的文献均要列入参考文献表中。正文中未被引用但被阅读或具有补充信息的文献可集中列入附录中，其标题为"书目"。引文采用著作–出版年制标注时，参考文献表应按作者字顺和出版年排序。

主体部分的构成见图 8-2。

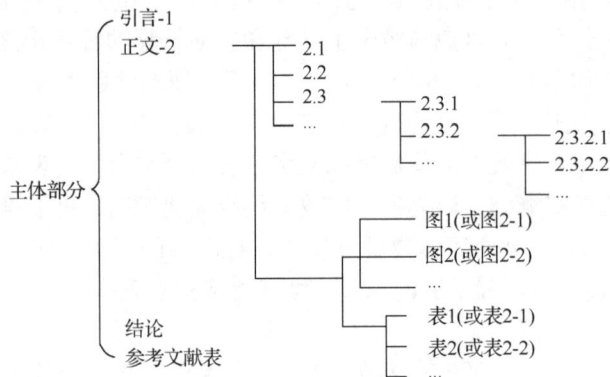

图 8-2　主体部分

3)附录部分

附录是作为报告、论文主体的补充项目，并不是必需的。

下列内容可以作为附录编于论文后：

——为了整篇报告、论文材料的完整，但编入正文又有损于编排的条理性和逻辑性，这一材料包括比正文更为详尽的信息、研究方法和技术更深入的叙述，对了解正文内容有用的补充信息等。

——由于篇幅过大或取材于复制品而不便于编入正文的材料。

——不便于编入正文的罕见珍贵资料。

——对一般读者并非必要阅读，但对本专业同行有参考价值的资料。

——正文中未被引用但被阅读或补充信息的文献。

——某些重要的原始数据、数学推导、结构图、统计表、计算机打印输出件等。

每一附录都应在正文部分的相关内容中提及。

每一附录应另起一页编写。

2．学术论文的组成部分

学术论文一般分为前置部分与主体部分。前置部分包括题名、署名、摘要和关键词；主体部分包括引言、正文、结论和参考文献。

1）前置部分

（1）题名

题名是以最恰当、最简明的词语反映论文中最重要的特定内容的逻辑组合。

题名所用每一词语必须考虑到有助于选定关键词和编制题录、索引等二次文献可以提供检索的特定实用信息。题名应该避免使用不常见的缩略词、首字母缩写、字符、代号和公式等。题名一般不宜超过 20 字。论文用作国际交流，应有外文（多用英文）题名。外文题名一般不宜超过 10 个实词。下列情况可以有副题名：题名语意未尽，用副题名补充说明论文中的特定内容；论文分册出版，或是一系列工作分几篇报道，或是分阶段的研究结果，各用不同的副题名区别其特定内容；其他有必要用副题名作为引中或说明。

题名的一般要求如下：

① 准确得体。常见的问题有：题名反映的面大，而实际内容包括的面窄。例如，"新能源的利用研究"，此标题一般化，不足以反映文章内容的特点；又如，"论自动化在我国工业现代化建设中的作用"，不注意分寸，有意无意拔高；有的作者，其课题的研究深度并不大，却常常把"……的机理""……的规律"用在标题中。

② 简短精炼。GB 7713—1987《科学技术报告、学位论文和学术论文的编写格式》规定，题名"一般不宜超过 20 字"。美国、英国出版的科技期刊，要求论文题目不超过 12 个词，100 个书写符号（包括间隔在内）。我们应把这"20 字"视为上限，在保证能准确反映"最主要的特定内容"的前提下，题名字数越少越好。通常有以下几种减少题名字数的方法：尽可能删去多余的词语，如"××港自引船增多对安全的影响及对策研究"，可改为"××港自引船增多对安全的影响及其对策"；避免将同义词或近义词连用，如"叶轮式增氧机叶轮受力分析探讨"，"分析"与"探讨"义近，据文章内容可以删去"探讨"；题名不易简化时，可用加副题名的方法来减少主题名的字数。

③ 容易认读。题名用词，应当避免使用非共知共用的缩略词、首字母缩写字、字符、代号等，如化学结构式、数学公式、简称、缩写等。习惯上题名不用动宾结构，而用以名词或名词性词组为中心的偏正词组。例如，"研究一种制取苯乙醛的新方法"，可改为"一种苯乙醛制取新方法"。但是，若中心动词带有状语，则可用动宾结构。例如，"用机械共振法测定引力常数 G"。详略应得当，避免"的"多用和漏用，删去多余的词语，不能随便省略词语。语序应正确，题名的语序不对，容易造成语意混乱，使人不知所云。例如，"计算机辅助机床几何精度测试"，正确的语序是，"机床几何精度的计算机辅助测试"。

④ 英文标题得体。注意英文的书写格式，不能按照汉字的字面结构逐字"对译"，重要的中心词可以提到前面来，放在突出的位置。

（2）署名

学术论文的正文前署名的个人作者，只限于那些对于选定研究课题和制订研究方案、直接参加全部或主要部分研究工作并做出主要贡献者，以及参加撰写论文并能对内容负责的人，按其贡献大小排列名次。至于参加部分工作的合作者、按研究计划分工负责具体小项的工作者、某一项测试的承担者，以及接受委托进行分析检验和观察的辅助人员等，均不列入。这些人可以作为参加工作的人员一一列入致谢部分或排于脚注。如责任者姓名有必要附注汉语拼音时，必须遵照国家规定，即姓在名前，名连成一词不加连字符，不缩写。

美国《内科学纪事》编者（1982）指出：参加过本项研究的设计或开创工作，如后期参加工作，则必须赞同原来的研究设计；必须参加过论文中某项观察或取得数据的工作；必须参加过观察所见和取得数据的解释，并从中导出论文的结论；必须参加过论文的撰写；必须阅读过论文的全文，并同意其发表。列入致谢的署名必须是协助采取样本的人、负责某项实(试)验的测试人员、委托某项分析、检验的具体工作者等。署名应该按照以下要求执行：首先必须是真实姓名，不能用笔名；其次多个作者共同署名时，以贡献大小排列，执笔者通常排在首位署名时，还应标明作者工作单位、工作单位所在地及邮政编码，例如：

张三　　李四

（南京邮电大学管理学院，南京，210046）

（3）摘要

摘要也称为文摘、提要或内容简介。ISO 认为摘要是不加注释和评论，对文献内容的精确和扼要的表达；我国国家标准认为摘要是以提供文摘内容梗概为目的，不加评论和补充解释，简明、确切地记述文献重要内容的短文。摘要一般置于题名和署名之后、引言之前。

摘要可以分为报道性摘要和指示性摘要。报道性摘要包括：研究目的、研究方法、主要发现、主要结论、经验教训和应用价值(不是必需的)；指示性摘要主要叙述撰写目的，适用于基础学科的论文、管理论文、专题论述、综述等。

摘要的注意事项：报道性摘要和报道-指示性摘要字数限定在 200～300 字左右，不宜超过 400 字；指示性摘要为 100～150 字，不超过 200 字；英文摘要一般不超过 250 个实词；应该用第三人称；不加注释和评论；不宜举例，不用引文；不宜与其他研究工作比较；不应用图、表、公式、化学结构式等；摘要中第一句话的主语(如"本文×××""作者×××"等词)可以省略；摘要中第一句的开头部分不要与论文标题重复；把背景信息减到最少；只限于新的信息；过去的研究应删去或减到最少；不应包含作者将来的计划；不应包含不属于摘要的说法，如"本文所描述的工作，属于……首创""本文所描述的工作，目前尚未见报道""本文所描述的工作，是对于先前最新研究的一个改进"等；相同的信息不要重复表达。

英文文摘的撰写要点：句子完整、清晰、简洁；用简单句，为避免单调，改变句子的长度和句子的结构；用过去时态描述作者的工作，因它是过去发生的，但应该用现在时态描述结论。

（4）关键词

关键词是为了文献标引工作从报告、论文中选取出来用以表示全文主题内容信息款目的单词或术语。从论文中提炼出来，最能反映论文的主要内容，在同一论文中出现的次数最多，一般在论文的题目及摘要中都出现，可在编制主题索引和检索系统时使用。每篇论文选取 3～8 个词作为关键词，以显著的字符另起一行，排在摘要的左下方。如有可能，尽量用《汉语主题词表》词表提供的规范词。为了国际交流，应标注与中文对应的英文关键词。

编写关键词的注意事项：较定型的名词，多是单词和词组，原形而非缩略语；无检索价值的词语不能作为关键词，如"技术""应用""观察""调查"等；化学分子式不可作为关键词；未被普遍采用或在论文中未出现的缩写词、未被专业公认的缩写词，不能作为关键词；论文中提到的常规技术，虽然内容为大家所熟知，但未加探讨和改进的，不能作为关键词。

2）主体部分

（1）引言

引言又称前言、绪言、绪论，用于简要说明研究工作的目的、范围、相关领域的前人工作和知识空白、理论基础和分析、研究设想、研究方法和实(试)验设计、预期结果和意义等。引言应言简意赅，不要与摘要雷同，不要成为摘要的注释。一般教科书中有的知识，在引言中不必赘述。引言只介绍论文总纲，起到定向引导的作用，长度占正文的 1/10～1/8，应控制在 400～600 字。

引言主要内容：尽可能清楚地指出所研究问题的性质和范围，对有关重要的文献进行评述；阐述研究方法及选定这种特定方法的理由；阐述研究的主要结果及效益等；实验性的论文还应说明工作场所、协作单位和工作期限等。

注意事项：不要介绍人所共知的普通专业知识，或教科书上的材料；不要推导基本公式；不要对论文妄加评论，夸大论文的意义；避免使用自夸性词语，如"填补了一项空白""达到了××级先进水平""前人从未研究过"等；避免使用客套话，如"才疏学浅、疏漏谬误之处，恳请指教""不妥之处还望多提宝贵意见"等；避免使用广告式语言。

引言的书写方法一：以研究对象加以展开，适用于研究对象有其特殊性的论文。

例如：

"藏雪鸡雏鸡的生长发育"(俞世福等，1994)

藏雪鸡又名淡腹雪鸡，是青藏高原特产的珍禽，对其地理分布、生态习性等均做过报道[1-7]，唯对其生长发育的观测资料很少，笔者于 1992 年对××× 进行了较为详细的观察和测定，现将结果报告如下……

引言的书写方法二：以观测指标或处理因素展开，适用于研究对象比较一般，而观测指标或处理因素、实(试)验方法有特殊性的论文，也用于系列报道第二篇(含第二篇)以后的论文。

例如：

自从××× 在××× 发现××× 以来，国内外学者进行了广泛研究，目前公认的有××× 方法，但还未有采用××× 方法进行的，有鉴于此，我们×××。

引言的书写方法三：以研究方法加以展开，适用于化学、冶金、生物学、医学等学科有关检验方面的论文，但必须是检验(测)方法有特殊性的论文。

例如：

××× 方法在××× 学科(方面)均有重要意义，目前所见的报道有××× 法、××× 法。本文研究×××，据此建立了××× 法。

(2) 正文

正文即论证部分，是论文的核心部分。论文的论点、论据和论证都在这里阐述，因此它占主要篇幅。多数理论应用类期刊要求正文的总体篇幅一般在 5000 字左右，理论刊物和国际期刊不加限制。由于论文作者的研究工作涉及的学科、选题、研究对象和研究方法、工作进程、结果表达方式等差异很大，所以对正文要写的内容不能作统一规定。

对于理论应用型论文，一般结构可以采用以下三个类型。

类型一：假设用 A 方法解决 B 问题

1　介绍 B 问题；

2　介绍 A 方法；

3　A 方法的改进或针对 B 问题的修改；

4　A 方法应用于 B 问题的实(试)验结果；

5　讨论。

类型二：设计实现 A 系统

1　介绍 A 系统的需求问题、模块划分、难点；

2　介绍相关技术；

3　关键点的解决办法；

4　A 系统实现结果；

5　讨论。

类型三：解决 A 问题的若干种方法

1　介绍 A 问题的难点，以及前人方法的缺陷；

2　方法 1 及其使用场合；

3　方法 2 及其使用场合；

4　……

5　讨论。

正文的关键是主题，即作者总的意图或基本观点的体现，对论文的价值起主导和决定作用。主题决定了论文的水平和发表期刊的档次。论文主题的基本要求是：新颖、深刻、集中、鲜明。

① 主题新颖，就是要研究、解决、创立和提出前人没有研究和解决的问题。要使主题新颖，选题时必须广泛查阅文献资料，了解与本课题有关的前人的工作；研究时应从新的角度去探索；写作时应认真分析研究实(试)验、观察、测试、计算及调查、统计结果，得出新的见解和观点。

② 主题深刻，就是要抓住问题的本质，揭示事物的主要矛盾，总结出事物存在、运动、变化和发展的客观规律。要使主题深刻，就不能停留在简单的描述现象、堆砌材料、和盘托出实(试)验或观测及统计数据的阶段，而应透过现象抓住事物的本质，在分析材料、整理实(试)验或观察结果的基础上提出能反映客观规律的见解，将实践知识上升为理论，得出有价值的结论。

③ 主题集中，就是一篇论文只有一个中心。要使主题集中，就不能面面俱到，凡是与本文主题无关或关系不大的内容都不应涉及，更不能过多阐述，否则会使问题烦杂，脉络不清，主题淡化。

④ 主题鲜明，就是论文的中心思想地位突出，除了在论文的题名、摘要、引言、结论部分明确地点出主题，在正文部分更要注意突出主题。

讨论是论文正文中最有创造性见解、最严格的部分，对实(试)验、调查和观察结果进行理论分析和综合，使结果通过逻辑推理、理论分析，从中提出科学结论。需要回答两个问题："为什么出现这样的结果？""出现这样的结果意味着什么？"

讨论的书写内容包括：对本次实(试)验或观察结果进行理论解释和讨论；将本次结果与过去及其他研究结果(不同时间、不同地点、相同或不同的研究对象中的研究结果)相比较，分析异同，解释产生差别的原因，并根据自己或他人的文献资料，提出自己的见解，实事求是，有根据地与其他作者商榷；突出本项研究中的新发现、新发明，提出可能原因；分析本次研究的不足，还存在哪些尚未解决的问题，提出今后急需研究的方向和设想。

书写讨论的注意事项：突出重点，围绕几个"小核心"，可以分几个小标题进行；讨论部分一般不使用插图与表格，但在与众多文献资料比较时，可使用个别表格；讨论不宜过长，通常不超过全文的 1/3～1/2；尽量从读者的角度设想，估计读者可能提出的有关这一研究题目的各种问题；叙述实(试)验结果和讨论时，必须说明现象发生的原因和机制；解释表中数据或图中现象时，应逐一回答表或图所显示出来的问题。

(3) 结论

结论是最终的、总体的结论，不是正文中各段小结的简单重复。结论应该准确、完整、明确、精炼。如果不可能导出应有的结论也可以没有结论而进行必要的讨论。可以在结论或讨论中提出建议、研究设想、仪器设备改进意见、尚待解决的问题等。

书写内容与要求：简明扼要，精炼完整；说明结论适用的范围，突出新发现、新发明，强调其意义并作出恰当的评价；实(试)验中不能肯定的内容不能写入结论；观点鲜明，用肯定的证据和可靠的数据写作，最好不用"可能""大概"等模棱两可之词；提出与本研究有关的建议；字数控制在 100~300 字之间；如果没有特殊内容，为避免与摘要重复，结论部分可以不写；一般不作自我评价，不宜用如"本研究具有国际先进水平""本研究结果属国内首创""本研究结果填补了国内空白"一类的语句。

结论的一般写法：本研究结果说明了什么问题，得出了什么规律性的结果，解决了什么理论或实际问题；对前人有关本问题的看法做了哪些检验，哪些与本研究结果一致，哪些不一致，作者做了哪些修正、补充、发展或否定；本研究的不足之处或遗留问题。

(4) 参考文献

标注在论文中的参考文献必须是：亲自阅读过的，与论文关系密切的，有启示或帮助的；最新文献；已公开发表，或待发表的；以原文、原著为主，未找到原文者，可引用被公开发行的文摘、期刊录用的文献。一般论文引用的参考文献数不超过 10~15 条。

参考文献标注法：必须与出版社规则相一致，或与发表文章的期刊的规定相符合。大多数出版社和杂志社都采用标准著录，也可使用 Word 的标注功能。

参考文献的两种标注法：顺序编码制与著者-出版年制。

① 顺序编码制：按论文正文部分引用文献出现的先后顺序连续编码，将序号置于方括号中。

例如：

关于青海家畜的红细胞钾型，张才钧、张武学等曾对绵羊[1, 2]、山羊[3]做过研究。

参考文献：

[1]张才钧，张武学，等. 三角城藏羊红细胞钾型的研究[J]. 青海畜牧兽医杂志. 1994，24(3)：4-6.

[2]……

[3]……

② 著者-出版年制：论文正文部分引用的文献在引文后标注作者和发表年份，并用圆括号括起。引用多个作者的文献时，只需标注第一作者的姓，其后加"等"字。

例如：

"最大规模的实验是在三个托儿所中进行的，观察了在膳食中分别补充鱼肝油(Sarret，1941)和有紫外线照射过的麦角固醇(Schout，1942)对于龋齿发生的影响。"

被引用文献在参考文献表中，按先中文后英文的顺序排列，不加序号。

例如：

参考文献：

王比青……
张才钧……
Sarret……
Schout……
参考文献的格式参见本章 8.1 节。

8.3　综述分类及编写

8.3.1　综述及其分类

综述是在对某一特定学科或专题的文献进行收集、整理、分析与研究的基础上，撰写出的关于某学科或某专题的文献报告。它对相关文献群进行分析研究，概括出该学科或专题的研究现状、动态及未来发展趋势，也可以说是对某一时期内某一学科或专题的研究成果或技术成就进行系统的、全面的分析研究，进而整理加以综合叙述的研究报告。综述是一种不加评论地把已有的科研成果，包括各种学术观点和见解，综合介绍给读者的三次文献。综述可以节约使用者大量查阅资料、整理的时间，为制定科研规划和方针政策提供参考依据；有助于科技研究人员选择研究课题；为进一步进行情报研究提供基础。

综述可分为叙述性综述、事实性综述、评论性综述及预测性综述四种。

叙述性综述是对某一课题大量文献中所探讨的问题进行综合分析而编写成的，通过提取文献中的主要内容及研究成果，并加以概括叙述。该种综述能够客观地反映原始文献中的学术观点和见解，不需要深入分析文献内容的得失，较少提及综述作者的观点。这类综述能综合地、客观地阐述某一课题的研究现状、成果及发展趋势。

事实性综述是对某一文献中的事实资料进行系统的排比，并附以其他资料的一种综述。这类综述采用数字、计算方法、技术方法、具体方案、实(试)验参数等描述，可利用表格的形式来表达具体的事实资料，或采用纵、横向对比的方式，进行一些评价和解释。

评论性综述是对某一课题文献进行全面深入的分析研究，从而提出论证和评价的一种综述。这里的"评"是通过对文献浓缩组织后，进一步提出自己的观点和见解，并针对今后的发展动向提出有分析、有根据的建议。

预测性综述是对某一课题的有关文献进行科学的分析综合，并着重对未来发展趋势进行预测的一种综述。根据与课题有关的大量的数据分析、文献分析、现状调查，通过逻辑推理、数学演绎，乃至大胆的想象得出有关课题研究对象未来发展的预测信息。

此外，综述按编写的目的、用途、所选用的文献种类和编写周期等，还可以分为纵向介绍综述、横向介绍综述、专门性综述、定期综述和不定期综述等。综述的具体形式主要有专题文献调查分析报告、综述文章和综述性著作。

8.3.2　综述的编写

1．综述的结构

综述包括引言(前言)、概述、正文、建议和参考文献等几部分。

引言用于阐明本课题的基本状况和研究的目的及意义，综述的时间阶段，文献的收集范围等内容。

概述是叙述本课题的来龙去脉，目前的研究状况和存在的问题等。

正文是分析本课题的重要内容、代表性观点、发展趋势、关键性问题及不足之处等主题部分，是综述的主体。其写法多样，没有固定的格式，可按年代顺序综述，也可按不同的问题进行综述，还可按不同的观点进行比较综述。不管用哪一种形式的综述，都要将所搜集到的文献资料整理、分析及比较，阐明有关主题的历史背景、现状和发展方向，以及对这些问题的评述。主题部分应特别注意代表性强、具有科学性和创造性的文献引用和评述。

建议是提出解决问题的建议和应采取的措施或方案，与研究性论文的小结有些类似，将全文主题进行扼要总结。对所综述的主题有研究的作者，最好能提出自己的见解和建议。

参考文献是列举编写综述所参考和引用的主要文献，一般要求参阅文献至少 30 种，有的要求至少 70 种以上。虽然放在文末，但却是综述的重要组成部分。因为它不仅表示对被引用文献作者的尊重及引用文献的依据，而且为读者深入探讨相关问题提供了文献查找线索。因此，应认真对待。参考文献的编排应条目清楚，查找方便，内容准确无误。

2．综述的编写

完成一篇综述，包括以下几个步骤：选择课题，收集、选择文献，分析研究资料及系统组织编写材料。

1）选择课题

撰写综述通常出于某种需要，如为某学术会议的专题、从事某项科研、为某方面积累文献资料等。所以，综述的选题，作者一般是明确的，不像科研课题选题那么困难。综述选题范围广，题目可大可小，大到一个领域、一个学科，小到一种疾病、一个方法、一个理论，可根据自己的需要而定。初次撰写综述，特别是实习的同学，所选的题目的范围应小些，这样查阅文献的数量相对较少，撰写时易于整理，否则，题目选得过大，查阅文献花费的时间太多，而且整理困难，容易导致最后写出的综述大题小做或文不对题。常见选题有：为决策服务——规划、计划的；为学术研究服务——申报和完成课题的；为论文写作服务的。

2）收集、选择文献

根据自己的专业，选取适当的关键词进行网上查询或光盘检索查询；也可用滚雪球法，也就是发现一篇好文献后，可以根据该文的参考文献进行追踪，但需补充新文献。文献的来源在本书的 4.1 节科技信息源概述中已有详述，这里就不一一展开，归纳如下：定期出版物和连续出版物，包括国内外杂志、通报、论文集、报纸；科技报告；科学专著；统计资料；发明、专利及标准文献；专家国外考察报告及各种书面调查资料；学位、会议论文；政府出版物（五年工作计划等）；公司企业的报告、报表及其他资料；网上资料。

收集文献资料，可进一步熟悉文献的查找方法和资料的积累方法，在查找的同时也扩大了知识面。

3）分析研究资料及系统组织编写材料

在具体分析之前，应列出详细的写作提纲、大小标题，然后将收集的资料分别归入有关问题，这是一项细致且重要的工作。综述要能如实反映原作者观点，因此不能随意改动，但也不是将所收集和阅读的资料全部写进去，因为综述不是一大堆资料的堆积。在写作之前要分析研究所收集的所有资料并系统地组织编写。

分析研究资料时要对收集的所有文献认真阅读，写好"读书笔记""读书卡片"和做好"文献摘录卡片"。资料应通读、细读、精读，要分析文章的主要依据，领会文章的主要论点。用卡片分类摘记每篇文章的主要内容，包括技术方法、重要数据、主要结果和讨论要点；用自己的语言写下阅读时得到的启示、体会和想法，将文献的精髓摘录下来，不仅为撰写综述时提供有用的资料，而且对于训练自己的表述能力、阅读水平有好处，特别是将文献整理成文献摘录卡片，对撰写综述极为有利。实际上这也是一种对文献的分析研究过程，抽取出有价值的素材，加以鉴别和整理，并进而形成自己的观点和见解。

系统地编写组织材料，目前有三种主要的方法。

① 时间顺序法：按照时间阶段，组织各种材料和观点。

② 观点罗列法：将有关的观点、数据、方案一一列举说明，然后写出编者的分析、比较和评论。

③ 问题分析法：将有关课题的关键性问题抽取出来，围绕这些问题来组织材料。

综述可以从以下三个角度来写作：

一是面向决策的综述，应把与课题有关的意义、趋势、建议等作为叙述重点，语言要通俗易懂，深入浅出，少用引语、公式；

二是面向学术研究的综述，应把专题的进展及新见解、新理论作为叙述重点，语言上尽量严谨、精炼；

三是面向论文写作的综述，应把未解决的问题、结论、方法等作为叙述重点，要注重逻辑性和信息量。

需要注意的是，收集文献应尽量全面；注意引用文献的代表性、可靠性和科学性；引用文献要忠于文献内容；参考文献不能省略；切忌根据已有的综述直译转抄，洋洋洒洒一大篇，却都只是资料的堆积；文献罗列过多，出现引文不当的情况；将综述直接写成了讲座。

8.4　学术论文发表及评审

学术论文虽然种类很多，档次级别也不一样，但是作者的投稿流程和编辑部门的审稿流程都是大致相似的，了解这些流程，对学术论文的发表是大有裨益的。

8.4.1　学术论文的发表

1. 学术论文投稿流程

(1)完成学术论文。前文已经详述，这里不再赘述。

(2)学术论文排版。学术论文的题名、署名、作者单位、摘要、关键词、正文中的字体及大小、行间距、文中注释、参考文献著录等，都要严格按照所投期刊要求的论文格式调整好。

(3)网上投稿。目前，大多数的期刊都以网上投稿为准，所以这里介绍网上投稿的流程。首先，打开所投期刊官网，注册投稿账号；其次，用账号登录期刊官网，找到投稿系统入口，依照投稿系统的提示进行一步步操作，最好使用兼容性比较强的 IE 浏览器来投稿；最后，上传稿件。

(4) 等待回复。收到杂志社的回复邮件，表示已收到你的稿件。有的杂志社同时会要求作者交纳审稿费，汇款时要求注明杂志社给出的文章编号。

(5) 等待录用。如果论文通过杂志社的评审，有需要修改的，会收到杂志社的修改要求，如果不需要修改，会收到杂志社的录用或退稿通知。

学术论文在投稿前，要了解拟投刊物的性质和要求，如是学术性论文还是技术性论文，学术性论文可以投向学报或通报；技术性论文，一般可以投向技术性刊物，也可以投向某些学报。了解清楚拟投刊物报道的重点，如有的偏重发表理论价值高的论文，有的偏重发表应用价值大的论文；有的偏重全文发表，有的则以"研究简报"的形式发表。了解清楚拟投刊物的稿源情况，稿源丰富的期刊，一般录用标准比较高，发表周期(从收稿到出版经历的时间)也比较长，向这些刊物投稿更要注意稿件的质量(学术价值和写作水平)。稿源相对较少的刊物，一般发表得快一些。刊物稿源的多少不能完全反映这种刊物水平的高低，论文价值的大小也不一定完全决定于在哪种刊物上发表。只要是公开发表，应该说在得到社会承认这一点上是一样的，早发表优于晚发表。

除了确保投稿论文编排工整、规范，还要写好致编辑的信函。给编辑的信大体包括这些内容：学术论文选题的简单经过，本文专投贵刊，是否同意编辑对文稿内容的修改、删节，投稿论文是否已在学术会议上宣读或在内部资料(刊物)上发表过，是否获过奖。必要时，可附上有关证明材料的复印件。投稿论文中如有他人未发表的资料，属于著作权保护的内容，应附有相关责任者同意使用和发表的本人签名的证明信件。

中文期刊投稿及编辑部/杂志社回复信函的模板如下所示：

尊敬的《××学报》编辑，您好！

现向贵刊投稿一篇，"×××××××××××"，其中"研究背景"在文章最后。内容为 PDF 文件，见附件，望收到后回复，谢谢！

此致

顺祝编祺！

×××

20××-06-15

通信地址：××××大学××××学院 200092

E-mail：×××××@163.com

Tel：021-×××××××

××先生/女士您好：

文章收到，待初审后再告知编号和审稿费事宜。

如未在主页上登记，请在主页 http://cjc.×××.ac.cn 中"网络投稿"一栏上登记。

祝您工作顺利!

××学报

20××-06-16

××先生/女士，您好：

您的文章已经过初审，该文编号为 05-1203。请您交纳××元审理费。邮寄地址：北京 2704

信箱××学报编辑部，100080。

稍晚些时候，您可以在网上查询审理结果及审稿费、版面费事宜。本刊网址：http://cjc.***.ac.cn

谢谢！

××学报

20××-06-20

××先生/女士，您好：

您的"×××××××××××"一文已经过审查，该文需要修改，修改建议如下：

……
……

请您按审稿意见将文章改好，并写出修改说明，两月内返回。

××学报

20××-12-29

尊敬的《××学报》编辑，您好！

按照修改意见，现已将 05-1203 号稿件"××××××××××××"做了认真修改，并写了详细的修改说明。修改稿件及修改说明见附件，格式为 PDF 文件。

非常感谢各位审稿专家和编辑提出的宝贵意见！

此致

顺祝编祺！

×××

20××-01-05

通信地址：××××大学××××学院　200092

E-mail：××××@163.com

Tel：021-×××××××

2．学术论文发表注意事项

1）发表学术论文"五不准"

2015 年，为弘扬科学精神，抵制学术不端行为，重申和明确科技工作者在发表学术论文过程中的科学道德行为规范，中国科协、教育部、科技部、国家卫生计生委、中科院、工程院、国家自然科学基金委员会共同研究制定了《发表学术论文"五不准"》。

第一，不准由"第三方"代写论文。科技工作者应自己完成论文撰写，坚决抵制"第三方"提供论文代写服务。

第二，不准由"第三方"代投论文。科技工作者应学习、掌握学术期刊投稿程序，亲自完成提交论文、回应评审意见的全过程，坚决抵制"第三方"提供论文代投服务。

第三，不准由"第三方"对论文内容进行修改。论文作者委托"第三方"进行论文语言润色，应基于作者完成的论文原稿，且仅限于对语言表达方式的完善，坚决抵制以语言润色的名义修改论文的实质内容。

　　第四，不准提供虚假同行评审人信息。科技工作者在学术期刊发表论文如需推荐同行评审人，应确保所提供的评审人姓名、联系方式等信息真实可靠，坚决抵制同行评审环节的任何弄虚作假行为。

　　第五，不准违反论文署名规范。所有论文署名作者应事先审阅并同意署名发表论文，并对论文内容负有知情同意的责任；论文起草人必须事先征求署名作者对论文全文的意见并征得其署名同意。论文署名的每一位作者都必须对论文有实质性学术贡献，坚决抵制无实质性学术贡献者在论文上署名。

　　"五不准"中所述"第三方"指除作者和期刊外的任何机构和个人；"论文代写"指论文署名作者未亲自完成论文撰写而由他人代理的行为；"论文代投" 指论文署名作者未亲自完成提交论文、回应评审意见等全过程而由他人代理的行为。

　　2）注意学术论文的形式特征与内容特征

　　（1）学术论文题名的准确性和吸引力

　　学术论文的题名十分关键：一方面，题名表现的是论文的主题，主题确定的恰当与否直接影响整篇论文的写作，主题太泛显得论文空洞，主题太窄导致论文的分量不足；另一方面，题名是一篇论文的"眼睛"，审者和读者要通过它来感知整篇论文所要表达的内容，从题名就可以初步判断一篇论文的性质——是理论性、应用性还是普及性的论文。或者说，题名就是一篇学术论文的选题，选题的前沿性、热点程度和重要性要通过题名体现出来。

　　（2）学术论文参考文献的著录情况

　　过去的研究成果是今天研究工作的基础，今天的研究成果是未来研究工作的借鉴。过去的研究成果，应以参考文献的形式列于所撰写的论文中。因此，学术论文的参考文献的引用情况，一定程度上可以体现出研究选题的前沿性和研究成果的水平。一般来说有这样几个方面：引用的参考文献是否充分？引用的参考文献是否广泛？引用的参考文献新旧程度如何？引用的参考文献层次如何？参考文献的性质等都可以反映出学术论文的学术水平。

　　（3）语言表达的规范化程度

　　学术论文的语言与一般论文的语言有所不同，有其语言表达的特殊性及内在的要求和规范。通过学术论文的语言表达，可以评价作者的科技论文的写作能力，也能反映出作者的科学研究的态度和学风。写作时应注意语言表达流利通顺、用词准确精炼、科技符号标准规范等。

　　（4）材料的组织和逻辑性

　　学术论文的写作需要建立在严密的逻辑论证基础之上。逻辑上的漏洞将直接影响研究结果的可信度；逻辑上的混乱也无法正确表达出研究的结果。图表是学术论文用来描述科学发现的重要手段，图表设计、制作的科学性，以及图表与研究内容（特别是研究主题）的关联度也体现出研究成果的可信度。因此，写作时应注意科技论文的逻辑性和图表文的关联度。

8.4.2　学术论文的评审

　　学术期刊对来稿学术论文的审核时间一般为一至两个月，有的长则半年或一年。那么编辑部对稿件的审核过程具体是怎样的呢？

通常是采用三审制。

一审，编辑部初审。收到稿件后，编辑部一般会进行登记处理，并安排相关栏目编辑初审。编辑对论文的格式、内容是否适合期刊刊发等进行审核，并通过相应的方式反馈给作者。

二审，专家外审。通过编辑部初审的稿件，为了确定研究的最新情况及成果的正确性，期刊出版单位有自己的专家审稿团队，即了解相关领域的最新研究成果及进展的学者，初审通过的稿件会以"匿名"方式发送给专家进行审稿。审稿专家在一定时间内给予审稿回复，编辑部综合多位(2～3名)专家的意见确定外审结果。外审是核心期刊必经的过程，时间较长，一般为一至两个月。论文的录用与否重点取决于专家评审。需要注意的是，对待外审修改的意见，要积极沟通、认真修改。

三审，主编终审。专家外审给予刊发意见的稿件，会送主编终审。终审是文章审稿经历的最后一个环节。终审阶段不用咨询，有结果会及时通知作者，通过终审的稿件，编辑部会告知作者出版发表时间、有无版面费等信息。

常见退稿原因：有些期刊收到的稿件远远超过了能录用的数量，因此，退稿不一定反映文章的质量差。有时编辑部会建议转投其他刊物，因为你的文章不符合他的办刊宗旨。但一定要牢记，一份原稿不得同时投寄给几个期刊出版单位，这是职业道德和学术规范的问题。

处理对策：申辩、修改、改投他刊、暂缓发表。

为避免被退稿，写作时，稿件选题要有创新，切忌内容陈旧，复制照搬他人的成果，或内容存在较大错误，论据缺乏说服力；此外，写作技巧也很关键，层次分明、语句通顺、用词恰当、标点正确、图文并茂等都会为文章增色添彩。

思 考 题

1．专著的标准著录格式是什么？请举例说明。
2．连续出版物的标准著录格式是什么？请举例说明。
3．电子文献的标准著录格式是什么？请举例说明。
4．简述科技论文的组成部分及格式。
5．简述学术论文的概念及从内容角度的分类。
6．简述学术论文的组成部分及格式。
7．简述学术论文中题名的要求。
8．综述的概念是什么？如何分类？
9．综述的结构及编写过程是什么？
10．学术论文投稿流程及注意事项是什么？
11．简述学术论文水平的评价。
12．简述编辑的审稿流程。

参 考 文 献

[1]　王绍平，陈兆山，陈钟鸣，等. 图书情报词典. 上海：汉语大词典出版社，1990.

[2]　王春林. 科技编辑大辞典. 上海：第二军医大学出版社，2001.

[3]　GB/T 7714—2015《信息与文献　参考文献著录规则》.

[4]　向洪. 当代科学学辞典. 成都：成都科技大学出版社，1987.

[5]　阎景翰. 写作艺术大辞典. 西安：陕西人民出版社，1990.

[6]　朱子南. 中国文体学辞典. 长沙：湖南教育出版社，1988.

[7]　GB 7713—1987《科学技术报告、学位论文和学术论文的编写格式》.

[8]　中国社会科学院文献情报中心，重庆出版社合编；汝信. 社会科学新辞典. 重庆：重庆出版社，1988.

[9]　GB 7713.1—2006《学位论文编写规则》.

[10]　GB 7713.3—2014《科技报告编写规则》.

第9章 网络信息资源综合应用

学习目标

通过本章的学习可以掌握以下内容:

(1) 了解 CiteSpace 软件的知识图谱分析的方法及过程;

(2) 了解使用 SciMAT 软件进行主题演进分析的方法及过程;

(3) 了解使用 SPSS 软件进行聚类分析的方法及过程;

(4) 了解 Ucinet 软件的社会网络化分析的方法及过程;

(5) 了解专利信息的收集与分析方法。

专题信息分析是一种信息检索调研综述报告类的练习,主要针对某个检索主题,通过选择信息源数据库,检索出一定数量的结果后,对这些检索结果进行多元化、多角度的分析、综合、研究,提出有数据、有对比、有分析、有观点的成果,多以定量分析方法进行。定量分析以文献计量学相关理论为基础,如洛特卡定律、布拉德福定律、齐普夫定律及一般引证规律等。

随着国内外各数据库平台科研评价的建设及数据统计分析工具的发展进步,多元化、多角度的分析不仅使数据的分析更加深入,而且呈现的分析结果更加清晰、直观,被广大科研工作者接受和应用。众多的数据统计分析工具除了可以实现简单的描述性的统计分析,还可以通过各式图谱实现可视化分析并清晰地勾勒出相关研究主题的发展趋势与热点研究。知识图谱分析工具CiteSpace软件可以呈现由多个文献共被引网络组合而成的一种独特的共被引网络,通过分析网络整体结构、网络聚类、各聚类之间的关联、关键节点(转折点)和路径来实现递进式知识领域分析。SciMAT软件也是一种时间序列的知识图谱绘制工具,侧重生成基于密度和中心度的可视化战略坐标图、聚类网络和演化图等,进行主题演变的分析,支持分析结果的导出。SPSS软件因为其能够通过数据统计揭示不同事物之间的联系并发现规律而被广泛应用于人文社会科学和其他研究领域。SPSS软件的功能包括数据的预处理、假设检验、非参数检验、均值比较、T检验、方差分析、相关分析、回归分析、聚类分析、因子分析及可靠性分析等。Ucinet软件可以实现包括中心性分析、子群分析、角色分析和基于置换的社会网络分析,实现矩阵代数、多元统计分析功能。

9.1 利用 CiteSpace 软件的知识图谱分析

1. 知识图谱分析

科学文献的新趋势(emergent trends)和突变(abrupt changes)是有内部和外部原因的。典型的内因包括新发现和科学重大突破,识别和理解由这些事件引发的学科发展新趋势和突变能极大地提高科学家适时应对这些变化的能力。知识图谱分析适用于识别和显示科学文献中发展趋势与突变(尤指由引发事件而产生的变化)的动态可视化研究,并可以辅助趋势探测,能使知识领域分析专家和科学家清晰地辨别和认识科学发展的结构和态势。

知识图谱分析有关主题识别和跟踪的研究主要集中在以下五个问题：一是叙述分段(story segmentation)，二是主题探测(topic detection)，三是主题跟踪(topic tracking)，四是新闻的首次报道(first-story detection)，五是叙述链接识别(story-link detection)。

知识图谱分析的研究也是百花齐放：有的学者总结了目前已有的趋势探测方法；有的学者研究出用于鉴别新闻的一次扫描算法；有学者建立了一个基于统计模型的二项式分布，以确定检索信息的显著性；有的学者使用了新开发的 TGRIP 系统，针对 ACM 会议论文集中的论文绘制时序可视图，寻找计算机领域的研究热点主题、逐渐过时的主题和快速发展的主题等。

关于研究领域的识别和可视化，大多数传统的共引分析都集中在共被引文章的单个聚类，很少看到侧重于学科聚类间相互联系的研究。点的中心性是一个用以量化点在网络中地位重要性的图论概念。中介中心性是进行中心性测度的常用指标，是指网络中经过某点并连接两点的最短路径占这两点之间最短路径线总数之比。中心性测量为发现不同学科的连接点或进化网络中的支点提供了一种计算方法。首先，如果这些连接点显示出某个领域的结构和动态本质，就可以大大减轻用户在理解上的负担。其次，接下来的自动文本概要的生成和自然语言处理算法的处理过程，可以很有效地将研究重点集中在为数不多的连接点上。最后，连接点的鉴别是基于整体图论特征，而词集是基于初次出现频次，因而关键点法扩展了词集法。

2．CiteSpace 软件

CiteSpace 软件是美国德雷赛尔大学(Drexel University)的陈超美教授利用 Java 编程语言开发的一种多元、分时、动态的应用程序和可视化软件。该软件在绘制知识图谱和基于不同特征引文网络的可视化分析等方面具有较强的技术和功能优势，能用于对学科的知识基础、研究前沿(及两者之间的关系)、动态演化历程、研究热点、不同研究前沿之间的内部关系及研究趋势进行分析与探测，主要用来帮助分析知识领域中的新趋势。它使用户可以将某个领域顺时进行"抓拍"，然后将这些抓拍的图片连接起来。其中，有三个中心概念：突变探测、中介中心性和异质网络。CiteSpace 软件把研究领域概念化成研究前沿和知识基础间的映射函数，在这个映射函数概念框架下创建的这三个概念，对解决以下三个问题非常重要：

(1) 识别研究前沿的本质；

(2) 标注研究领域；

(3) 及时识别新趋势和突变。

3．案例分析

例 1 生物种群灭绝研究的最新前沿是什么？过去 20 年中撞击说的研究前沿是如何演进的？最热门的研究前沿术语是什么？哪些文章同这些专业术语有关？通过(1981—2004 年)大规模生物集群灭绝研究来解答这些关键的问题。

在 Web of Science 引文索引数据库中以"mass extinction"为主题词检索到：从 1981 年到 2004 年间发表的有关生物种群灭绝的文章，并将其输入到 CiteSpace 软件中。主题检索的范围包括每条文献记录的四个主题领域：题目、摘要、检索词和标识符，并仅限于英语文章。由此，得到由 771 条记录构成的数据库，从这些记录的四个主题领域中检测到 333 个前沿术语。将 1981—2004 年这 24 年跨度分为 12 个时间分区(每 2 年一个分区)，阈值分别设置为(2，1，10)、(3，1，0)和(3，2，10)，见表 9-1。

表 9-1　文章共引网络结构组配

每 2 年分区	c	cc	ccv	文 章 数 量	节 点 数 量	连 线 数 量
1981—1982	2	1	0.15	64	0	0
1983—1984	2	1	0.19	27	0	0
1985—1986	2	1	0.23	163	7	14
1987—1988	2	2	0.28	205	8	16
1989—1990	2	2	0.32	331	7	10
1991—1992	2	2	0.36	1687	123	353
1993—1994	3	3	0.40	2004	31	59
1995—1996	3	3	0.38	2908	47	30
1997—1998	3	3	0.36	4503	142	522
1999—2000	3	3	0.34	5994	156	436
2001—2002	3	3	0.32	7431	300	1181
2003—2004	4	4	0.30	7029	101	243
合计				32 346	922(515)	2864

　　我们运用 CiteSpace 软件生成了生物种群灭绝数据库的四个视图。

　　第一个视图中最突出的是 ALVAREZ LW，1980，…。中心区域被五个相互联系的稠密聚类围绕着，见图 9-1。

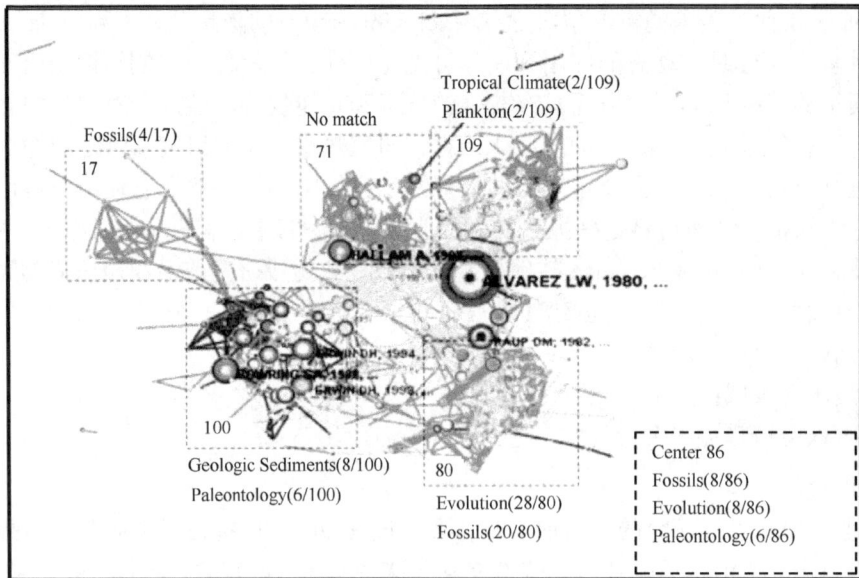

图 9-1　共引网络时区视图，五个聚类

　　第二个视图搭配包括路径搜索剪枝和低阈值，低阈值设置使得 1981—1982 年和 1983—1984 年时区的被选择文章增多了，尽管这些新被选的文章在数据库中仅被引用了一次，但使得共被引更为广泛。在 1981—1982 年间，62 篇文章之间有 1555 个共引连接。同样，在 1983—1984 年间，在 156 篇文章间有 2964 个共引连接。从图 9-2 中可以看出，这些文章除了与 ALVAREZ LW，1980，…共引，它们也有 1 或 2 次共引连接。

　　第三个视图搭配是显示研究前沿术语和知识基础文章的混合网络。图 9-3 上方的聚类是最近形成的。这个聚类包括诸如 Late Frasnian(晚泥盆世弗拉斯期)、Atmospheric CO_2(大气

CO_2)和 Carbon Cycle(碳循环)研究前沿术语。

第四个视图强调时间联系的时区视图见图9-4。时区视图揭示了随时间形成的三个显著的聚类。每个聚类都对应于生物种群灭绝研究的一个学科方向。

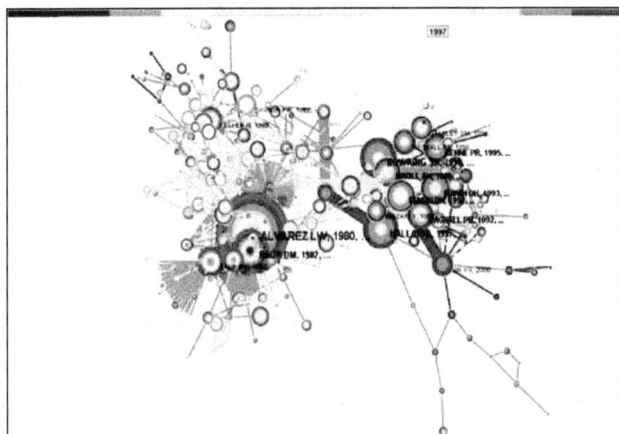

图 9-2　共被引网络，前三个分区显示在视图中

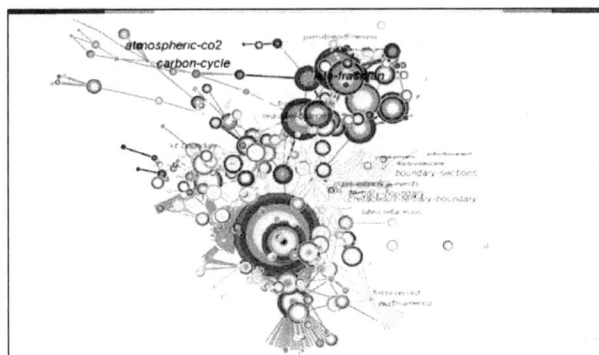

图 9-3　被引文献和引文专业术语的混合网络

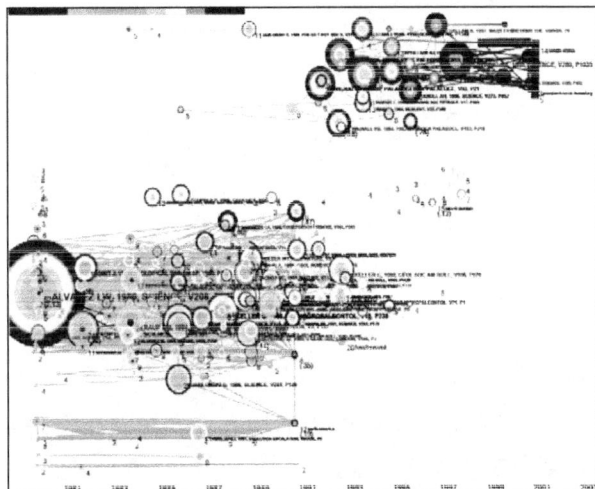

图 9-4　大规模灭绝研究的时区视图

利用 CiteSpace 软件的可视化分析，通过视图不仅能突出显示一些奠基性的文章，更重要的是明确地标出了从一个研究方向到另一个研究方向转变过程中的关键点，即转折点。

[本案例选自：陈超美(著). 陈悦，侯剑华，梁永霞(译). 美国费城 Drexel 大学信息科学与技术学院，大连理工大学 21 世纪发展研究中心 WISE 实验室，浙江大学公共管理学院. CiteSpaceⅡ：科学文献中新趋势与新动态的识别与可视化. 情报学报，2009(28，3)]

例 2 近 20 年来国外数字阅读研究热点与进展。

运用 CiteSpace 软件进行科学知识图谱研究的重要文献、被引作者、被引期刊、研究热点情况，对国外数字阅读研究进展进行归纳，以期为后续研究提供参考。

1)数据来源

分析数据来源于 WoS 核心合集数据库，经过收集和处理，共得英文文献 1890 篇。

2)绘制知识图谱

选择时间跨度为 1998—2018 年，时间分区为 1 年，设定时间片的阈值为 30。CiteSpace 软件开始对分析对象进行作者共现分析、期刊被引共现分析、关键词共现分析、关键词聚类分析、突变词分析、文献共引分析，并绘制相应的科学知识图谱。

3)作者共现分析

根据图 9-5 中节点的大小来寻找关键节点，以揭示高被引作者。通过关键节点反映出领域内的高被引作者(被引数量超过 20 篇)。

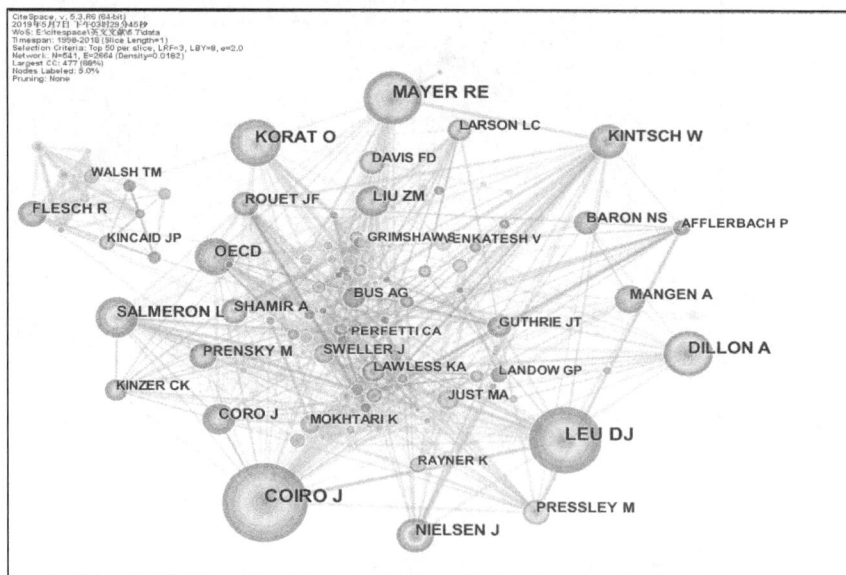

图 9-5　高被引作者共现的科学知识图谱

4)期刊被引共现分析

被引期刊的共现分析可以有效了解领域内的核心期刊，从而在研究时有所参考。选择其中被引频次最高的 20 种期刊制成表 9-2。

表 9-2　被引期刊频次（大于 20 次）

序　号	期刊（年份）	被引频次
1	COMPUT EDUC (2007)	149
2	J EDUC PSYCHOL (2003)	147
3	READ RES QUART (2003)	139
4	COMPUT HUM BEHAV (2005)	137
5	READ TEACH (2006)	109
6	BRIT J EDUC TECHNOL (2007)	77
7	J COMPUT ASSIST LEAR (2007)	76
8	J LIT RES (2009)	73
9	J ADOLESC ADULT LIT (2006)	69
10	J EDUC COMPUT RES (2003)	69
11	THESIS (2003)	62
12	LEARN INSTR (2003)	62
13	PSYCHOL REV (2003)	61
14	BEHAV INFORM TECHNOL (2007)	60
15	PSYCHOI BULL (2003)	57
16	THEORETICAL MODELS P (2006)	57
17	EDUC TECHNOL SOC (2011)	57
18	REV EDUC RES (2005)	55
19	J RES READ (2007)	54
20	INT J HUM-COMPUT ST (2003)	52

从图 9-6 不难看出，被引频次最高的期刊分别是 COMPUT EDUC，J EDUC PSYCHOL，READ RES QUART，COMPUT HUM BEHAV 和 READ TEACH，被引次数分别是 149、147、139、137 和 109，这在一定程度上反映了这些期刊的权威性和核心地位；这些频繁被引用的期刊中大多都存在几篇高被引篇目，如 COMPUT EDUC 中 Woody.wd 的电子书与纸质教科书：《学生更喜欢纸质教科书》（*E-books or Textbooks: Students Prefer Textbooks*）、Salmeron.L 的《超文本阅读技巧和儿童导航策略》（*Reading Skillsand Children's Navigation Strategiesin Hypertext*）等；图谱中节点的大小反映被引期刊的被引频次，而两个节点之间的连线则代表两者同时被引用。而 Citespace 软件中通常用紫色圆环来代表节点的重要性，即中介中心性。

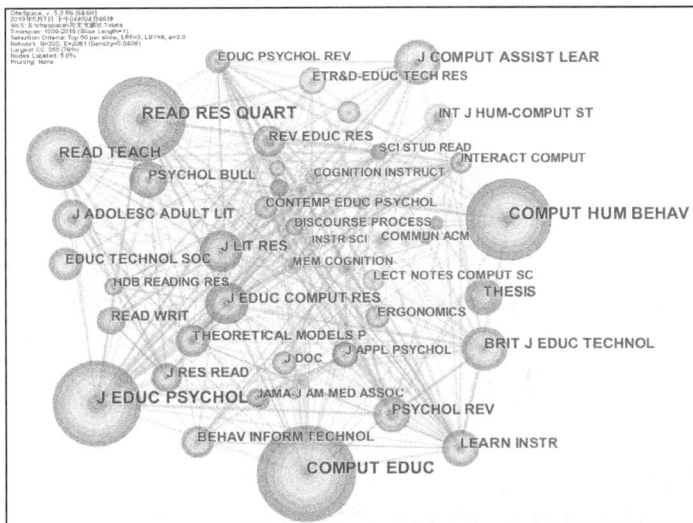

图 9-6　重要期刊的科学知识图谱

5）关键词共现分析

取国外"数字阅读"高频关键词，选取词频高于等于 29 频次的 16 个高频关键词，通过 Citespace 软件对文献进行高频关键词聚类分析，得到高频关键词表（见表 9-3）及关键词共现知识图谱（见图 9-7），从而进一步分析得到该领域的研究热点。

表 9-3　高频关键词表

序　号	关　键　词	频　次	序　号	关　键　词	频　次
1	comprehension	111	9	text	35
2	internet	68	10	technology	35
3	literacy	68	11	e-book	33
4	student	57	12	readability	31
5	information	55	13	performance	31
6	reading	55	14	electronic book	31
7	instruction	42	15	hypertext	30
8	strategy	41	16	reader	29

图谱中每个十字节点表示一个关键词，节点大小代表词频的高低，关键词之间的连线代表两个关键词在同一篇文献中出现，连线粗细程度与共现次数相关，连线越粗共现次数越多（见图 9-7）。

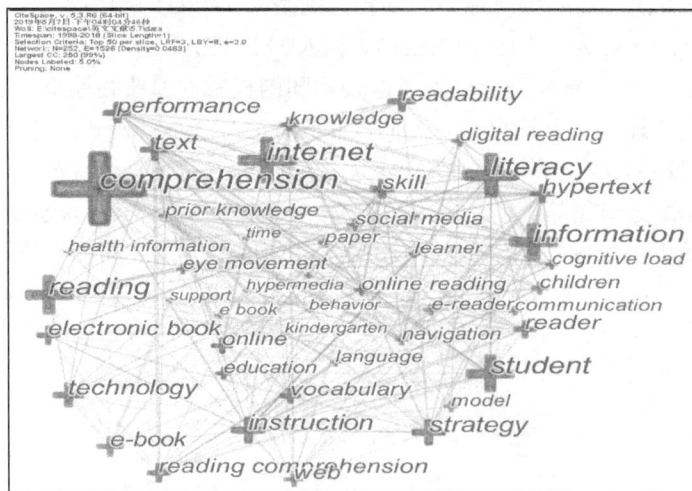

图 9-7　关键词共现知识图谱

[本案例选自：刘婧，江沁雨，常李艳. 南京邮电大学管理学院. 近 20 年来国内外数字阅读研究热点与进展分析[J].图书馆，2020（02）:80-87.]

9.2　利用 SciMat 软件的主题演进分析

1. SciMAT 软件

SciMAT 软件是由西班牙格拉纳达大学的研究组 Sci^2s 开发，它包含了执行科学绘图工作流程所有步骤所需的所有模块，是一个开源的基于时间序列的知识图谱绘制工具。该工具采用 Java 编程语言开发，代码规范，可读性好；接口设置灵活，扩展性好；内置数据库用于文献元数据的管理，文献数据本地存储，有利于个人文献库管理。SciMat 软件可视化采用基于密度和中心度的战略坐标图、聚类网络和演化图等，支持分析结果的导出。SciMat 软件用户界面友好，操作简单，分析过程采用引导方式进行，每个过程提供相应的选项供用户选择。SciMat 软件涵盖了常用的文献分析方法，集成了科学计量相关指数（如 h 指数），丰富了聚类过程中的测度指标。目前，该软件支持的文献数据导入格式只有三种，中文文献数据源不支持相应格式数据的导出，支持数据预处理、网络精简、聚类、可视化图谱制作等多种功能，可获得战略图、聚类网络图、演进图、覆盖图四种图谱。

SciMAT 软件采用动态过滤器，通过此过滤器来选择想要的节点和边，使用交互式的用户接口来实施过滤网络，这样，就可利用过滤结果构建新的网络，除了功能强大的数据预处理能力，还可以进行纵向的时序分析。它的时间序列呈现方式简捷，这样用户就可以轻易地判定该领域的发展过程，同时判断出起关键作用的作者或文献。在规范化处理时，除了通用的 Jaccard 指数、Salton 余弦、关联强度，在进行引文分析时，还加入了 H-指数、g-指数、hg-指数、q2-指数。SciMAT 软件中 GUI 最重要的模块就是分析向导，用户在使用该软件时，它会引导用户进行相应的操作，以便用户根据需要选择方法和算法。

2. 案例分析

例 1　WoS 数据库中专利分析论文的主题动态演进研究。

SciMAT 软件为主要图谱绘制工具，以 WoS 数据库中专利分析研究论文为研究对象，进行可视化图谱的制作和分析，以深入探讨 WoS 数据库中专利分析领域的主题演进状况。

1）数据来源

WoS 数据库是一个集成了自然科学、社会科学等多学科领域学术文献的数据库，获得原始数据 1616 条。下载后的数据通过题目阅读、文摘阅读等方式进行手工筛选，只要内容与专利相关的均保留，共获得有效数据 1433 条，最早的数据始于 1903 年。

2）WoS 数据库中专利分析研究的时间阶段划分

以发文总量为横轴，以作者总量为纵轴，得到 1903—2013 年 WoS 数据库中专利分析研究的散点图，见图 9-8。

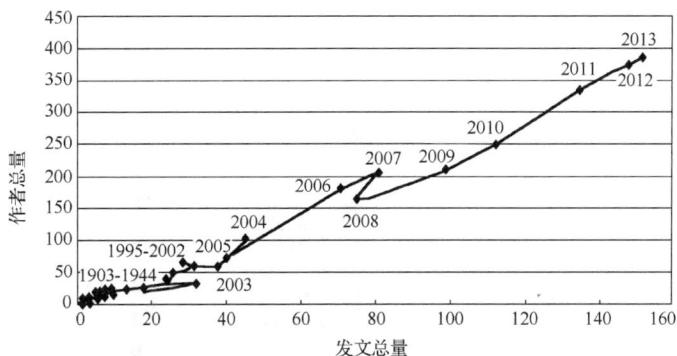

图 9-8　发文总量及作者总量散点图

3）WoS 数据库中专利分析关键词总体变化分析

在 SciMAT 软件中设置分析单元为词，设置 4 个时间段的数据精简阈值为 1，3，5，7，设置矩阵为共现矩阵，设置网络精简阈值为 1，3，3，3，得到 1903—2014 年 WoS 数据库中专利分析研究覆盖图，见图 9-9。

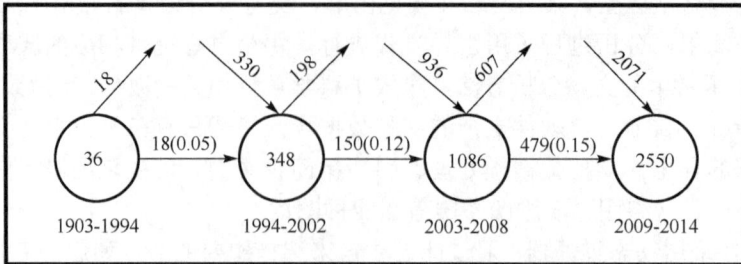

图 9-9   WoS 数据库中专利分析研究覆盖图

1903—1994 年关键词数量较少，由于大量文献中缺少关键词著录信息，1995 年后关键词数量的增加，既反映研究力量的加强，也反映研究人员文献著录行为规范性的提高。从各时间段出入箭头看，新进入的关键词较多，而该时间段消失的关键词占半数以上，说明在不同时间段中，研究人员积极从不同角度开展探索研究，但多数关键词并未获得持续深入研究。各时间段间的稳定指数也反映了同一情况，图 9-9 中稳定指数从 0.05 增长到 0.15，但共享关键词，即连续研究关键词的总量占关键词总量的比重还较小。总体而言，专利分析方面的研究在近几年迅速增长，但多数研究仍是一种短期研究行为，能够引起大家广泛、长期关注的研究主题还较为匮乏。

4）WoS 数据库中专利分析研究主题演进分析

在 SciMAT 软件中可得到 1903—2014 年专利分析研究主题演进图，见图 9-10，其中各节点的大小对应聚类的文献总量，线的粗细与包含指数成正比关系，有线连接的两个聚类表示研究的连续性，线的粗细代表关联的紧密程度。

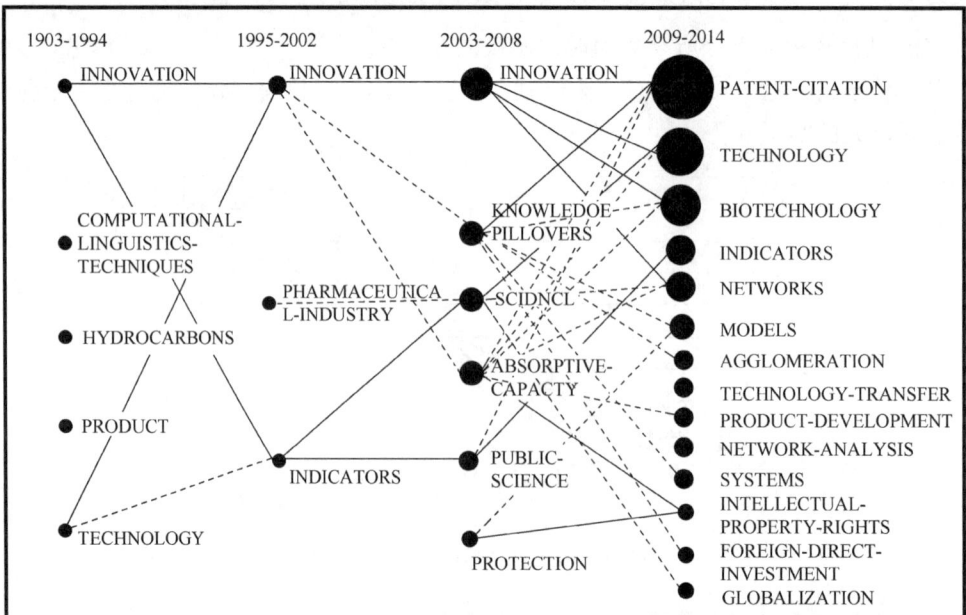

图 9-10   WoS 数据库中专利分析研究主题演进图

从 WoS 数据库中专利分析研究的主题区域演变情况看，创新是其中最大的主题区域，随着时间的推移，创新方面的文献量越来越大，且不断进行着主题的分化、演进。如在 1995—2002 年，创新主题演变为创新和指标两个主题聚类，到了 2003—2008 年，创新、指标分别演进为创新、知识溢出、吸收能力、科学、公共科学等聚类，到了 2009—2014 年，创新、知识溢出、吸收能力等又进一步分化、演变为包含专利引用、技术、网络等较为多样化的主题。图 9-10 中还可看到知识产权保护的主题区域，说明随着国际竞争的加剧，知识产权战略成为世界各国经济、科技发展的重要战略，围绕专利的知识产权保护研究也逐渐发展起来。此外，还有一些孤立主题，如 1903—1994 年的计算语言学技术、碳氢化合物、产品主题聚类，并未在后期得到进一步发展，而 2009—2014 年的技术转移、网络分析则代表新出现的主题聚类，是否能驱动后续研究还有待进一步验证。

5）2004—2014 年重要研究主题分析

为对近年来研究热点进行分析，在 SciMAT 软件中重新设置 2004—2014 年的时间段，设置节点精简参数为 3，链接精简参数为 3，设置节点大小对应聚类的 h 指数，可得到 2004—2014 年的主题聚类战略图，见图 9-11。

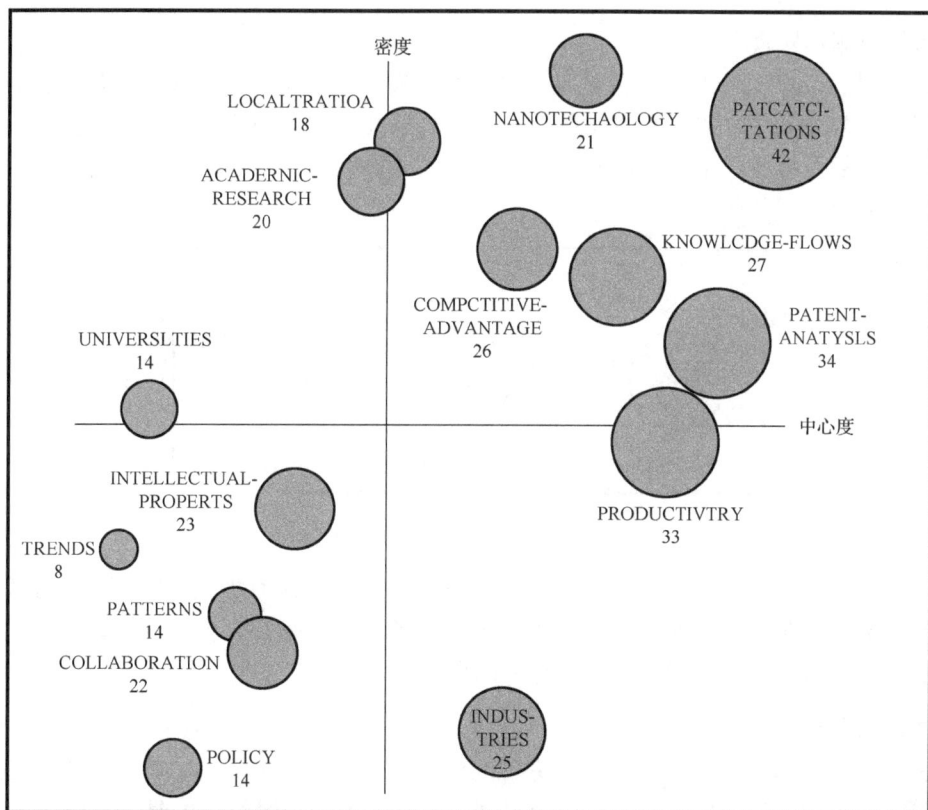

图 9-11　2004—2014 年 WoS 数据库中专利分析研究主题聚类战略图

WoS 数据库中专利分析研究最为重要的主题是位于右上象限的专利引用、专利分析、知识流、竞争优势、纳米技术和本地化。基本主题是位于右下象限的生产力、产业聚类。专门性主题是位于左上象限的学术研究、大学聚类。衰退或新兴主题是位于左下象限的知识产权、协作、政策、模式、趋势聚类。

[本案例选自：张云，华薇娜等. 南京大学信息管理学院. WoS 数据库中专利分析论文的主题动态演进研究[J]. 现代图书情报技术，2015，254(1).]

例2　计量视角下基于主题关联的国际眼动研究演进动态分析。

运用 SciMAT 软件图谱绘制工具，以 WoS 数据库中的科学引文索引数据库 SCI-E 提供的文献资源为研究对象，绘制可视化战略图、演化图及聚类图三种知识图谱，以识别出国际眼动主题演进动态，发现其知识演化规律，从而为我国眼动研究提供借鉴或参考。

1)数据来源

选择 WoS 数据库中的科学引文索引数据库 SCI-E，得到原始数据 6228 条，数据保存为 SciMat 软件可以直接处理的格式。

2)数据处理

关键词清洗，通过 SciMAT 软件自带的关键词清洗功能，将复数自动合并形成 Word Group，之后将不需要清洗的关键词添加到 Word Group 中，使所有关键词形成不同的 Word Group。时间段划分成 3 个，分别是 2000—2005 年、2006—2011 年、2012—2017 年。参数选择时，将节点阈值设置为 10、连线阈值设置为 5 最为合理。

3)关键词演化分析

图 9-12 是 2000—2017 年国际眼动研究关键词覆盖图。覆盖图中圈内的数字代表某时间段内关键词的数量，进入的箭头表示新生词，出去的箭头表示消亡词。水平箭头表示两个时间段间关键词的连续性，括号前的数字代表保留的关键词，括号里的数值则表示两个时间段间的稳定指数。

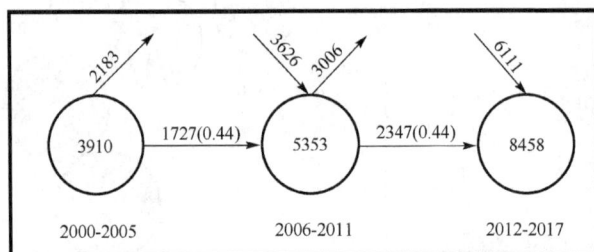

图 9-12　国际眼动研究关键词覆盖图

2000—2017 年眼动研究始终保持着良好的研究态势，连续且稳定；随着眼动技术的发展及眼动适用领域的扩展，引起了越来越多研究人员的关注与重视，但是也可以看出，有少部分的研究是一种短期的研究行为，缺乏深入的探究。

4)主题演化分析

图 9-13 从横向角度来看是反映 2000—2005 年、2006—2011 年、2012—2017 年三个时间段的主题演化过程，从纵向来看则是每个时间段内研究主题的聚类团情况。

图 9-13 清晰地呈现了 2000 年以来眼动研究主题演化进程中的 5 个主要路径。随着时间的推移新类团出现，旧类团消失，研究推陈出新；但总体上来看，各时间段内高频词的聚类类团仍呈现出紧密联系的状态，有 STRIATE-CORTEX(纹状皮质)、INTEGRATION(整合)等以孤立的类团出现，所以眼动研究涉及的各个领域不是完全独立的，相互之间都存在交叉。如果将节点阈值数值降低，会发现各个研究阶段的聚类类团更为丰富。

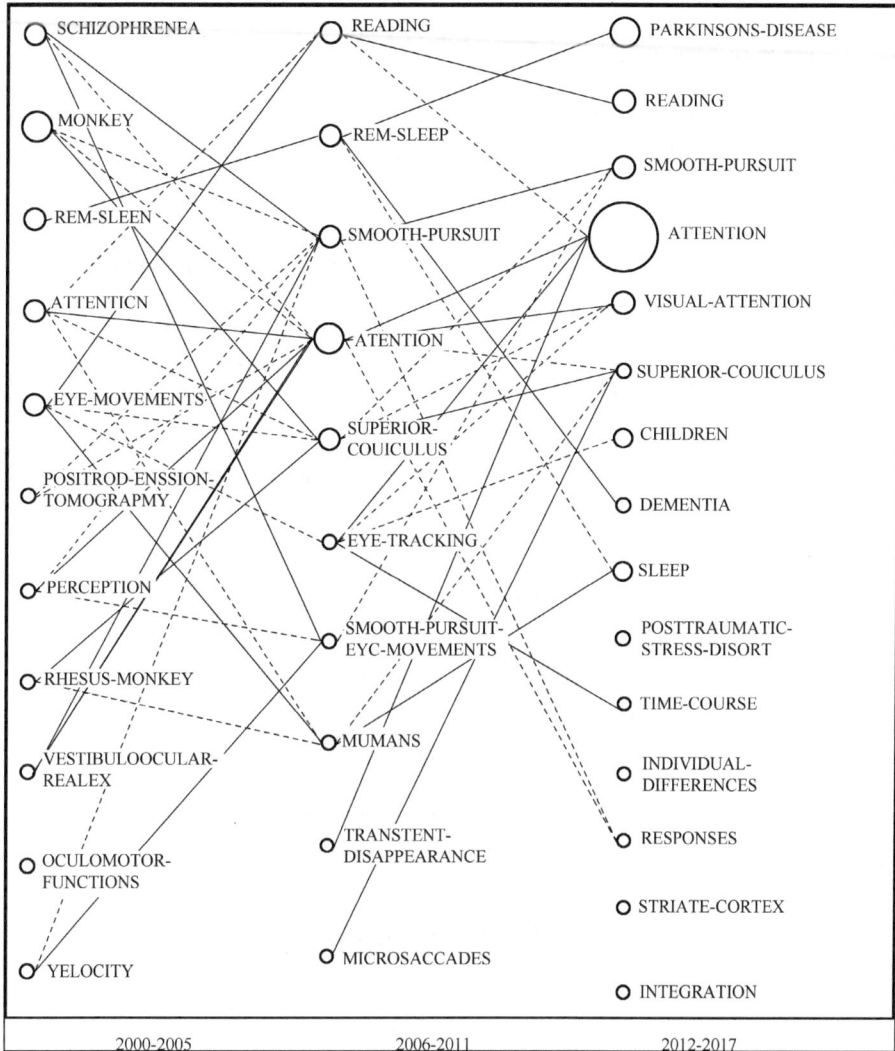

图 9-13 国际眼动研究主题演进图

5）主题发展分析

图 9-14 中节点代表聚类，节点的大小对应所选计量指标的大小；横轴表示中心度，纵轴表示密度，中心度代表聚类在研究领域的重要程度，密度代表聚类的发展程度。战略图中每个节点对应一张聚类网络图，其中节点表示聚类主题相关文献量的多少。

右 上 象 限 的 聚 类 团 为 SCHIZOPHRENIA（精 神 分 裂 症）、MONKEY（猴 子）、ATTENTION（注意力）、PERCEPTION（知觉）是这段时间最为重要的主题，发展的最好。右下象限中的 EYE-MOVEMENTS（眼动）、POSITRON-EMISSION-TOMOGRAPHY（正电子发射计算机断层扫描）是两个基本主题。REM-SLEEP（快速眼动睡眠）、OCULOMOTOR- FUNCTIONS（眼动功能）位于左上象限，属于专门性主题。

建立与脑科学、神经科学研究的联系，如 VISUAL-AREA-MT（视觉区域肽），与脑科学相关的主题 OMNIPAUSE-NEURONS（完全中止性神经元）的研究，还有能够反映帕金森氏综合症的特征性标志物的主题 LEWY-BODY-DBEASE（路易体）。

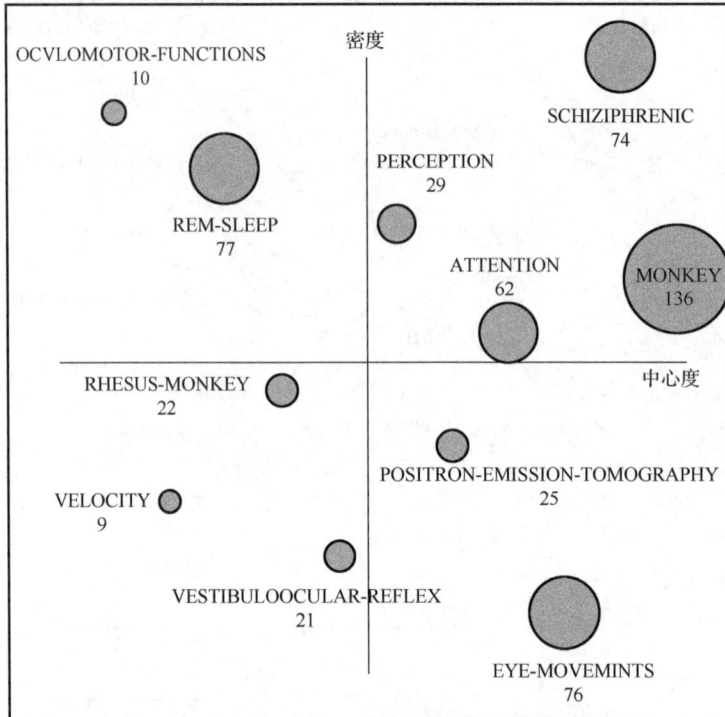

图 9-14　眼动主题 2000—2005 年战略图

[本案例选自：刘婧，潘雪莲. 计量视角下基于主题关联的国际眼动研究演进动态分析[J]. 图书情报研究，2019，3.]

9.3　利用 SPSS 软件进行聚类分析

1. SPSS 软件

　　SPSS 软件为 IBM 公司推出的一系列用于统计学分析运算、数据挖掘、预测分析和决策支持任务的软件产品及相关服务的总称。如今 SPSS 软件已出至版本 28.0。SPSS 软件的基本功能包括数据管理、统计分析、图表分析、输出管理等。SPSS 软件统计分析过程包括描述性统计、均值比较、一般线性模型、相关分析、回归分析、对数线性模型、聚类分析、数据简化、生存分析、时间序列分析、多重响应等几大类，每类又分为几个统计过程，如回归分析中又分线性回归分析、曲线估计、Logistic 回归、Probit 回归、加权估计、两阶段最小二乘法、非线性回归等多个统计过程，而且每个过程又允许用户选择不同的方法及参数。SPSS 软件也有专门的绘图系统，可以根据数据绘制各种图形。

2. 聚类分析

　　聚类分析是直接比较各事物之间的性质，将性质相近的归为一类，将事物差别较大的归于不同类的分析技术。它是数据分析中的一种重要技术，应用极为广泛。许多领域中都会涉及聚类分析方法的应用与研究工作。在科学数据探测、信息检索、文本挖掘、空间数据库分析、Web 数据分析、医学诊断、生物学等方面的数据挖掘应用软件中，聚类分析技术都起着重要作用。在商业领域，聚类分析可以帮助市场分析人员从消费者数据库中分出不同的消费群体，并且概括出每一类消费者的消费模式或习惯，发现不同类型的客户群。K-Means 聚类分析可使用 K 均值分类法对观测量进行聚类。

3．案例分析

例 1　用 K-Means 聚类分析讨论基于 SPSS 的聚类分析在我国交通事故中的应用。

1）基本数据

数据来自 2009 年全国各地区交通事故的原始数据，利用 SPSS 软件的 K-Means 聚类分析功能对全国 31 个省市的情况进行分类。

2）数据处理

建立数据文件，定义变量名：发生数、死亡人数、受伤人数、直接财产损失的变量名分别为 X1、X2、X3、X4，输入原始数据（见表 9-4）。

表 9-4　我国交通事故原始数据

地　　区	X1（起）	X2（个）	X3（个）	X4（万元）
北京	3814	981	4426	2054.8
天津	3839	945	4608	2256.2
河北	6802	2766	7422	4451.7
山西	7697	2773	8829	3501.2
内蒙古	4166	1440	4632	1528.5
辽宁	6973	2156	6657	3145.6
吉林	5277	1483	6313	2261.4
黑龙江	3331	1419	3638	2110.0
上海	2831	1042	2702	1216.3
江苏	14 542	5202	13 997	5496.9
浙江	23 391	5689	25 489	8847.0
安徽	8191	2931	10 307	2426.8
福建	13 633	2911	16 247	4687.4
江西	4262	1644	5163	3921.0
山东	16 166	4518	16 948	5616.1
河南	8587	2018	10 159	3302.9
湖北	6630	1952	8201	2850.3
湖南	7444	2154	10 082	3822.0
广东	32 455	6542	38 598	8552.9
广西	5196	2437	6504	1862.7
海南	1323	499	1873	399.6
重庆	5992	1031	9178	1048.4
四川	21 680	3057	25 179	5769.6
贵州	1816	1210	2606	1213.9
云南	5057	1888	6549	2371.1
西藏	678	369	748	581.1
陕西	5501	2034	5404	2988.8
甘肃	2937	1553	3353	1224.9
青海	1146	578	1334	392.8
宁夏	1856	457	2192	534.2
新疆	5120	2080	5787	996.2

利用 K-Means 聚类分析的基本操作步骤：首先，选择 K 均值聚类分析菜单，选定相应变量、确定标记变量；其次，确定聚类数目，根据需要用户自行指定初始类中心点并进行调整；再次，将聚类分析的部分结果，以 SPSS 变量的形式保存到数据编辑窗口中，包括表示保存样本所属类的类号、表示保存样本距各自类中心点的距离(用来评价聚类的效果)；最后，确定输出哪些相关分析结果和缺失值的处理方式。

3) K-Means 聚类的结果分析

"统计量"框中，"初始聚类中心(I)"表示输出初始类中心；"ANOVA 表(A)"表示以聚类分析产生的类为控制变量，以 K 个变量为观测变量进行单因素方差分析，并输出各个变量的方差分析表；"每个个案的聚类信息(C)"表示输出样本分类信息及距所属类中心点的距离。

从表 9-5 可看出，5 个类的初始类中心点的数据分别是(678, 369, 748, 585.10)、(23 391, 5689, 25 489, 8847)、(16 166, 4518, 16 948, 5616.10)、(8587, 2018, 10 159, 3302.90)、(32 455, 6542, 38 598, 8552.90)。可见，第一类各指数均最低(即是最优的)，第四类次之，然后是第三类、第二类，第五类各指数均最高(即最不理想)。

表 9-5　初步聚类中心

	聚类				
	1	2	3	4	5
发生数(起)	678	23 391	16 166	8587	32 455
死亡人数(个)	369	5689	4518	2018	6542
受伤人数(个)	748	25 489	16 948	10 159	38 598
直接财产损失(万元)	585.10	8847.00	5616.10	3302.90	8552.90

从表 9-6 可看出，5 个类中心点每次迭代时的偏移情况：第 1 次迭代后，5 个类的中心点偏移分别偏移了 2978.170, 2203.488, 1902.273, 3438.368, .000，第四类中心点偏移最大；第 2 次迭代后，5 个类的中心点偏移均小于指定的判定标准 0.02，聚类分析结束。

表 9-6　迭代历史记录

迭　代	聚类中心内的更改				
	1	2	3	4	5
1	2978.170	2203.488	1902.273	3438.368	.000
2	.000	.000	.000	.000	.000

注：由于聚类中心内没有改动或改动较小而达到收敛。任何中心的最大绝对坐标更改为.000。当前迭代为 2，初始中心间的最小距离为 10729.989。

从表 9-7 可看出，各指数的均值在这 5 类中的差异是显著的。

从表 9-8 可看出，5 个类的最终类中心点的数据分别是(2521.55, 953.91, 2919.27, 1228.75)、(22 535.50, 4373.00, 25 334.00, 7308.30)、(14 780.33, 4210.33, 15 730.67, 5266.80)、(6339.07, 2096.21, 7611.07, 2782.19)、(32 455.00, 6542.00, 38 598.00, 8552.90)。仍然可见，第一类各指数均最低(即是最优的)，第四类次之，然后是第三类、第二类，第五类各指数均最高(即最不理想)。

表 9-7　ANOVA 表

	聚　类		误　差		F	Sig.
	均　方	df	均　方	df		
发生数(起)	3.811E8	4	1 629 350.878	26	233.81	.000
死亡人数(个)	1.441E7	4	444 967.997	26	32.388	.000
受伤人数(个)	4.947E8	4	2 534 111.991	26	195.216	.000
直接财产损失(万元)	2.962E7	4	918 224.544	26	32.255	.000

注：F 检验应仅用于描述性目的，因为选中的聚类将被用来最大化不同聚类中案例间的差别。观测到的显著性水平并未据此进行更正，因此无法将其解释为是对聚类均值相等的这一假设的检验。

表 9-8　最终聚类中心

	聚　类				
	1	2	3	4	5
发生数(起)	2521.55	22 535.50	14 780.33	6339.07	32 455.00
死亡人数(个)	953.91	4373.00	4210.33	2096.21	6542.00
受伤人数(个)	2919.27	25 334.00	15 730.67	7611.07	38 598.00
直接财产损失(万元)	1228.75	7308.30	5266.80	2782.19	8552.90

从表 9-9 可看出，5 个类的类成员情况。第一类有 11 个省市，第二类有 2 个省市，第三类有 3 个省市，第四类有 14 个省市，第五类有 1 个省市。

表 9-9　每个聚类中的案例数

聚　类				
1	2	3	4	5
11.000	2.000	3.000	14.000	1.000
有效 31.000　缺失.000				

从表 9-10 可看出，具体的分类结果。第一类：北京、天津、内蒙古、黑龙江、上海、海南、贵州、西藏、甘肃、青海、宁夏。第二类：浙江、四川。第三类：江苏、福建、山东。第四类：河北、山西、辽宁、吉林、安徽、江西、河南、湖北、湖南、广西、重庆、云南、陕西、新疆。第五类：广东。

表 9-10　保存结果

地　区	X1(起)	X2(个)	X3(个)	X4(万元)	QCL_1
北京	3814	981	4426	2054.8	1
天津	3839	945	4608	2256.2	1
河北	6802	2766	7422	4451.7	4
山西	7697	2773	8829	3501.2	4
内蒙古	4166	1440	4632	1528.5	1
辽宁	6973	2156	6657	3145.6	4
吉林	5277	1483	6313	2261.4	4
黑龙江	3331	1419	3638	2110.0	1
上海	2831	1042	2702	1216.3	1
江苏	14542	5202	13997	5496.9	3
浙江	23391	5689	25489	8847.0	2

续表

地　　区	X1(起)	X2(个)	X3(个)	X4(万元)	QCL_1
安徽	8191	2931	10307	2426.8	4
福建	13633	2911	16247	4687.4	3
江西	4262	1644	5163	3921.0	4
山东	16166	4518	16948	5616.1	3
河南	8587	2018	10159	3302.9	4
湖北	6630	1952	8201	2850.3	4
湖南	7444	2154	10082	3822.0	4
广东	32455	6542	38598	8552.9	5
广西	5196	2437	6504	1862.7	4
海南	1323	499	1873	399.6	1
重庆	5992	1031	9178	1048.4	4
四川	21680	3057	25179	5769.6	2
贵州	1816	1210	2606	1213.9	1
云南	5057	1888	6549	2371.1	4
甘肃	2937	1553	3353	1224.9	1
青海	1146	578	1334	392.8	1
宁夏	1856	457	2192	534.2	1
新疆	5120	2080	5787	996.2	4
西藏	678	369	748	581.1	1
陕西	5501	2034	5404	2988.8	4

4）分析结果的实际意义

通过 K-Means 聚类对我国 2009 年全国各地区交通事故进行分析，通过选取其中的发生数、死亡人数、受伤人数、直接财产损失 4 个指标进行分析研究，比较分析后我们将其分为五个类型。这五个类型的城市各自具有自己的特点，交通管理部门应该根据它们不同的特点和每个城市自身的发展情况制定相应的交通管理措施，尤其是针对交通事故发生较多、发生频率大的地区更应该有针对性地出台一些较严格的政策措施，改善其交通情况，以达到预防和减少交通事故的发生，保护人民的生命及财产安全的目的。

[本案例选自：吕卫平，张晓梅. 基于 SPSS 的聚类分析应用[J]. 福建电脑，2013，9.]

例 2　SPSS 聚类分析在汽车市场细分中的应用。

聚类分析是一种根据样本或指标进行分类的多元统计方法。它将性质相近的个体归为一类，使得同一类中的个体具有高度的同质性，不同类之间的个体具有高度的异质性。将该方法应用于轿车分类中，可以综合考虑多种分类指标，合理确定轿车级别。

1）现今轿车分级方法

目前，对于乘用车细分市场的分类，国内外有多种方法。根据已废止的 GB 9417—1989 中国轿车分类标准，轿车按其发动机排量的大小分为 5 类：微型轿车、普通级轿车、中级轿车、中高级轿车、高级轿车（见表 9-11）。

表 9-11　GB 9417—1989 中国轿车分类标准

发动机排量（L）	$V{\leqslant}1$	$1{<}V{\leqslant}1.6$	$1.6{<}V{\leqslant}2.5$	$2.5{<}V{\leqslant}4$	$V{>}4$
轿车种类	微型轿车	普通级轿车	中级轿车	中高级轿车	高级轿车

按发动机排量、轴距、整备质量和总长，德国大众公司（下文称为大众）将轿车分为 A00、A0、A、B、C、D 等 6 类；美国福特（下文称为福特）公司将轿车分为 A、B、C、D、E、F 共 6 类（见表 9-12）。

表 9-12　大众和福特的轿车分类标准

分类方法	大众	A00	A0	A	B	C	D
	福特	A	B	C	D	E	F
分类标准	发动机排量(L)	<1.0	1.0~1.3	1.3~1.6	1.6~2.0	2.0~2.5	>2.5
	轴距(m)	2.0~2.2	2.2~2.3	2.3~2.45	2.45~2.6	2.6~2.8	2.8~3.0
	整备质量(kg)	<680	680~800	800~970	970~1150	1150~1380	1380~1620
	长度(m)	3.3~3.7	3.7~4.0	4.0~4.2	4.2~4.45	4.45~4.8	4.8~5.2

2）聚类方法选择

聚类分析方法属于高级统计的范畴，它是根据一批数据或变量的诸多特征，按照关系的远近程度进行分类的。通过选择合适的聚类变量，将每一个样本定义为多维空间的一个点，引用多维空间中点的距离概念定义不相似度。点之间的聚类越小，表明两个样本之间的关系越紧密，相似特征越多，就越有可能分在同一类；反之，两个样本属于不同的类别。

（1）距离测度。选用欧式距离（Euclidean Distance）来测度样本点之间的距离：

$$d_{ij} = \sqrt{\sum_{k=1}^{m}(x_{ik} - x_{jk})^2}$$

式中，d_{ij} 表示样本 i 和样本 j 之间的距离；x_{ik} 表示第 i 个样本在第 k 个变量上的值。

（2）聚类方法。采用层次聚类法（Hierarchical Cluster Procedures）中的组间连接法（Between Groups Linkage）将样本逐渐聚类。该方法定义了个案与类别之间的平均链锁距离，该距离为个案与属于该类的每个个案距离的平均值。

3）轿车分类变量的确定

变量的选择对于分类结果至关重要。选择分类变量的依据是：和聚类分析的目标密切相关；反映分类对象的特征；在不同研究对象上具有明显差异；变量之间不应该高度相关。

对传统意义上的中高级轿车进行分类，涵盖了雪铁龙凯旋（C-triomphe）、雪弗兰景程（Epica）、本田雅阁（Accord）、丰田凯美瑞（Camry）等多款车型。选择排量、长度、轴距、底盘性能、动力性能作为分类变量。

（1）排量、长度和轴距作为分类变量。考虑到涡轮增压技术的影响，对涡轮增压发动机的排量进行了转换。通过对比，可以发现 1.8T 发动机相当于 2.4L 普通发动机，2.0T 发动机相当于 2.8L 普通发动机（见表 9-13）。

表 9-13　涡轮增压发动机与普通发动机的参数对比

车　型	排量(L)	最大功率(kW)	最大扭矩(N·m)
Lacrosse	2.4	12.5	225
Camry	2.4	123	224
Accord	2.4	132	225
BYDF6	2.4	118	215
Sonata NFC	2.4	128	227
Audi A6	2.4	130	230

续表

车　型	排量(L)	最大功率(kW)	最大扭矩(N·m)
Captiva	2.4	100	220
Sebring	2.4	127	217
平均值		123	223
Sebring	2.7	142	258
Chrysler 300C	2.7	152	258
平均值		147	258
Passat Lingyu	2.8	140	260
平均		147	270
Magotan	1.8T	118	250
Passat	1.8T	110	210
Magotan	2.0T	147	280

(2)底盘性能和动力性能。轿车的底盘性能(转向、制动、悬架舒适性、操控性等)是区分轿车技术水平的重要因素,通常车型的级别越高,底盘性能越好。轿车的外观尺寸、配置可以更改,但底盘性能是不变的。绝大多数汽车厂家没有公布其轿车底盘性能和动力性能的大部分参数,从用户主观评价的角度去评价这两个性能是汽车行业内的一种常用方法。我们选择了某第三方调研机构的调研数据,采用 10 级评分量,对底盘性能和动力性能分别选取 6 个和 4 个选项,分别取平均值作为这两个性能的评分(见表 9-14)。每款车型大约调查了 120 名用户,75%以上的中高级轿车用户有 3 年以上的驾驶经历,他们对车型性能的评价的客观程度较高。

表 9-14　底盘性能及动力性能主观评价项目表

1	底盘性能
1.1	正常驾驶时的平稳顺畅程度
1.2	经过凹凸不平的路面时,车内的安静程度
1.3	转向系统的反应速度/费力程度
1.4	多弯道路段的操控性/平稳性
1.5	刹车系统的反应速度/费力程度
1.6	在不良路况下的操控性/平衡性
2	动力性能
2.1	发动机从静止状态下加速的表现
2.2	在高速中超车的表现
2.3	发动机在急加速状态下的声音
2.4	换挡的力度和顺畅程度

4)变量相关性分析

分类变量之间不能高度相关,选择高度相关的变量进行聚类分析相当于给这些变量进行了加权。表 9-15 是变量的数据,表 9-16 是对排量、长度、轴距、底盘性能和动力性能进行相关分析的结果。所有相关系数都小于 0.8,没有出现高度相关,所以这 4 个变量都被保留下来,作为判断轿车分类的指标。

表 9-15　分类变量的相关性

	排 量（L）	长 度（m）	轴 距（m）	底 盘 性 能	动 力 性 能
排量（L）	1				
长度（m）	0.200 715	1			
轴距（m）	0.258 761	0.689 789	1		
底盘性能	0.420 724	0.336 082	0.295 557	1	
动力性能	0.377 691	0.105 418	0.328 613	0.755 037	1

表 9-16　聚类结果（组间连接法）

车　型	排量（L）	长度（m）	轴距（m）	底盘性能	动力性能	4 类	3 类	2 类
1. Sonata lingxiang 2.0L	2.0	4.815	2.730	8.18	7.93	1	1	1
2. Sonata lingxiang 2.4L	2.4	4.815	2.730	8.18	7.93	1	1	1
3. Accord 8th 2.0L	2.0	4.945	2.800	8.69	8.51	2	2	2
4. Accord 8th 2.4L	2.4	4.945	2.800	8.69	8.51	2	2	2
5. Accord 8th 3.5L	3.5	4.945	2.800	8.69	8.51	2	2	2
6. Camry 2.0L	2.0	4.825	2.775	8.41	8.32	2	2	2
7. Camry 2.4L	2.4	4.825	2.775	8.41	8.32	2	2	2
8. C-triomphe 2.0T	2.0	4.802	7.710	8.18	8.15	1	1	1
9. Reiz 2.5	2.5	4.735	2.850	8.58	8.7	2	2	2
10. Reiz 3.0	3.0	4.735	2.850	8.58	8.7	2	2	2
11. Passat 2.0T	2.0	4.789	2.803	8.43	8.25	2	2	2
12. Passat 1.8T	2.4	4.789	2.803	8.43	8.25	2	2	2
13. Passat 2.8L	2.8	4.789	2.803	8.43	8.25	2	2	2
14. Magotan 1.8T	2.4	4.765	2.709	8.84	8.84	3	3	3
15. Magotan 2.0T	2.8	4.765	2.709	8.84	8.84	3	3	3
16. Mondeo Zhisheng 2.0L	2.0	4.854	2.850	8.54	8.32	2	2	2
17. Mondeo Zhisheng 2.3L	2.4	4.854	2.850	8.54	8.32	2	2	2
18.Roewe 750 1.8T	2.4	4.865	2.849	8.53	8.43	2	2	2
19.Roewe 750 2.5T	2.5	4.865	2.849	8.53	8.43	2	2	2
20.Mazda 6 2.0L	2.0	4.670	2.675	8.38	8.31	4	1	1
21.Mazda 6 2.3L	2.3	4.670	2.675	8.38	8.31	4	1	1
22. Accord 7th 2.0L	2.0	4.854	2.738	8.55	8.48	2	2	2
23. Accord 7th 2.4L	2.4	4.854	2.738	8.55	8.48	2	2	2
24. Accord 7th 3.0L	3.0	4.854	2.738	8.55	8.48	2	2	2
25. Teana（2007）2.0L	2.0	4.845	2.775	8.60	8.56	2	2	2
26. Teana（2007）2.3L	2.3	4.845	2.775	8.60	8.56	2	2	2
27. Teana（2007）3.5L	3.5	4.845	2.775	8.60	8.56	2	2	2
28. Regal（2007）2.0L	2.0	4.923	2.769	8.63	8.13	2	2	2
29. Regal（2007）2.5L	2.5	4.923	2.769	8.63	8.13	2	2	2
30. Regal（2007）3.0L	3.0	4.923	2.769	8.63	8.13	2	2	2
31. Epica 2.0L	2.0	4.820	2.700	8.15	7.74	1	1	1
32. Besturn 70 2.0L	2.0	4.705	2.675	8.40	8.33	4	1	1
33. Besturn 70 2.3L	2.3	4.705	2.675	8.40	8.33	4	1	1

车　　型	排量(L)	长度(m)	轴距(m)	底盘性能	动力性能	4 类	3 类	2 类
34. Sylphy 2.0	2.0	4.665	2700	8.25	8.27	4	1	1
35. Sagitar 1.8T	2.4	4.544	2.578	8.48	8.11	4	1	1
36. Sagitar 2.0T	2.0	4.544	2.578	8.48	8.11	4	1	1

注：涡轮增压发动机的排量是经过转换后的排量。

5) 聚类分析结果

利用 SPSS 软件进行聚类分析。分类方法采用了组间连接法。因为分类变量的单位不同，所以在分组之前对数据进行了标准化处理，将所有变量变成均值为 0、方差为 1 的标准化变量。表 9-16 中，"2 类"、"3 类"和"4 类"分别表示将所有车型分为 2 类、3 类和 4 类。表中的数字表示分类号，数字相同表示属于同一个类别。

图 9-15 中，横坐标表示车型，纵坐标表示分类数，柱体表示分类线。分类线同侧的车型属于同一个类别。冰柱图是对分类结果的图形表示，分类结果与表 9-16 中的结果相同。类别相近的车型在横坐标上的位置很近，以便于直观地了解分类结果。

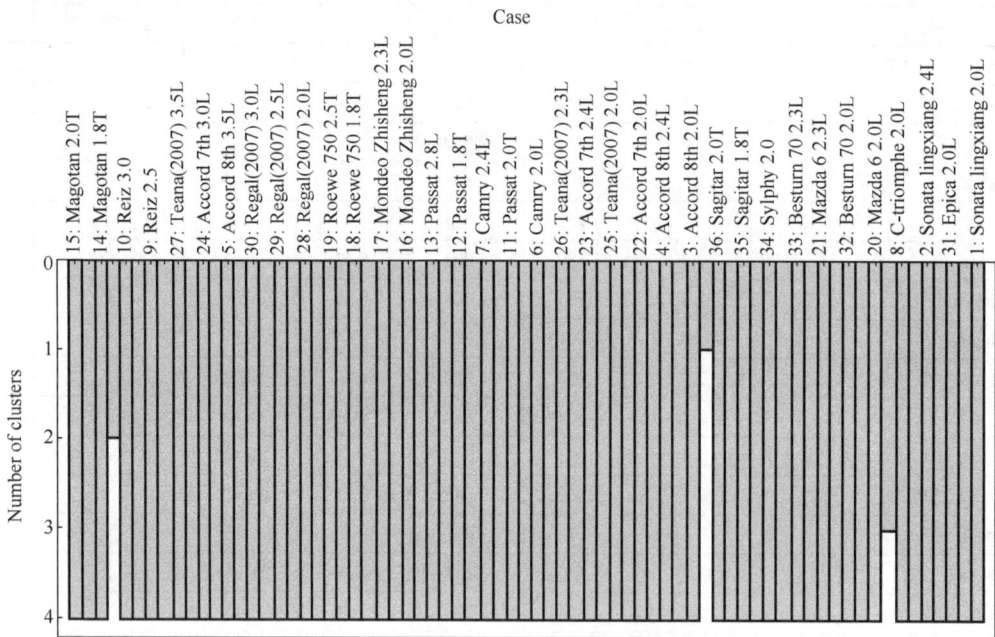

图 9-15　聚类结果：纵向冰柱图

(1) Sonata Lingxiang、C-triomphe、Mazda 6、Epica、Besturn 70、Sylphy 和 Sagitar 属于一个类别，我们归类为低端高档中型车，而 Accord、Camry、Passat 等车型则聚为一类，我们归类为高端高档中型车。部分低端高档中型车，如 Sonata Lingxiang、C-triomphe 和 Epica 在排量和长度上与高端高档中型车相近，代表内部空间的轴距与高端高档中型车有一定的差距，代表车辆性能的底盘性能和动力性能则与高端高档中型车相差较大。

(2) 在分为 3 类的情况下，与分为 2 类的情况相比，Magotan 从高端高档中型车中独立出来。可以看出，Magotan 的长度和轴距虽然并不突出，与低端高档中型车相当，但是拥有超越高端高档中型车的出色的底盘性能和动力性能。

(3)在分为 4 类的情况下,低端高档中型车发生了分化。Sonata Lingxiang、C-triomphe、Epica 成为一类,该类的长度和轴距虽然较大,但是底盘性能和动力性能较差。Mazda 6、Besturn 70、Sylphy、Sagitar 成为一类,该类的长度和轴距虽然较小,但是底盘性能和动力性能优良。

[本案例选自:李晓娜,史占国. SPSS 聚类分析在汽车市场细分中的应用[J]. 汽车工业研究,2010,3.]

9.4　利用 Ucinet 软件的社会网络化分析

1. 社会网络化分析

社会网络是指社会行动者及其相互关系的集合。一个社会网络是由多个点(社会行动者)和各点之间的连线(行动者之间的关系)组成的集合。1954 年英国人类学家 Bames,首次使用"社会网络"的概念来分析挪威某渔村的社会结构,社会网络分析就被视为研究社会结构的最简单明了、最具有说服力的研究视角之一。

我们可以把社会网络分析方法看成是一门对社会关系进行量化分析的艺术和技术,它主要用于研究社会各行动者之间的相互关系,可用于描述和测量网络社会成员之间的关系及通过这些关系流动的各种有形或无形的东西。通过对行动者之间关系和联系的情况进行分析研究,得出行动者之间的社会网络信息,了解行动者的社会网络特征。通过社会网络,除了能显示个人社会网络特征,还能够了解许多社会现象,因为社会网络在组织中扮演着相当重要的无形角色。当人们在解决问题或寻找合作伙伴时,通常都遵循着所拥有的社会网络来寻找最可能协同活动的对象。该方法使用不同的概念评价网络的不同属性,如密度、中心度、小群体等。社会网络分析被视为研究社会结构的最简单、最具有说服力的研究视角之一。

2. Ucinet 软件

Ucinet 软件是由美国加州大学尔湾分校(University of California at Irvine)的 L. Freeman 和美国波士顿大学的 S. Borgatti 及英国威斯敏斯特大学(Westminister University)的 M. Everett 创建、维护和更新的一款社会网络分析软件。

Ucinet 软件可实现以下分析。

1)中心性分析

中心性分析能够揭示个人或组织在其社会网络中占有怎样的中心地位、拥有怎样的权利或社会声望。处于中心位置的个人或组织更易获得资源和信息,拥有对其他成员更强的影响力。主要衡量指标有度中心性(Degree Centrality)、中介中心性(Betweenness Centrality)和接近中心性(Closeness Centrality)。

2)网络密度和集中度分析

网络密度是指成员之间相互联系与协同的紧密度,表明了网络的松散程度。成员之间相互联系越频繁、协同度越高,网络的密度就越大。密度越大,网络组织越密集;密度越小,网络组织越松散。整体网络的密度越大,表明该网络对成员的影响力就越大,网络成员之间拥有良好的协同度。

集中度是指网络各成员节点核心度指标的标准差,用来揭示各成员节点的核心度差别大小。如果核心度标准差较大,则说明核心度指标较为分散,网络拥有较高的集中度;反之,则说明网络的集中度较低。集中度高的网络中，其核心节点是维系网络稳定性的关键，一旦核心节点被破坏，网络将很快瓦解或崩溃；相反，集中度低的网络则不会因核心节点的瘫痪而瓦解，往往对外具有较强的抵抗力。

3)凝聚子群分析

凝聚子群是网络中的行动者子集合。在此集合中，行动者之间具有直接、紧密、积极的关联。凝聚子群分析可以帮助人们更好地认识网络的内部结构状态及其发展状况。

3. 案例分析

例1　基于 Ucinet 软件共现分析的协同度评价。

以 S 协同创新中心为例，对其协同度进行评价。S 协同创新中心由 16 家机构共建，包括高等院校、科研院所、地方龙头企业和部分现代化科技产业基地。该中心旨在充分发挥地方人才、技术、平台等资源优势和产业优势，创新科技成果，提升创新能力，服务地方社会经济，助推发展战略目标的实现。

1)数据来源

通过研究以文献形式表现出来的协同创新的成果，来揭示 S 协同创新中心的协同度。本文选取中国知网(CNKI)的中国学术期刊网络出版总库为数据来源，以作者与机构特征项进行共现分析。16 家组成机构分别用英文字母 A～P 表示。通过相关数据下载、归纳和整理，得到一个 16×16 的机构共现矩阵表(见表 9-17)。

表 9-17　机构共现矩阵表

	A	B	C	D	E	F	G	H	I	J	K	L	M	N	O	P
A	1527	2	0	0	10	0	4	0	1	0	3	21	2	0	0	0
B	2	590	0	0	0	0	0	0	0	0	0	2	0	0	0	0
C	0	0	176	0	0	0	0	0	0	0	0	0	0	0	0	0
D	0	0	0	44	0	0	0	0	0	0	0	0	0	0	0	0
E	10	0	0	0	58	0	0	0	0	0	0	1	0	0	0	0
F	0	0	0	0	0	20	0	0	0	0	0	7	0	0	0	0
G	4	0	0	0	0	0	0	0	0	0	0	0	0	0	0	0
H	0	0	0	0	0	0	0	1	0	0	0	0	0	0	0	0
I	1	0	0	0	0	0	0	0	2	0	0	0	0	0	0	0
J	0	0	0	0	0	0	0	0	0	0	0	0	0	0	0	0
K	3	0	0	0	0	0	0	0	0	0	6	2	0	0	0	0
L	21	2	0	0	0	7	0	0	0	0	2	25	1	0	0	0
M	2	0	0	0	0	0	0	0	0	0	0	1	3	0	0	0
N	0	0	0	0	0	0	0	0	0	0	0	0	0	0	0	0
O	0	0	0	0	0	0	0	0	0	0	0	0	0	0	6	0
P	0	0	0	0	0	0	0	0	0	0	0	0	0	0	0	0

2)中心性分析

这里选取常用的度中心性和中介中心性对 S 协同创新中心进行分析，图 9-16 是度中心性图谱，图 9-17 是中介中心性图谱。

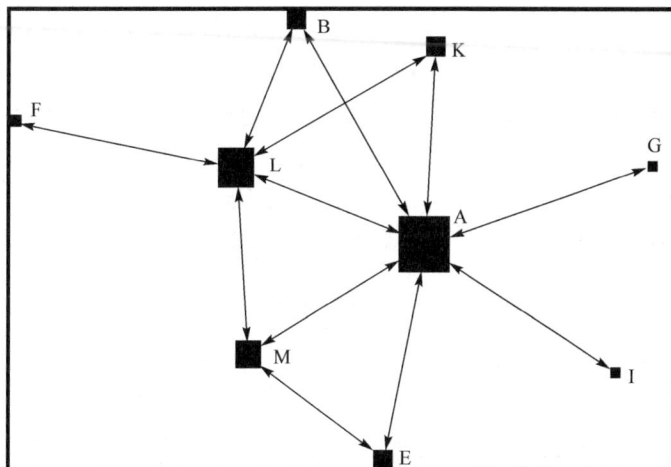

图 9-16　度中心性图谱

图 9-16 中的每个节点代表所在的机构。节点的大小代表机构发表论文数量的多少，节点越大表明该机构发表的论文数越多，反之表明该机构发表的论文数越少。节点间的连线表示两个机构的共现关系，节点间连线的粗细表示机构间协同合作的紧密程度，线条越粗表明协同合作次数越多或协同合作越紧密。图 9-16 表明，S 协同创新中心的 16 家组成机构中，发表论文数量排在前列的主要是 A、L、M，有论文数量的仅为 9 家机构，占组成机构总数的 56%，没有任何论文的机构数为 7 家，占组成机构总数的 44%，因而各节点之间并不完全相连。这意味着，S 协同创新中心的协同度较低，各节点并未完全相连，机构之间的关联性较弱。

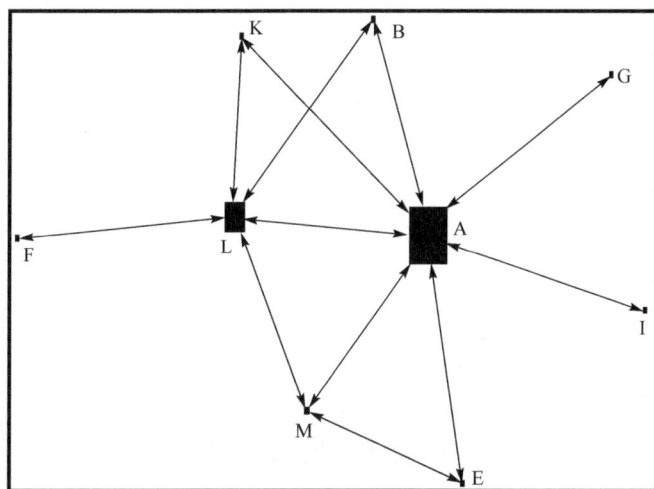

图 9-17　中介中心性图谱

图 9-17 表明，机构 A 作为媒介者的能力最大，其次是机构 L。这反映出机构 A 具备控制与其他机构间联系的能力，可进一步凸显自身在协同合作中的引领作用，扩大机构间的协同频次，并积极地将协同的成果以知识的形式固化下来，提升协同度，发挥协同创新的经济及社会效益。

3）网络密度和集中度分析

Ucinet 软件得到 S 协同创新中心的网络密度为 0.4667、集中度为 2.2507，表明 S 协同创新中心的网络密度较弱，而集中度很高，凸显 S 协同创新中心的协同性较差，缺乏足够的稳定性。另一指标"一般化距离"，是指网络中两点之间存在的最优途径的长度也可以反映 S 协同创新中心的协同紧密程度。通过计算距离矩阵，执行 Network→Cohesion→Distance 操作，可获得 S 协同创新中心网络的捷径距离（见表 9-18）。

表 9-18　捷径距离计算表

GEODESIC DISTANCE
Type of data: ADJACENCY
Nearness transform: NONE
For each pair of nodes, the algorithm finds the # of edges in the shortest path between them
Average distance（aong reachable pairs）=1.750
Distance-based cohesion（"Compactness"）=0.196
（RANGE 0 to 1; larger values indicate greater cohesiveness）
Distance-weighted fragmentation（"Breadth"）=0.804

由表 9-18 可知，各点之间的平均距离为 1.750，表明每个机构平均经过 2 个节点就可与另一个机构产生联系和协同。建立在"距离"基础上的凝聚力指数越大，网络的凝聚力就越强，而 S 协同创新中心的凝聚力指数为 0.196，意味着该中心内部之间的协同不紧密，存在凝聚力松散的状况。

4）凝聚子群分析

执行 Network→Subgroups→Cliques 操作，设定最小子群规模为 3，得到 4 个子群（见表 9-19）。表 9-19 表明机构 A 仍然是 S 协同创新中心的引领者，但在团队协同合作深度上明显不足，未能有效促成其他机构之间的协同合作。

表 9-19　凝聚子群分析表

CLIQUES
Minimum Set Size: 3
WARNING: Valued graph. All values>0 treated as 1
4 cliques found.
1: AKL; 2: ABL; 3:ALM; 4:Aem

[本案例选自：张静. 基于 Ucinet 共现分析的协同度评价[J]. 广西科技师范学院学报，2016，8（31，4）.]

9.5　基于专利地图的专利信息分析

1．专利信息

专利文献是数量巨大的信息源，专利文献的出版量约占世界每年各种图书期刊总出版量的 1/4，内容包含了 90%以上的科技成果。充分利用这些专利信息，对企业和国家的战略管理和计划、技术研发和管理等具有重要的价值。专利信息分析是指对来自专利说明书和专利公报中大量的、个别的专利信息进行加工及组合，利用统计方法或技术手段使这些信息具有纵览全局及预测的功能，并且通过分析使原始的专利信息上升为有价值的情报。

2. 专利地图

1)专利地图及其分类

专利地图是一种重要的专利分析方法，是指把专利信息进行"地图化"的一系列过程，即以统计分析和数据挖掘等方法，将专利信息加以整理组织后制成各种可分析解读的、形象化的图表。一般来讲，对结构化条目的分析得到的可视化结果称为专利图表，而对非结构化条目的分析得到的可视化结果称为专利地图，有时也用专利地图泛指这两者。专利地图可以分析技术分布态势、指明技术发展方向，通过它可以掌握竞争对手的技术实力和进展情况，在自主创新活动中科学合理地定位。因此，专利地图是指导政府部门、科研机构、高新企业进行专利战略布局和专利技术研发的有效分析手段之一。

目前，专利地图大致可分为三类：

(1)专利管理地图(Management PM)，主要服务于经营管理，如对专利数量、所有人、发明人、引证率、技术生命周期的归纳分析等，主要反映业界或某一领域整体经营的趋势状况。

(2)专利技术地图(Technical PM)，主要服务于技术研发，需要详细研读相关专利资料，归纳每一篇专利的技术类别及功效类别等分类指标，分析特定技术动向，预测技术趋势，为研发中的回避设计、技术地雷、技术挖洞等战略提供重要信息依据和参考。

(3)专利权利地图(Claim PM)，主要服务于权利范围的界定，将专利权利要求作为主要分析指标，揭示已有专利的权利要求范围、权利转让、侵权可能性、权利状态等信息，一方面为规避已有技术保护，另一方面评估自身技术的可专利性和产业利益。

2)专利地图的分析方法

专利地图是一种系统化方法，应用性极强，而根据不同的应用目的又具有灵活多变的表现形式，常用的专利地图分析方法有以下六种：

(1)时间变化趋势分析，是通过分析若干指标依时间序列的变化趋势，了解该技术领域全局情况。如通过申请量变化趋势分析，了解技术萌芽时间、专利技术发展进程、该技术自诞生后是否有足够吸引力促使研究投入逐年增多等；对比专利申请数量的上升与下降趋势，可进一步分析相应的技术瓶颈或促进技术升级的驱动因素。研究专利申请(公告)量、专利权人数、专利权人国家数、发明人数等多个指标，有助于分析竞争国家、竞争者进入该领域的情况，以及其研发团队的规模与实力。

(2)技术成熟度分析。将某一技术在不同时间段内的专利申请数量与专利申请人(多为公司或机构)数量之间的关系图形化，可得到其发展的技术生命周期图，从而清楚地了解该技术领域的发展状态。

一些专利文献计量参数具有技术发展程度计量分析功能，常用的此类计量参数有：技术生长率(V)、技术成熟系数(α)、技术衰老系数(β)和新技术特征系数(N)。根据 V、α、β、N 随时间的变化情况分析某技术领域的发展状态。

(3)竞争主体相对研发能力分析，是研究竞争专利权人实力分布的重要的分析方法，有助于确定领域内主要竞争专利权人，把握业内主要研发重点与走势。该分析主要通过引证率来衡量，自引证率高，表明专利权人的技术自成体系，研发能够连续展开，研发独辟蹊径，且技术更新系统化高；他引证率高，表明专利技术质量高，对所属领域的整体技术发展具有促进作用。

(4)IPC 分布结构分析。伴随生物、信息、新材料技术对各个行业的冲击，各种新兴、交叉、边缘学科不断涌现，同一专利技术应用于不同领域的可能性与日俱增。IPC 分布结构分析为了解技术领域的相互促进、渗透作用开启了方便之门。分析研究专利申请的 IPC 变化趋势，有助于研究各技术实体(国家地区、专利权人)的专利技术分布,掌握其研发侧重点与技术势力范围。

(5)引证关系分析。一般而言,专利公开时间越早,被引证概率就越高,但客观上仍可将被引证量高的专利视为本领域内的核心专利。引证关系分析有助于找寻业内核心专利与基本专利,以其为源头了解技术发展进程。同时,分析核心专利的后续引证专利,可了解技术起源及相关研发进展,并揭示未来技术的发展方向。对于核心专利,不仅其技术内容值得重视,其所属国别研究也可反映出该领域关键性技术的重要研发阵地与技术市场。拥有核心专利的专利权人的研发实力与对本技术领域的整体带动作用也不可小觑。

(6)专利权利要求分析。由于专利权利要求与其技术特征的不可分割性,很多专利地图中对专利权利要求的分析多与技术分析结合在一起。对专利权利要求的独立研究起步较晚,但近年来在某些技术密集工业领域,一项新产品上市就已经受到了上百件专利的保护,因此严格规范与区分现有专利技术的权利要求、定位自己的专利空间,对新产品研发尤为重要。

3. 案例分析

例1 基于专利地图的混合动力(HEV)汽车技术路线研究。

无论技术引进还是技术创新,都需要对 HEV 的技术发展路线进行分析。

1)数据收集

从德温特创新索引专利数据库(Derwent Innovations Index,DII)中,以 Topic=(Hybrid Electric Vehicle) or (Hybrid Electric Car) or (HEV)为检索式,时间跨度为 1980—2012 年,检索得到 30 834 件专利。以年均被引频次为统计量,在上述检索的专利中选出年均被引频次大于 5 的专利,共 40 件。这 40 件专利均为美国专利,共涉及车辆传动装置等 6 个技术领域,其申请人包括 20 家企业或个人。

2)核心专利年代分布

对 40 件高被引专利所属年份进行统计分析。由图 9-18 可以看出,国外企业对 HEV 核心技术的研发起源于 1982 年,其后进行的技术创新主要集中在 1994—1996 年、1998—2002 年、2006—2008 年三个阶段。随着 Prius 的面世及各大汽车公司陆续推出自己的产品,HEV 已经由较早的单一核心技术发展成了多项核心技术。

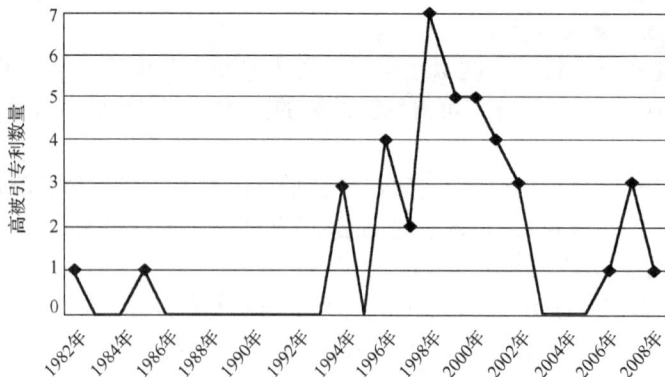

图 9-18　HEV 高被引专利年代分布

3)核心技术的国家分布

从专利文献的国别来看,本例所研究的 40 件专利均为美国专利。由此可见,拥有核心技术的申请人都希望自己的研发成果在美国获得竞争保护,同时也表明美国在全球 HEV 市场的核心地位。专利申请人所在国家则可以直观反映一个国家在该领域所处的地位。在本例所研究的 40 件专利中，美国拥有其中 20 件，所占比例为 50%；日本拥有 15 件，所占比例为 37.5%。这说明美国和日本在 HEV 技术的研发上占据绝对领先的地位。加拿大、德国和奥地利分别拥有少量核心技术专利，在 HEV 技术的研发上也具有一定的实力。

4）核心技术的企业分布

对 40 件高被引专利按申请人统计。由图 9-19 可以看出，申请人共涉及 17 家企业、3 位自然人。由此可知，HEV 技术的研发以企业为主。丰田（1998 年收购大发汽车公司）和通用拥有的核心技术专利最多，这也说明了两家企业的研发实力远远超过其他企业。此外，福特、日产和爱信等企业也拥有两件以上核心技术专利，在未来很有可能成为丰田、通用强有力的竞争对手。

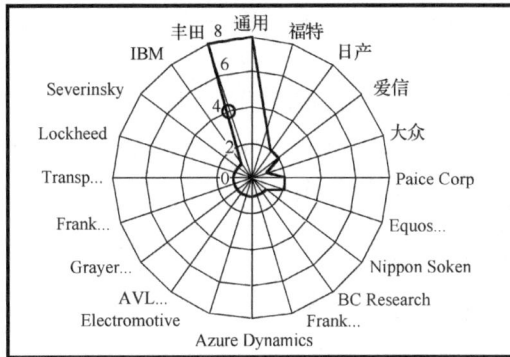

图 9-19 HEV 高被引专利企业分布

5）核心技术专利的 IPC 分布

IPC 分类的等级是根据大小把全部技术领域分成五个不同的等级，即部、大类、小类、大组和小组。通过分析核心技术专利的 IPC 分布，可以了解各研发主体的研究重点和热点及技术发展趋势等信息。本例以大组为单位，对 40 件高被引专利进行统计。从图 9-20 可以看出，HEV 核心技术领域主要集中在 B60K6/00（用于共同或通用动力装置的多个不同原动机的布置或安装）、B60K17/00（车辆传动装置的布置或安装）等方面。同时，对丰田和通用两家企业所拥有的核心技术专利进行 IPC 对比分析，见表 9-20。从表中可以看出，两家企业的研发重点并不完全相同。丰田注重对齿轮转动装置的研发，而通用则注重对混合动力系统的研究。两家企业的技术研发趋势也不相同，丰田关注 F02D（燃烧发动机的控制），通用则热衷于 G06F（电数字数据处理）。

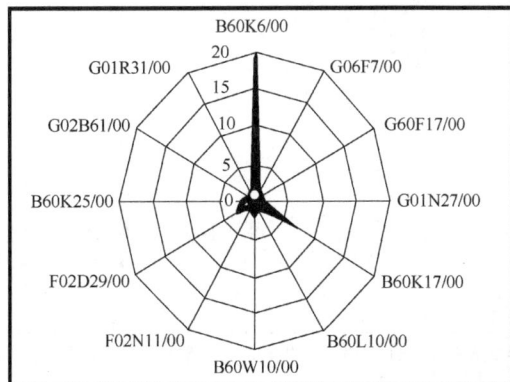

图 9-20 HEV 高被引专利 IPC 分布

表 9-20　主要企业 HEV 高被引专利 IPC 分布

IPC 分类号	丰　　田	通　　用
B60K17/00	3	2
B60K6/00	1	3
B60K25/00	1	0
F02B61/00	1	0
F02N11/00	1	0
F02D29/00	1	0
G06F7/00	0	1
G06F17/00	0	1
G01N27/00	0	1

6）核心技术发展路线

专利引文分析常被应用于技术路线图的制作。通过研究专利之间的引用关系，可以探求技术与技术之间的联系和发展规律。用 HistCite 软件生成引文网络图，并在此基础上加以改进，制作 HEV 核心技术发展路线图，见图 9-21。

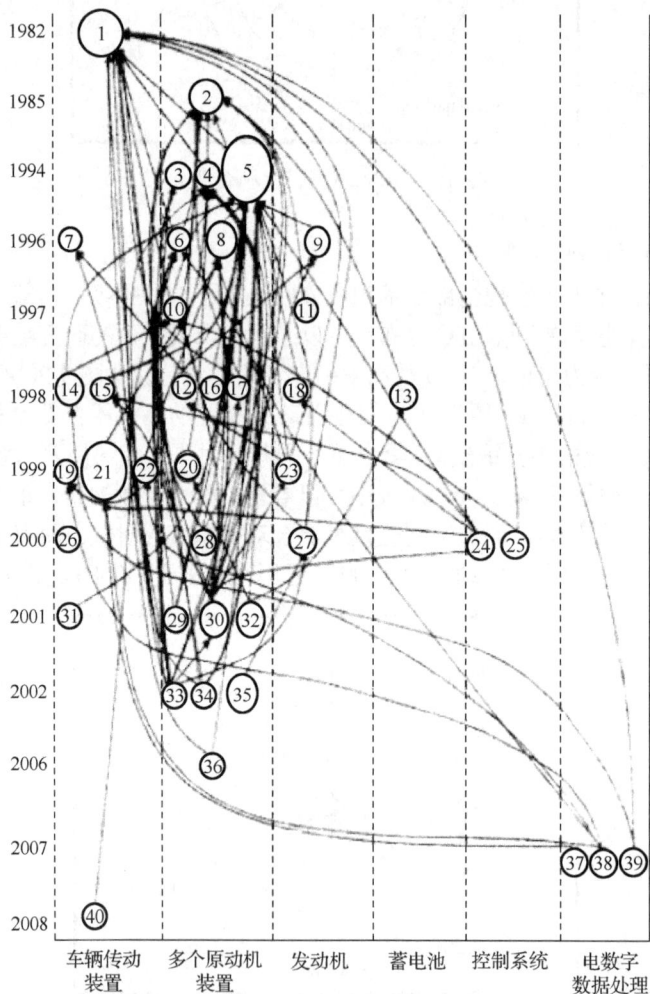

图 9-21　HEV 核心技术发展路线图

　　图 9-21 中每个圆圈代表一件专利，圆圈中的数字是该专利的编号。圆圈的大小表示该专利被引频次的高低，箭头线表示引用关系。箭头由施引专利指向被引专利。从图中可以看出，编号为 1、5、8、21、30 的专利处于核心地位，说明这些专利具有极高的价值；而编号为 5、8、21 和 30 等众多专利均为在 1 的基础上发展而来，可见编号为 1 的专利是 HEV 核心技术的源专利；编号为 8、21、35 的专利引用的专利较少，同时被后来专利引用的频次较高，说明这些专利的创新性强。从技术路线来看，HEV 核心技术最初由车辆传动装置技术发展而来。1994—1996 年，核心技术主要集中于多个原动机装置；1998—2002 年，核心技术逐步扩展，并存于车辆传动装置、多个原动机装置、发动机、蓄电池及控制系统等多个领域；2006—2008 年，核心技术转向电数字数据处理领域。

　　综上所述，HEV 核心技术的研发起源于 1982 年，从研发主体来看，HEV 核心技术主要被丰田和通用等日本、美国企业所掌握；从研发领域来看，主要集中于多个不同原动机的装置和车辆传动装置；从研发趋势来看，蓄电池、控制系统和电数字数据处理是未来研究的热点。

　　[本案例选自：缪小明，汤松. 西北工业大学管理学院. 基于专利地图的混合动力汽车技术路线研究. 情报杂志，2013（5，13）.]

思　考　题

1．什么是知识图谱分析？

2．了解 CiteSpace 软件的具体应用。

3．了解 SciMAT 软件的具体应用。

4．什么是聚类分析？

5．了解 SPSS 软件聚类分析的过程及应用。

6．什么是社会化网络分析？

7．了解 Ucinet 软件社会化网络分析的过程及应用。

8．什么是专利地图？

9．了解专利信息的收集与分析过程。

参　考　文　献

[1] 华薇娜. 信息检索"教"与"学"[M]. 南京：南京大学出版社，2010.

[2] 肖珑. 数字信息资源的检索与利用（第二版）[M]. 北京：北京大学出版社，2013.

[3] 陈超美. 陈悦，侯剑华，梁永霞，译. CiteSpaceII：科学文献中新趋势与新动态的识别与可视化[J]. 情报学报，2009（28，3）.

[4] 刘婧，江沁雨，常李艳. 近 20 年来国内外数字阅读研究热点与进展分析[J]. 图书馆，2020，2.

[5] 肖明，陈嘉勇，李国俊. 基于 CiteSpace 研究科学知识图谱的可视化分析[J]. 图书情报工作，2011，3（55，6）.

[6] 肖明，邱小花，黄界，李国俊，冯召辉. 知识图谱工具比较研究[J]. 图书馆杂志，2013，32（3）.

[7] 张云，华薇娜，袁顺波，苏保朵. WoS 数据库中专利分析论文的主题动态演进研究[J]. 现代图书情报技术，2015，1.

[8]　吕卫平，张晓梅. 基于 SPSS 的聚类分析应用[J]. 福建电脑，2013，9.

[9]　李晓娜，史占国. SPSS 聚类分析在汽车市场细分中的应用[J]. 汽车工业研究，2010，3.

[10]　张静. 基于 Ucinet 共现分析的协同度评价[J]. 广西科技师范学院学报，2016，8(31，4).

[11]　张娴，高利丹，唐川，肖国华. 专利地图分析方法及应用研究[J]. 情报杂志，2007(11).

[12]　缪小明，汤松. 基于专利地图的混合动力汽车技术路线研究[J]. 情报杂志，2013(5，13).

[13]　曹丽江，孙帅. 基于专利地图的我国太阳能光伏建筑一体化专利信息分析[J]. 情报杂志，2013，5(32，5).

[14]　刘婧，潘雪莲. 计量视角下基于主题关联的国际眼动研究演进动态分析[J]. 图书情报研究，2019，3.

第 10 章　课 程 实 验

学习目标

通过本章的学习可以掌握以下问题：

(1) 了解并掌握网络信息资源基本知识；

(2) 熟练应用搜索引擎和搜索技术进行检索；

(3) 运用各种检索工具进行综合检索；

(4) 撰写符合写作规范的研究综述。

《网络信息资源检索与利用》这门课程是信息素质教育的基础课程，能够培养学生良好的信息素养，学习科学地检索和利用各种文献信息资源以满足个人信息需求，具有较强的理论性、知识性和实践性。大学生应当具备文献信息检索的基础知识和基本理论，熟悉本专业及相关专业文献信息资源；掌握通过多种方式获取和利用文献信息资源的基本技能；学会用科学的方法进行文献信息的收集、整理、加工和利用，提高自己在学习和工作中的自学能力和独立创新能力，掌握网络信息资源检索的技巧，并能够在毕业设计环节中利用所学的知识进行毕业论文的相关文献检索与写作。

鉴于同学们所学的专业不同，信息意识有强有弱，信息检索的能力有高有低，我们综合设计了以下四个实验内容。

实验一　网络基础知识

实验内容：

网络的基本知识及网络信息存储的验证。

实验要求：

了解并掌握网络信息基本知识。

实验题目：

1. 请写出多种查询本机 IP 地址的方法(数量和工具不限)。

2. 如果没有任何客户端软件，在一台除了操作系统没有装任何程序的计算机上，如何登录并下载 ftp.10.10.245.15 上面的 dr.com 客户端文件？

3. 请找到最简单的判断某机器的 21 端口是否打开的方法。

4. 请用搜索引擎检索"网络融入生活"有关的话题，你知道如何将网络融入生活吗？

5. 请找到人民日报的网络版本(图形版或文字版都是网络版)，看看它都有些什么内容。

6. 找到一个网络问卷调查网站，学会使用它发布问卷并回收。

要求简明扼要地用文字和图表完成上述作业相关内容。

实验二　　网络信息资源检索工具

实验内容:

上网熟悉国内外著名的搜索引擎;分组选取一个搜索引擎进行深入研究。

实验要求:

熟练应用搜索引擎和搜索技术。

实验题目:

1. 请分别针对网络资源目录使用的分类方法进行举例。
2. 在搜狐的分类目录中找到一条路径指向网站:中国新闻网。
3. 在新浪网的分类目录中找到一条路径指向学校的网站:http://www.****.edu.cn。
4. 请利用多个搜索引擎的分类目录,采用分类检索方式找到"上海图书馆"的网址(请写出具体路径)。
5. 选择元搜索引擎查询问题:西方教育体系中有一种被称为"K-12"的教育,请试着查出其全称是什么,代表何意?
6. 请根据 Phil Bradley's Weblog(http://philbradley.****pad.com)提供的信息,简述你感兴趣的搜索引擎两至三例(介绍功能、特色,500 字以内)。
7. 请了解 Google(或 Yandex)和 Baidu 在进行关键词检索中语法的异同,并举例说明这两者在针对某一主题进行检索时检索结果的差异及对检索意图理解准确度的差异。
8. 搜索并了解主流的 RSS 订阅软件,完成用 RSS 在两个以上网站订阅两个以上专题。
9. 请利用开放存取资源 HighWire Press 查找刊登在 *Clinical Medicine* 期刊上的一篇有关"新型冠状病毒肺炎(COVID-19)"文献的全文。

实验三　　网络学术数据库资源检索

实验内容:

进行某一个专项题目的多渠道文献搜索。

实验要求:

熟练应用学术资源数据库。

实验题目:

1. 请收集关于信息管理与信息系统(根据自己的专业选择一个)研究方向的开放获取信息资源两份以上,并分析这属于哪一类型的开放获取途径。
2. 请找到关于本学科方向的专业的开放式论文的中英文全文各两篇,给出相应下载链接,并写出各自的摘要内容(英文文献内容需中英文对照翻译)。

3．请列举出南京邮电大学目前购买的所有数据库的情况，并逐个分析其收录领域、提供的检索方式、可获取的情况。

4．了解并掌握我国国家标准的参考文献著录格式。分别写出图书、期刊、报告、会议文献、专利、标准、学位论文、报纸、网络文献的著录格式。

5．选用 CNKI 单库检索，在中国期刊全文数据库中分别检索以下题目：

（1）费孝通是我国著名的社会学家，请查找 1990—1995 年间，他在社会学领域的主要文献。

（2）"正当防卫"是一个法律行为名词，请查找我国新刑法中关于对"正当防卫"进行司法解释的文献。

（3）《红楼梦》的版本情况历来是"红学"的重要研究内容之一，请查找近 10 年来该方面的进展情况。

（4）请全面准确地收集国内有关"近视眼的手术治疗"这一主题的学术期刊论文，作为后续文献综述的研究对象。

（5）查找近年来，江苏省发布的有关小微企业的政府文件。

（6）查找 2013 年以来，南京邮电大学发文的被引情况。

（7）查找国内医用防护口罩的技术要求标准。

6．中国知网（在 CNKI）上采用单库检索的方式分别检索中国期刊全文数据库、博士学位论文库、优秀硕士论文库、中国重要会议论文全文数据库、重要报纸全文数据库、年鉴全文库、年鉴网络出版总库、中国工具书网络出版总库的论文或专著一篇。以专业为区别，分别以"知识管理"为主题关键词，在检索结果中选择以学号的后两位为序号的那篇文献，参照题目 4，写出各文献的标准著录格式（请注意排版）。

7．在"EI 工程索引""IEL 全文数据库""Elsevier 全文电子期刊"中以"Knowledge Management"为主题关键词进行检索，在检索结果中选择以学号的后两位为序号的那篇文献，写出文献的著录格式。

8．对题目 6 和 7 搜索到的结果进行分析，简要描述近期某领域（根据自己的专业选择一个）的主要研究趋势（用自己的语言描述，要求条理清晰，500 字左右）。

实验四　网络信息资源检索综合利用

结合专业，选择当前热点问题进行文献综合检索，并提交检索综合报告，在此基础上撰写符合规范的研究综述一篇。要求：3000 字左右，参考 20 篇以上的相关文献，满足学术论文格式的写作规范，文字简练、语句通顺、图表清晰。